UN OTAGE À BEYROUTH

ROGER AUQUE

Un otage à Beyrouth

EN COLLABORATION
AVEC PATRICK FORESTIER

FILIPACCHI

A « Hayetti » Marlène

AVANT-PROPOS

Je parle aujourd'hui sans haine. Mais les téléspectateurs qui voient depuis plus de 1000 jours, le portrait des otages français à la télévision, ont le droit de savoir quel calvaire endurent les innocents emprisonnés au Liban. Face aux Etats, l'opinion demeure en effet le garant de leur liberté. C'est elle qui jugera les hommes torturant d'autres hommes au nom d'un idéal.

Je comprends les peuples qui luttent pour leur dignité. Mais quelle que soit la cause, aussi noble soit-elle, que ces peuples estiment défendre jusqu'au sang, la prise d'otage reste un acte d'une lâcheté impardonnable condamné par la communauté internationale.

Je ne pense pas souffrir du syndrome de Stockholm. Entre moi et mes ravisseurs, il n'y a jamais eu de complicité inconsciente ni de compréhension mutuelle. Aussi mon témoignage est-il sans fioritures. Je n'ai édulcoré aucun détail qui pourrait minimiser leur responsabilité. Pour cela, Patrick Forestier a su mener une enquête jusqu'au plus profond de ma mémoire pour reconstituer les faits. Puisse ce livre faire comprendre aux geôliers du Liban la profonde détresse des êtres humains qu'ils détiennent, mais surtout que la barbarie de ces actes dessert la cause qu'ils ont choisi de servir.

Roger Auque

CHAPITRE PREMIER

COMME chaque fois que je sors de mon immeuble, je jette un coup d'œil dans la rue. A Beyrouth, c'est un réflexe habituel. On ne sait jamais. De toute façon, à travers la grille, je n'ai qu'un angle de vue limité. La rue Azar présente un inconvénient, mais aussi un avantage : elle est très étroite; une voiture qui s'engage n'est jamais assurée de pouvoir en sortir. Je souris, en pensant que c'est une bonne raison de ne pas être enlevé. D'autant plus que Raoucheh, mon quartier, traditionnellement sunnite, est contrôlé par les miliciens du PSP, le Parti Socialiste Progressiste de Wallid Jumblatt, le seigneur druze du Chouf. Les druzes, c'est bien connu, n'enlèvent pas, a priori, les Occidentaux. Au contraire, ils les protègent. Les (rares) fois où j'ai éprouvé le besoin d'avoir des gardes du corps, j'ai demandé au responsable de la sécurité du quartier quelques miliciens. Rémunérés, bien sûr.

Ce matin, il fait très beau. Au dernier étage, mon appartement est baigné par une lumière printanière. Pourtant, nous sommes le 13 janvier et on se croirait à Nice au mois de mai. Le 13, normalement, est un chiffre porte-bonheur. J'ai oublié de le dire à Marlène en prenant le petit déjeuner sur la terrasse ensoleillée.

Dans la rue, tout paraît normal. Debout près de

notre taxi, Paul Marchand fume un cigare en rangeant son sac sur le toit du véhicule. Marchand est un journaliste indépendant, un free-lance sans trop de moyens, qui profite souvent de mon taxi. Ali, le chauffeur, n'est pas au volant. Il est probablement parti acheter un Pepsi à l'épicerie d'à côté.

Je baisse les yeux, introduis la clé dans la serrure, ouvre la grille, avance d'un pas et la claque derrière moi. Soudain, une Volvo blanche arrive en trombe et s'arrête brusquement à la hauteur du taxi. Deux hommes sortent de la voiture. Ils sont armés de pistolets-mitrailleurs Kalachnikov. L'un d'entre eux dit quelques mots à Paul Marchand en s'avançant vers lui. L'autre, planté devant le taxi, pointe son arme vers moi.

La scène dure à peine quelques secondes. J'ai pourtant le temps de voir Marchand paniquer. Mais je ne pense pas à un enlèvement. Les deux hommes ne correspondent pas, en effet, à l'image traditionnelle des preneurs d'otages. L'un, rasé de frais, a les cheveux coupés très court. Une barbe naissante mange le visage de l'autre. Tous deux sont très bien habillés. Ils ne portent pas de jeans, ni de baskets, comme les *Fous de Dieu* de la banlieue sud, mais un pantalon de flanelle et un blouson de cuir. Ils ressemblent aux miliciens druzes qui « campent » dans mon quartier. Pour moi, ils sont là parce qu'il y a eu un vol ou un accrochage armé, une fusillade dans le coin. Ou bien le taxi gêne et ils sont pressés.

Je m'inquiète néanmoins, car Paul semble pétrifié et ouvre de grands yeux apeurés. Il écarte les bras et donne l'impression de ne pas savoir quoi faire. Il recule vers moi comme un automate, passe devant le deuxième homme, se colle le dos au mur contre le garage qui jouxte l'immeuble à ma gauche. Cette fois-ci, c'est sérieux. Nous sommes en danger, il y a un problème, c'est sûr. Mais, curieusement, je ne crois toujours pas à l'enlèvement. Paul, lui, a compris car l'un des inconnus lui a dit quelque chose que je n'ai pas entendu. Il ne bouge pas. Il est totalement paralysé et je trouve à ce grand échalas pris de panique un air presque comique. Je n'ai pas le temps de me moquer davantage qu'un troisième homme, jusqu'alors dissimulé, surgit, fonce sur moi et me colle le canon d'un revolver sur la tempe. Les deux autres, à leur tour, nous mettent en joue avec leurs pistolets-mitrailleurs :

– Ne bouge plus, souffle l'individu au revolver. Ne crée pas de problème et suis-moi vers la voiture.

Je comprends enfin qu'il s'agit d'un enlèvement. Je ne peux pas me défendre, ni même fuir. Je suis coincé entre trois hommes armés d'un revolver et de pistolets-mitrailleurs, la grille de l'immeuble qui est derrière moi et les deux murs sur les côtés. Je les suis sans opposer la moindre résistance, la tête raide sous la pression froide du canon sur ma tempe. J'entre dans la voiture et m'allonge sur le plancher arrière. Avant de m'engouffrer dans la Volvo, j'ai le temps de voir les deux hommes armés de Kalachnikov abandonner Paul Marchand qui comprend qu'aujourd'hui, c'est vraiment son jour de chance. Alors, le danger passé, il détale en courant sans demander son reste.

Deux hommes montent derrière, les pieds posés sur moi, un troisième s'installe à l'avant, à côté d'un quatrième qui est resté au volant pendant toute l'opération.

Les trois membres du commando sont jeunes, une vingtaine d'années, sauf celui qui n'a pas de barbe qui approche la trentaine. L'homme qui m'a braqué avec son revolver demeure très tendu, énervé. Visiblement, il a peur, alors que les deux autres, armés de pistolets-mitrailleurs, se maîtrisent totalement.

La voiture démarre sur les chapeaux de roue. Je suis furieux contre moi. « Merde. Ça y est, je suis enlevé, ça devait m'arriver, c'est arrivé! C'est ma faute, je n'aurais pas dû rester à Beyrouth-Ouest. »

Je me culpabilise et tape même du poing sur le plancher de la voiture en me traitant de con. Je pense à l'effondrement de Marlène, ma fiancée syrienne, quand elle apprendra la nouvelle. Je pense aussi à moi. J'ai des lentilles de contact sur les yeux. S'ils me mettent une cagoule ou me ligotent les mains, je risque de rester des heures sans bouger. L'ophtalmo m'a bien prévenu : interdiction de garder les lentilles pendant vingt-quatre heures d'affilée. J'ai le visage tourné vers le plancher, mais l'un des types me prévient en anglais de ne pas les regarder, de ne pas bouger. En me tournant légèrement vers lui, je lui demande pourtant si je peux enlever mes lentilles de contact pour les mettre dans la boîte qui se trouve dans ma poche. Mon gardien ne comprend pas. Avec le canon de son revolver, il me donne un coup sur la nuque en disant, en français : « Ne bouge pas ou je te tue! Tu ne veux pas mourir? » Il répète : « Tu ne veux pas mourir? » Il a peur et crie presque. Moi aussi j'ai peur. Mais mes lentilles m'obsèdent. Si je reste plusieurs jours entre leurs mains, mes yeux risquent de s'infecter gravement. Je répète ma demande. Enfin, mon ravisseur comprend. Il m'autorise à ôter mes lentilles. A partir de ce moment, son attitude change envers moi : il s'excuse pour le coup sur la nuque, pour ses pieds sur mon blouson. Il ajoute : « Désolé si on t'a un peu bousculé, mais tout va bien se passer. » A l'avant, un autre ravisseur lance en arabe : « Demande-lui son nom pour voir si c'est bien lui. »

– Donne-moi ton passeport, dit l'homme au revolver.

– Je ne le porte pas sur moi. J'ai uniquement la carte de presse libanaise.

Je la lui donne. Il lit le nom à haute voix à l'autre et demande si je suis le seul étranger dans l'immeuble.

– Oui, je suis le seul.

– A quel étage habites-tu?

– Au dernier étage.
– Tu es vraiment le seul étranger?
– Oui.
– Tu es français?
– Oui.
– Tu n'as pas d'autre nationalité?
– Non.
– Tu n'as que le passeport français?
– Oui, seulement celui-là.

Celui qui semble le chef, assis à l'avant de la voiture, discute maintenant avec l'un des deux qui se trouvent à l'arrière :

– Pourquoi n'as-tu pas enlevé son ami?

– Où voulais-tu qu'on le mette? répond-il en arabe.

– On pouvait le mettre dans le coffre.

Court silence et celui qui appuie les pieds sur mon dos conclut : « Malech! Ça ne fait rien, c'est pas grave. »

Le trajet dure moins de deux minutes. Nous n'avons pas roulé plus. Le type a repris la conversation. « Ne regarde pas mon visage », dit-il à nouveau en ajoutant, d'un ton conciliant : « Tu ne dois pas t'inquiéter, c'est une erreur. On va t'emmener voir notre chef qui désire juste vérifier ton identité et te poser quelques questions. On ne veut pas te faire de mal, ni te tuer. C'èst pas toi qu'on voulait enlever. Ne panique pas. Tout va très bien se passer. » Je ne réponds rien. J'évite de paniquer, mais je suis très angoissé. Sur le moment, je crois ce qu'il me dit. Après tout, c'est plausible, car ils ne ressemblent vraiment pas aux intégristes du Hezbollah que j'ai vus dans des manifestations. Malgré leur détermination, mes ravisseurs n'ont pas une apparence très dure, austère, le crâne rasé, une grande barbe. Ils ne sont pas habillés comme les jeunes chiites libanais qui ressemblent à des pasdaran (Gardiens de la Révolution) iraniens.

« Enfile-toi ça sur la tête », m'ordonne un ravisseur en me tendant une grande enveloppe en papier kraft. Ma « cagoule » ne tient pas très bien, mais au moins je peux respirer par le bas. Une fois dans le noir, j'angoisse encore plus. S'ils me couvrent le visage et prennent autant de précautions, c'est que ce sont des gens sérieux. Je suis dans de beaux draps.

La voiture ralentit et s'arrête. J'entends une porte coulisser. Il me semble que nous pénétrons dans un garage. Le chauffeur coupe le moteur, les portières s'ouvrent et des pas résonnent autour de moi. Les ravisseurs m'assoient sur la banquette arrière. « Ne bouge pas. Surtout, garde bien ton enveloppe sur la tête », me conseille l'un d'eux en commençant une fouille minutieuse. Il me vide les poches et prend ma montre, ma gourmette, une croix et une médaille de saint Christophe. « Enlève ta ceinture et ta veste en jean », ordonne-t-il encore. En regardant vers le bas, j'aperçois leurs jambes. Ils sont six ou sept à me regarder. L'un d'eux, sur le côté, tâte même les coutures de ma veste. Comme si elles pouvaient dissimuler une arme ou un émetteur. A croire qu'ils me prennent pour James Bond!

Les minutes s'écoulent. Personne ne me parle. Je les entends chuchoter dans un coin du garage. Je perçois très bien les bruits de la rue à travers le rideau métallique du garage. En ayant roulé si peu, je dois être encore dans mon quartier, tout près de chez moi. Je n'arrive pas à le croire. Ils ont le culot de séquestrer un otage en plein Beyrouth-Ouest. « Comment en suis-je arrivé là? » Assis comme un paralytique sur mon siège, je me remémore le film de la journée.

Ponctuel comme toujours, Ali est venu me prendre à huit heures, à Raouché. J'ai totalement confiance en Ali. Depuis quatre ans, il m'a piloté sur tous les fronts, aux quatre coins du Liban. C'est un chauffeur courageux, qui conduit parfaitement. Il est âgé d'une quarantaine d'années, il est chiite libanais et parle un peu le français. Il a d'ailleurs fait des progrès depuis que je travaille avec lui. Comme c'est souvent le cas pour les taxis libanais, il possède une Mercedes blanche, avec les plaques rouges obligatoires.

C'est un homme débrouillard à qui l'on peut demander n'importe quoi, que ce soit de l'essence en cas de pénurie, ou de l'eau là où il n'y en a pas. Il conduit très vite et n'a pas peur de prendre des risques. Si bien qu'à deux reprises, nous avons « accroché » : une ambulance sur les lieux d'un attentat, et, au moment de la libération d'Aurel Cornéa, l'otage libéré en Noël dernier, une des voitures blindées de l'ambassade de France!

Il parlemente aux barrages, bien que je comprenne un peu l'arabe. Au Liban, c'est très important. Pour pouvoir bien travailler, il faut être parfaitement en cheville avec son chauffeur. Ali, malgré qu'il soit chiite, accepte de passer à l'Est, en zone chrétienne, mais toujours avec une certaine appréhension, car il a déjà été enlevé et interrogé pendant plusieurs jours par les miliciens des Forces Libanaises.

Ce matin-là, il est donc arrivé avec Paul Marchand qui, lui, est au Liban depuis un an environ. Marchand ne connaît pas beaucoup de monde à Beyrouth et profite du taxi. Pour moi, ce n'est pas un problème. D'autant qu'à cette époque, très peu de reporters français sont présents à Beyrouth-Ouest, le secteur musulman de la capitale. Nous sommes trois en tout et, de ce fait, nous travaillons souvent ensemble. Je me rappelle en détail chaque moment de la journée. J'ai peut-être fait une erreur, sans m'en rendre compte, ce qui me vaut d'être maintenant prisonnier.

Je me souviens que Marchand appelle par l'interphone. Nous sommes pressés, car nous ne savons pas à quelle heure Terry Waite sortira de l'hôtel Riviera.

Terry Waite à Beyrouth, c'est une surprise pour tous. Si l'émissaire de l'Eglise anglicane est revenu malgré les menaces qui pèsent sur lui, c'est qu'il risque d'y avoir du nouveau pour les otages. Aussi, je me dépêche et j'embrasse très vite Marlène.

– Je m'absente pour faire quelques photos et une interview, si Terry Waite accepte. Je reviens pour le déjeuner.

Marlène m'accompagne jusqu'à l'ascenseur. Elle me sourit doucement, mais je sais qu'en réalité elle est inquiète et ce n'est pas sans un serrement au cœur que, chaque matin, accoudée au balcon, elle me regarde quitter l'immeuble. Marlène connaît les risques de la vie à Beyrouth : risque d'être atteint par une balle perdue, et depuis un an et demi, date de l'enlèvement des premiers Français, le risque d'être séquestré.

Dans le taxi, l'ambiance est décontractée. Nous sommes au milieu de l'hiver, mais le soleil illumine la ville. En arrivant à la grotte des Pigeons, la circulation est déjà très dense. La cacophonie des klaxons bat son plein et les marchandes de quatre-saisons étalent leurs cageots de fruits et légumes sur les trottoirs.

Près de l'ambassade US, devant l'hôtel Riviera, quelques journalistes plaisantent avec l'escorte druze du négociateur anglais. Avant la guerre, l'hôtel Riviera connaissait une grande activité, mais depuis 1975, comme tous les hôtels de Beyrouth, il a perdu la majorité de sa clientèle. Pourtant, il surplombe le bord de mer. Dans la perspective de l'avenue du Général-De-Gaulle, on aperçoit le port et la montagne chrétienne qui s'élève de l'autre côté de la ligne de démarcation. Terry Waite s'est installé au Riviera parce que l'hôtel jouxte l'ambassade américaine de Beyrouth-Ouest. Celle-ci n'est plus qu'une simple antenne consulaire à Beyrouth-Ouest, puisque les diplomates américains se trouvent désormais en secteur chrétien. Mais deux des otages américains, libérés en 1985 et 1986, l'ont été en face de cette ambassade. Aussi, Terry Waite a-t-il probablement choisi cette résidence dans l'éventualité d'une nouvelle libération.

L'hôtel présente un autre avantage. Le Riviera a été épargné par les combats et sans être réellement protégé, les miliciens libanais chargés de garder l'ambassade américaine, le surveillent du coin de l'œil. Il est vrai que l'entrée du bâtiment et celle de l'hôtel sont pratiquement la même.

Au bout d'une heure, Terry Waite descend dans le hall pour prendre son petit déjeuner. Souriant, il annonce qu'il compte ensuite se promener à pied sur la corniche. Il refuse de répondre à nos questions, mais accepte d'être photographié sur le bord de mer. Décontracté, comme pour montrer qu'il est aussi à l'aise à Beyrouth qu'à Londres, il marche sur la plage avec ses gardes du corps.

C'est un colosse sympathique de près de deux mètres, d'une forte carrure. Il semble davantage gêné par les journalistes qui l'interrogent que par le rendez-vous mystérieux qu'il a ensuite avec les ravisseurs.

Maintenant que je connais « l'envers du décor », j'ai la gorge serrée en pensant aux vraies informations et aux fausses rumeurs qui circulent dans Beyrouth à propos des otages. Pendant des mois, cette affaire a empoisonné ma vie et celle de mes confrères. Au point d'avoir l'impression de répéter toujours les mêmes choses. Mais les otages font la une de l'actualité en France et il faut bien « couvrir le sujet », même si on ne sait rien, ou presque.

J'éprouvais une certaine angoisse dans la vie quotidienne car la menace d'être enlevé était toujours présente. Mais avec la libération de Marcel Coudari, Camille Sontag et Aurel Cornéa, on est devenu optimiste. Le soir, au bar de l'hôtel Cavalier, on se disait que la menace s'éloigne, qu'il n'existe aucune raison pour que de nouveaux otages soient enlevés. Peut-être cherchait-on à se rassurer, on était heureux de sentir que c'était peut-être la fin du cauchemar.

Ce sont en effet des hommes, des Français comme nous, qui croupissent dans un cachot. Le drame dure déjà, à cette époque, depuis deux ans. On savait qu'ils étaient détenus dans des conditions difficiles, mais sans imaginer réellement à quoi ressemble leur vie en captivité. Pour nous, c'était très vague et puis on rentrait rarement dans les détails, comme si le seul fait d'en parler pouvait nous porter malheur. Ceux qui sont sortis, ont toujours prononcé des paroles apaisantes. Ils ont affirmé, invariablement, qu'ils avaient été bien traités, même lorsque l'on devinait le contraire.

Toujours pour se rassurer, on pensait que le risque d'être tué, si l'on était un otage français, restait minime. Ce sont les Américains (le *Grand Satan*) qui sont les plus visés. En écoutant à la radio un flash sur les otages dans le taxi, j'ai eu ce matin un moment d'angoisse à l'idée de me faire prendre à mon tour. Mais je définis si mal le danger, que mon inquiétude s'estompe. Après tout, cela n'arrive qu'aux autres! Pour les journalistes qui restent à Beyrouth-Ouest, cette angoisse fait partie de la vie quotidienne. On s'en accommode, comme d'un voisin encombrant.

Depuis treize ans, le rapt a toujours été une composante de la guerre civile libanaise. La seule différence est qu'auparavant on n'enlevait que des Libanais et qu'aujourd'hui on enlève des Occidentaux. A tort ou à raison, nous considérons cela comme un risque de plus. Je me rendais bien compte que je pouvais l'éviter en habitant le secteur chrétien. J'envisageais d'ailleurs de déménager depuis plusieurs mois. Mais je retardais toujours ce moment. Peut-être, inconsciemment, par défi, mais surtout parce que l'actualité, on la trouve d'abord à Beyrouth-Ouest. Mais je sentais que ce risque devenait de plus en plus grand, comme si l'étau se resserrait. Bien que n'ayant reçu aucune menace, je ne sortais plus le soir, comme auparavant. En revanche, des confrères avaient été suivis par des gens en BMW aux vitres fumées ou en minibus Volkswagen. D'autres avaient reçu des coups de téléphone anonymes. Moi-même, durant les deux derniers mois, j'ai reçu des appels bizarres. Personne n'était au bout du fil, mais je pensais qu'il pouvait s'agir d'une ancienne « girl friend » jalouse qui désirait vérifier si j'habitais seul ou non. Je n'ai jamais accordé d'importance à ces appels. D'autant qu'à Beyrouth, le téléphone fonctionne très mal. Il est donc fréquent d'être orienté sur un mauvais numéro.

Depuis quelques mois, la tension est extrême. Je me déplace peu, fais attention et ne prends plus ma voiture. Je ne parcours que de très courtes distances. Je ne porte plus mes films à l'aéroport, j'envoie mon chauffeur de taxi. De plus, j'ai sur moi, en permanence, un revolver Smith et Wesson dans un étui, prêt à servir en cas d'agression et de légitime défense.

A Beyrouth, il est très facile de se procurer une arme. C'est un milicien druze, ami d'un de mes amis, qui, un jour, m'a emmené dans la banlieue sud et qui a acheté ce revolver pour moi, afin que je ne sois pas repéré. Je l'ai payé une bouchée de pain, l'équivalent de cinq cents francs français, avec une boîte de cinquante balles. Ensuite, je suis allé avec le copain druze dans la montagne du Chouf pour m'entraîner. Je savais déjà tirer puisqu'aux Etats-Unis, où j'ai résidé pendant un an, j'avais aussi un revolver, comme beaucoup d'Américains. Mais je voulais l'essayer.

Porter une arme à Beyrouth, c'est d'abord un moyen de se rassurer. En même temps, c'est un réel poids. A la ceinture, bien entendu, mais aussi dans la tête, car être armé signifie que l'on est décidé à tirer. C'est donc un risque. J'ai acheté cette arme, non pas pour empêcher un enlèvement, mais surtout pour éviter d'être rançonné par ces voyous qui, le soir, arrêtent parfois les voitures pour dévaliser les passagers. La voiture ou l'argent ne sont pas ce qui m'importe le plus, mais ces miliciens de base, en se rendant compte que je suis français, peuvent être tentés de m'enlever afin de réclamer une rançon. Dans ces cas-là, je suis déterminé à me défendre. Mais je sais que, si j'étais réellement enlevé, je resterais impuissant face à plusieurs hommes sans doute armés de pistolets-mitrailleurs. D'un autre côté, la présence d'un revolver à la ceinture peut se retourner contre moi en cas d'enlèvement. Si je veux être accusé d'espionnage, je ne peux trouver mieux... Je me console en pensant que plusieurs enseignants et journalistes français ou américains sont armés à Beyrouth, même si cela ne se sait pas...

En allant voir Terry Waite, j'ai mon revolver. Mais pour l'approcher, je risque d'être fouillé par ses gardes. J'ai donc, heureusement, ôté l'étui de ma ceinture pour le laisser à Ali. Quelle bonne idée j'ai eue là. Si, au moment de mon enlèvement, j'avais essayé de m'en servir, je serais probablement un homme mort. J'imagine la tête de mes gardiens, s'ils l'avaient trouvé sur moi! A cette idée, j'ai des sueurs froides.

Perdu dans mes réflexions, je sursaute quand un des ravisseurs me demande si j'ai faim. J'acquiesce. Depuis ce matin, je n'ai rien mangé. Je ne sais pas quelle heure il est, mais l'après-midi doit être largement entamé. J'ai entendu l'appel à la prière de la mi-journée dans une mosquée voisine il y a déjà un bon bout de temps. C'est d'ailleurs grâce à ce « Allah Akbar » (Dieu est grand) que je sais où je suis détenu. Dans mon quartier, à Raoucheh, il n'y a pas de mosquée. La plus proche est à Sakiet el Jesisr, à moins de cinq minutes à peine de chez moi. Pour m'emmener jusque dans ce garage, la Volvo n'a pas roulé davantage.

A peine sorti, le gardien revient avec un sandwich au poulet. Le marchand doit être vraiment juste à côté. Je mange la viande et le pain libanais jusqu'à la dernière miette, en soulevant l'enveloppe de papier kraft qui me sert de cagoule à hauteur de la bouche. Assis sur la banquette depuis plusieurs heures, je commence à sentir une envie pressante. Au bout d'un moment, je n'y tiens plus. Je demande les toilettes. Après un bref conciliabule, un gardien me prend par le bras et m'entraîne dans un coin du garage. Il me tend un magnum vide de Sohat, la Vittel libanaise. « Reste face au mur. Surtout, ne te retourne pas. Appelle quand tu as fini », dit-il avant de s'éloigner. Je relève ma « cagoule » en papier sur le front et urine dans la bouteille. Comme W.-C., on fait mieux, mais je me sens soulagé.

De retour à l'arrière de la Volvo, une idée me traverse l'esprit et me met presque en colère. « J'espère que ces connards ne vont pas me faire louper mes vacances. » Début mars, je dois partir avec Marlène au Club Méditerranée des Ménuires. Maher, un photographe libanais qui revenait de Paris, m'a apporté la réservation hier. Ce matin, en me levant, je m'imaginais déjà en France, sur les pistes, à skier comme un fou, loin de Beyrouth et de ses dangers. L'idée de rater ce voyage me fait enrager. Puis je me raisonne. Non, ce n'est pas possible. On est le 13 janvier. En mars, je serai sorti depuis longtemps. De toute manière, ce soir, cette histoire est finie. Elle restera même, après coup, un bon souvenir!

Dans ma tête, cependant, je tire déjà la leçon de mon inconscience. J'ai été complètement fou de négliger le risque d'enlèvement. Il fallait que je quitte Beyrouth-Ouest. D'un autre côté, je suis convaincu que c'est une erreur. Et puis l'affaire des otages n'approchait-elle pas de son dénouement? Alors pourquoi quitter le secteur musulman de la capitale et me priver de mes sources d'information?

Il faut bien comprendre qu'à Beyrouth, les risques font partie de la vie quotidienne. Après quatre années passées au Liban, je me suis malheureusement « libanisé ». Un bombardement à Beyrouth est presque comparable au mauvais temps à Paris. S'il y a une pluie d'obus, on ne sort pas. Peu à peu, on apprend à vivre avec le risque, la mort qui est là, à portée de la main. On s'accoutume au danger, à la menace, comme des millions de Libanais pris dans la tourmente de la guerre. Je suis devenu totalement inconscient, comme ces enfants nés dans la guerre et qui ne connaissent pas la paix. A tel point que, même enlevé, je suis incapable psychologiquement et intellectuellement de prendre la décision de quitter Beyrouth-Ouest si je suis libéré le soir même. J'en suis tellement persuadé que je me demande ce que je vais bien pouvoir raconter aux confrères. En souriant, je me dis qu'ils ne vont pas me croire. « Otage d'un jour, Roger, tu rigoles! » Mais Ali, le chauffeur, a dû voir la scène. Et Marchand, qui l'a échappé belle! Pris d'un optimisme délirant, une réflexion totalement prétentieuse me vient même un court moment à l'esprit. « Demain, j'aurai de quoi écrire. Je tiens déjà un bon papier. »

Mais très vite, une autre réflexion bouscule cette idée. « Roger, tu deviens malade. Tu as l'esprit complètement tordu. Tu es content d'être devenu otage parce que ce soir tu seras libre. Pense aux autres qui sont détenus depuis des années. Pense à Marlène, à tes parents, à tes amis, à la peine que tu leur fais. » Et j'ai honte. Tellement honte qu'il me semble rougir tandis qu'une boule d'angoisse crispe mon estomac.

A la nuit tombée, j'ai en effet le sentiment que mes ravisseurs me mentent. L'affaire est peut-être plus compliquée que je ne le pense et je me rends compte que je suis embarqué dans une sacrée galère. Plusieurs fois, je leur pose la question :

– Quand allez-vous me libérer et où?

– On ne sait pas. Mais ne t'inquiète pas, on va te relâcher.

– C'est sûr, vous allez me relâcher?

– Peut-être...

Il n'y a pas de doute, je suis dans un sacré pétrin. Vers neuf heures du soir, on me donne des sandwiches et du Pepsi. J'entends le bruit caractéristique du moteur d'une Volkswagen. La porte du garage s'ouvre et on m'extirpe de la Volvo.

– On change de voiture pour te ramener chez toi, m'informe le gardien. On va te laisser à côté de l'hôtel Carlton. Ne t'inquiète pas. On préfère te conduire dans un autre véhicule, car celui dans lequel on t'a enlevé est peut-être repéré.

C'est trop beau pour être vrai. Le Carlton est à six cents mètres de chez moi, au bord de mer. Le mauvais rêve s'achèverait-il? Mais je déchante très vite. D'autres personnes occupent cette nouvelle voiture qui, d'après la carrosserie, dont je distingue le bas, ressemble à une camionnette Volkswagen de couleur orange. Ils m'ordonnent de m'allonger sur des couvertures posées sur le plancher. A ce moment-là, je commence réellement à perdre confiance. Je sens que je suis enlevé pour de bon. Je ne crois plus être libéré tout de suite, surtout que l'un des types qui vient d'arriver demande en arabe à un autre :

– Qu'est-ce que tu lui as dit?

– Je lui ai dit qu'on changeait de voiture car il y avait un problème.

– C'est bien, tu as eu raison.

En entendant cette phrase, c'est comme si je recevais un coup de poing en pleine figure. Je suis effondré, K.-O. Maintenant, j'en suis sûr, je ne serai pas libéré ce soir. Une profonde tristesse m'envahit à l'idée de ne pas revoir Marlène aujourd'hui. Je repense avec dépit à la question qu'un des ravisseurs m'a posée tout à l'heure pour, je le comprends maintenant, me faire tenir tranquille en me donnant de l'espoir :

– Que vas-tu dire à ta femme en la revoyant ce soir? avait-il demandé d'une phrase anodine.

Et moi, naïf, j'avais répondu avec le cœur sur le ton de la confidence :

– Je vais lui dire que je suis très heureux de la retrouver, qu'elle m'a manqué énormément, que je l'aime davantage. En quelques heures, bien des choses ont changé en moi. Je suis convaincu, lui dirai-je, que je ne peux pas vivre sans elle.

– Je comprends, avait dit le gardien. A ta place, je ferais la même chose. Elle va être très heureuse. Tu as de la chance. Pour votre vie future, ce sera mieux.

Durant la journée, un homme – pas un des quatre qui m'a enlevé – est venu s'asseoir à côté de moi. Il parle couramment l'anglais. Il regarde, dit-il, beaucoup la télévision. Il adore les films américains, les séries télévisées comme *Dallas* ou *Dynastie*. Il m'a dit qu'il n'était jamais allé aux Etats-Unis, mais qu'il aimerait le faire un jour. Il utilise des expressions américaines typiques, de celles que l'on trouve dans les séries télévisées. Il parle un anglais argotique américanisé qui arrive à me faire rire. Il veut s'amuser avec moi en me racontant des blagues. Au Liban, on adore les histoires drôles qui, en France, ne nous font peut-être pas rire, car nous n'avons pas le même esprit. Mais eux aiment les blagues et il me dit : « Raconte, raconte. » J'essaie de me souvenir d'une qui fait rire au Liban. C'est celle de Yasser Arafat qui monte au Paradis avec ses Feddayins. Il se trouve devant saint Pierre et lui demande s'il y a de la place pour lui. Saint Pierre répond que, malheureusement, non. Il est désolé, mais c'est complet. Il lui conseille d'aller en enfer voir le Diable. Arafat arrive en Enfer et pose au Diable la même question. Le Diable répond : « Même pour vous, il n'y a pas de place. Je suis désolé. Retournez voir saint Pierre. Ce n'est pas possible qu'il n'ait plus de place. » Et Arafat, avec ses dizaines et ses dizaines de combattants palestiniens, retourne voir saint Pierre et lui dit : « Regardez, même en Enfer je n'ai pas de place.

Qu'est-ce qu'on va devenir? ». Saint Pierre hésite, réfléchit pendant quelques secondes et dit à Arafat : « Ecoutez, on va vous donner des tentes. Installez-vous là, dans un coin, et on verra plus tard! »

Cette histoire les fait rire. Sauf un, qui se trouvait à côté de moi et qui me souffle tout bas : « Elle est bien, ton histoire. Mais tu rigoles des Palestiniens. Tu n'es pas prudent pour ton avenir. » Après cette réflexion, à la menace à peine voilée, je me demande pourquoi il semble irrité que l'on se moque des Palestiniens.

Je me souviens que si, chez les Libanais, les druzes prononcent le « Q », les Palestiniens le prononcent également. Pour apprendre l'arabe au BUC, le Beyrouth University College, j'avais un livre de phonétique. Notre professeur, libanaise, corrigeait très souvent le livre en nous disant : « Ne prononcez pas le " Q ", car ce livre a été écrit par des professeurs arabes palestiniens et nous, les Libanais, nous ne prononçons pas cette lettre comme les Palestiniens. » Cela me revient en mémoire.

Autour de moi, plusieurs de mes ravisseurs prononcent le « Q » en parlant arabe. Je me pose la question sur leur appartenance : « Et s'ils n'étaient pas seulement druzes, s'ils étaient palestiniens? »... Le fait que mes ravisseurs puissent être à la fois des Druzes et des Palestiniens n'est pas contradictoire. Les Palestiniens sont soutenus en partie par Jumblatt et, beaucoup d'entre eux ont trouvé refuge dans la région montagneuse contrôlée par le PSP. Voilà pourquoi mes ravisseurs parlent du Chouf dans leurs conversations.

Cette découverte est plutôt encourageante. Les relations entre les organisations palestiniennes, en particulier l'OLP, et la France sont excellentes. Je me souviens que, lors de la libération d'Aurel Cornéa, trois semaines auparavant, le gouvernement français a remercié certaines fractions palestiniennes. A Beyrouth, on suppute, à tort ou à raison, que si Aurel

Cornéa a été libéré, c'est grâce à l'intervention de l'OLP. Je n'ai donc pas à m'alarmer à propos de ma situation. Mais je suis tout de même intrigué : mes ravisseurs sont-ils à la fois des druzes et des palestiniens? Et, dans ce cas, pourquoi moi? Il y a une erreur sur la personne. Et dans ce cas, pourquoi ne me libèrent-ils pas le soir même?

CHAPITRE II

Le minibus a quitté le garage et roule maintenant sur une route qui paraît goudronnée. Allongé sur le plancher, je ne sens pas de cahots. La voiture avance sans encombre, car il est à peu près neuf ou dix heures du soir. A la nuit tombée, les gens ne circulent plus à Beyrouth. Je suis fatigué. Je me suis forcé à manger des sandwiches sans en avoir envie, l'estomac noué par l'angoisse. Cette angoisse, désormais, ne me quittera plus jusqu'au dernier jour. Je suis triste et j'ai envie de pleurer. Je calcule que la voiture roule pendant environ une dizaine de minutes.

J'essaie de me repérer car je connais très bien Beyrouth-Ouest et les grands axes routiers de la banlieue sud. En gros, il y en a trois : la route de l'aéroport qui traverse la banlieue contrôlée par les chiites intégristes du parti Hezbollah et par les chiites du mouvement Amal de Nabih Berri. L'axe qui relie le bord de mer à la route de l'aéroport et qui traverse en partie des camps palestiniens. Enfin, la route du bord de mer qui traverse le quartier de Ouzaï.

Nous sommes partis à peu près du centre de Beyrouth-Ouest et nous avons roulé vite pendant dix minutes sur une route qui semble droite. J'en déduis que, logiquement, nous ne pouvons être que dans la banlieue sud, à côté de l'aéroport international. Une région contrôlée en majeure partie par les chiites libanais, mais où se trouvent également des camps palestiniens. Je pense également que nous ne nous trouvons pas dans le fief druze de Jumblatt, car il nous aurait fallu rouler plus de dix minutes sur une route de montagne, et le chauffeur aurait dû changer souvent de vitesse. Quant au mini-bus, il avancerait beaucoup plus lentement.

Nous avons quitté l'asphalte pour emprunter un chemin cahoteux. Durant tout le trajet, personne ne parle. Soudain, la voiture s'arrête, une grande porte coulisse et le mini-bus descend une rampe d'accès d'une dizaine de mètres. En me fiant aux différents bruits, je crois que je me trouve dans un garage ou un premier sous-sol assez petit, car il semble que la voiture ne puisse aller plus loin. La porte s'est refermée derrière nous. Là encore, des gens nous attendent. On me tire de la voiture. Une fois debout, des hommes me prennent par les jambes et par les bras, pour me glisser dans un sas muni d'une échelle. Avec l'enveloppe qui me couvre la tête, je ne peux pas la descendre moi-même. En bas, quelqu'un me réceptionne et j'aperçois, la tête en arrière, d'un furtif regard vertical, les vêtements de la personne qui saisit mes pieds. Il est pauvrement vêtu; il porte une simple chemise blanche usée, un jean bon marché et ses pieds sont nus dans des sandales en plastique que portent, dans leur grande majorité, les musulmans lorsqu'ils sont chez eux. Je suis dans un sous-sol comme il en existe souvent dans les immeubles de la banlieue sud de Beyrouth. Les murs et le sol sont recouverts de carrelage très clair. C'est froid et j'ai l'impression de me trouver dans une boucherie ou une poissonnerie. Ces sous-sols devraient servir de caves, mais les propriétaires les recouvrent de carrelage car des gens n'hésitent pas à y habiter, en particulier les familles nombreuses déshéritées. En cas de bombardement, ces caves servent d'abri. Elles sont meublées sommairement et possèdent parfois des toilettes.

Un homme me guide à travers plusieurs pièces. Je sens qu'il y a autour de moi beaucoup de monde, au moins une dizaine de personnes. Au moment où un gardien remet en place l'enveloppe qui glisse sur ma tête, je l'aperçois un court instant. Il porte un jean et un pull marron à col roulé bon marché, des sandales aux pieds. Je suis frappé par son physique; il ressemble à un Palestinien : moustache, cheveux courts, pas de barbe, maigre. Au bout de quatre ans, j'arrive à reconnaître la confession d'un milicien à sa mine. Le combattant chrétien est plutôt bien nourri, plus gros que maigre et il porte généralement la moustache. Le combattant chiite, lui, est souvent barbu, il a les cheveux courts. Quant aux Palestiniens, ils portent rarement la barbe. L'homme que j'aperçois est rasé, mais une moustache barre son visage, il est maigre, semble mal nourri. Il paraît âgé d'une quarantaine d'années. Je me garde bien de généraliser, mais, pour avoir côtoyé en reportage tous les camps, j'ai remarqué qu'il existe un stéréotype, un certain profil chez les miliciens dans chaque organisation. En général, je ne me trompe guère. Pour moi, cet homme correspond au profil type du Palestinien plutôt qu'à celui du hezbollahi intégriste.

Quant aux sous-sols de Beyrouth, ils sont aménagés par des familles chiites et palestiniennes de la banlieue sud, mais certainement pas par des familles druzes ou sunnites. J'en suis convaincu. Pendant que je marche à tâtons, mes idées s'entrechoquent dans mon esprit. Où suis-je? Qui sont mes ravisseurs? Ces questions m'obsèdent déjà. Soudain, un bras invisible me pousse dans un petit cachot qui pourrait être une réserve de sacs de grains. La pièce mesure à peu près un mètre soixante-dix de côté et environ un mètre quatre-vingts de hauteur. Il n'y a pas de lumière et un lino de couleur vert pâle couvre le sol. Les murs sont carrelés de blanc, de la couleur du plafond. Une porte en fer munie de deux verrous ferme la cellule. Un petit ventilateur branché à l'extérieur est encastré dans le bas de la porte, tandis qu'une ouverture sans vitre munie de barreaux occupe le haut. C'est la seule lumière, dans ce qui me semble être un couloir éclairé, qui me permet de voir. Une fois seul, j'enlève l'enveloppe qui couvre ma tête. Je m'assois sur un rebord en carrelage qui court le long du mur et je contemple mon nouvel univers. Je ne suis même pas dans une cellule, mais dans un cachot, vierge d'inscription sur les murs, qui a dû être aménagé tout récemment.

J'entends des va-et-vient, des discussions, mais je ne comprends pas ce qu'ils disent. Je commence à avoir froid. Voilà, je suis enlevé, c'est arrivé! Je suis effondré parce que je comprends que je viens de basculer dans un autre monde. En quelques heures, j'ai quitté la civilisation et la lumière pour me retrouver dans un cachot aux murs nus, froids, sans fenêtre, éclairé par une faible ampoule électrique. C'est l'angoisse avec un grand « A ». Je suis devenu un otage, mais pourtant je continue de penser que ma captivité ne durera pas plus de vingt-quatre heures. Je me raccroche à cette idée. En même temps, je suis bien obligé de me rendre compte que je suis bel et bien tombé dans la nasse aux otages, aux prisonniers, dans ce monde obscur et souterrain. Je me sens impuissant, entouré par des hommes armés dont je ne sais pas ce qu'ils me veulent, ni qui ils sont. Je reste cependant persuadé de ne pas être impliqué dans la même affaire que les autres otages français. Je suis en effet convaincu que je ne suis pas entre les mains de chiites du Hezbollah, le parti des *Fous de Dieu.* Mais alors, pourquoi suis-je là?

Au bout d'une quinzaine de minutes, on me sort du cachot. Je marche dans un couloir avant d'entrer dans une autre pièce qui ressemble à la première en plus grande. Elle mesure à peu près trois mètres sur trois et deux mètres cinquante de hauteur. A même le sol, traîne un matelas en mousse recouvert d'une housse de nylon blanc à motifs bleus et rouges, un oreiller sans taie, de couleur pâle, d'une propreté douteuse et deux couvertures pliées. A l'idée de passer une première nuit en détention, je craque. C'est l'horreur.

Soudain la porte s'ouvre. Je remets l'enveloppe sur ma tête car j'ai tout de suite compris que je n'ai pas intérêt à voir leurs visages. Plusieurs personnes sont autour de moi : « Enlève tes vêtements, garde seulement ton caleçon », ordonne un des ravisseurs. « Il a l'air en bonne santé », commente l'un d'eux à haute voix. Comme si j'étais du bétail ou un captif, prisonnier des Mauresques au XVIIIe siècle, prêt à être vendu au marché aux esclaves d'Alger. « Ferme les yeux », ajoute le gardien avant d'enlever l'enveloppe-cagoule. Je sens une personne s'approcher de moi. Les yeux mi-clos, je regarde subrepticement vers le bas. Je découvre qu'il s'agit d'une femme. Elle est vêtue d'une jupe à fleurs très longue, comme celles que portent les romanichels en France. Elle semble jeune et, bien que je ne puisse pas voir son visage, je devine qu'elle est plutôt petite. Elle me donne un pyjama encore humide qui vient sans doute d'être lavé. C'est désagréable, mais je l'enfile quand même car, nu, je suis transi de froid. La femme me met ensuite un bandeau sur les yeux. C'est en fait un morceau de tissu de couleur vert pâle, découpé sans doute dans une nappe ou un rideau. En se mettant derrière moi pour nouer le bandeau, je l'entends murmurer en arabe : « Ahlam! Ahlam! » (« Quel malheur! Quelle misère! ») En même temps, elle claque la langue pour montrer sa désapprobation avant de disparaître. « Assieds-toi sur le matelas », ordonne un gardien. « Tu mettras le bandeau quand nous serons dans la pièce, et tu pourras le retirer quand tu seras seul. Veux-tu manger quelque chose? Veux-tu aller aux toilettes? » Je réponds non. Suivent de nouvelles consignes : « Avec le bandeau, tu ne peux pas regarder nos visages, mais tu vois nos jambes. On peut donc te montrer quelque chose. Mais il faut t'asseoir parce que, debout, tu risques de nous reconnaître. Dans ce cas, il y aurait des problèmes pour nous et pour toi. » Je comprends très bien. La menace est à peine voilée. Si je vois un visage, au mieux, je ne serai jamais libéré. Au pire, je suis un homme mort.

Ils partent pour revenir au bout d'une dizaine de minutes avec une personne supplémentaire. Je commence en effet à identifier les voix, les chaussures et à repérer combien ils sont. Il y a une personne en plus et, au ton sur lequel les autres lui parlent, je sens qu'il s'agit d'un responsable. Le nouveau venu s'agenouille près de moi et, dans un anglais parfait, me dit :

– Tu ne dois pas être inquiet. C'est une erreur. On veut seulement te poser des questions. Un chef viendra te voir. Tu vas devoir rester avec nous deux ou trois jours. As-tu besoin d'un médicament?

– Non.

– As-tu des problèmes de santé?

– Non.

– Il faut que chaque jour tu fasses quelques mouvements d'assouplissement. N'hésite pas à marcher dans la pièce. Si tu as besoin de quelque chose, demande-le aux gardiens mais ne crie pas, ne fais pas de bruit. On est en train de réparer la vidéo et on va te l'apporter. Tu pourras voir des films. Ne sois pas inquiet.

– Mais ma femme est inquiète!

– L'un de nous va la prévenir.

– Comment?

– On sonnera à l'interphone de ton immeuble, on lui dira que tu es en bonne santé et que tout va bien.

Je sens qu'il me ment. Et le type s'en va. La porte se referme. Dans la chambre, il n'y a pas d'ampoule mais, à l'extérieur, ils ont installé un spot qui, à travers l'ouverture munie de barreaux de la porte, éclaire et chauffe la chambre en même temps. Pas suffisamment, car des taches d'humidité suintent sur les murs. Je suis démoralisé, effondré. Non pas physiquement, mais moralement. Je pense à Marlène, perdue, paumée, effondrée elle aussi car, étant du Proche-Orient, elle sait mieux que quiconque ce que mon enlèvement signifie. Je sais aussi qu'elle a besoin de moi, que, seule, elle aura du mal à s'en sortir, à moins que ma détention ne dure que deux ou trois jours. C'est cette pensée qui me mine, plus que la crainte pour ma propre vie que je ne pense pas en danger.

Même allongé, je n'arrive pas à trouver le sommeil, j'essaie de me réchauffer et j'ai déjà peur de tomber malade, de prendre froid. En plus du pyjama, ils m'ont donné un polo à col roulé marron, un peu abîmé aux manches, mais propre, car il sent encore la lessive. Je l'enfile sous la veste de pyjama. Ils m'ont également donné un tee-shirt assez épais, gris, avec des lignes marron. Malheureusement, il est trop petit pour moi. Je me glisse sous les couvertures mais j'ai toujours aussi froid, je suis toujours aussi mal. Grâce à la lumière indirecte, je remarque qu'à côté du lit ils m'ont laissé un petit panier en plastique contenant une brosse à dents, un tube de dentifrice, une bougie, une boîte d'allumettes, un paquet de Kleenex, une assiette, un couteau et une fourchette en plastique. Un petit bidon muni d'un gobelet contient ma réserve d'eau potable. Pour uriner, je dois utiliser un bidon plus grand, une sorte de jerrican. Ils m'ont averti de toujours le prendre avec moi en allant aux toilettes, pour le vider et le rincer. A côté, je découvre un sac poubelle. C'est tout. Le petit bidon contient à peu près un litre d'eau fraîche. « Tu peux boire cette eau, mais ne remplis pas le bidon avec l'eau des toilettes, elle n'est pas bonne », m'ont-ils conseillé. « On t'en donnera chaque fois que tu en auras besoin. » Puis, avant de se retirer, ils ont ajouté : « Tu n'as pas le droit de regarder à travers les barreaux dans le couloir, sinon tu auras des problèmes. Une caméra vidéo enregistre tout. » Dans la pièce à côté, une ou deux personnes sont restées. Au bout d'une heure, le spot s'éteint, mais dans la pièce où se trouvent les gardiens, une lumière allumée maintient ma chambre dans une demi-clarté. En dépit de l'interdiction, je me lève et j'essaie de regarder, sur la pointe des pieds, à travers les barreaux. Par la suite, ils colleront, à l'extérieur, du papier pour m'empêcher de voir. Mais, ce premier jour, je remarque que des matelas sont disposés le long du mur de la pièce voisine. Un gardien dort sur l'un d'eux. Cette grande pièce est identique à la mienne. A la différence que c'est une pièce sans porte. J'entends parfois un va-et-vient. Des gardiens restent dans la pièce tandis que d'autres montent une échelle et sortent en rabattant la plaque qui ferme un sas.

Au-dessus, je surprends le glissement de pas très légers. Je devine qu'ils vivent là-haut, au niveau de la rue. Mais aucun des bruits extérieurs ne me parvient, car je suis gêné par le ronronnement d'un moteur d'air conditionné qui fonctionne non pas dans ma chambre, mais pour le chauffage de mes gardiens. Prostré dans le noir, je ne trouve pas le sommeil. Il me semble que je suis au fond d'un gouffre duquel je ne pourrai pas sortir. J'ai mal à la tête à force de gamberger les idées les plus folles. Peu à peu, je sens pourtant qu'il se passe quelque chose en moi.

Je ne suis pas croyant. Je n'ai pas reçu d'éducation religieuse bien qu'ayant été baptisé dans le culte antoiniste, un culte suivi par ma mère, qui respecte le christianisme mais qui se célèbre dans un temple. Je suis donc athée. Pourtant, au bout de deux heures, je me retrouve à genoux, sur le matelas, face au mur, à « prier » entre guillemets car je ne connais pas les phrases rituelles. Je prie Dieu, le Seigneur, et Jésus-Christ en même temps, mais sans vraiment faire la différence. Je demande aide et protection pour tous les miens. Je me surprends à annoncer : « Mon Dieu, Seigneur, protégez et aidez Marlène, la femme que j'aime. Aidez-moi et protégez ma vie. » Je ne suis pas devenu mystique, mais je ressens au plus profond de moi-même une émotion indéfinissable, comme si dans mon cachot je n'étais plus seul, mais pénétré par une forte présence que je nommerais Dieu. Je ne le sais pas encore. Je n'ai, en effet, pas de références pour l'analyser, mais, en moi, à côté et au-dessus de moi, quelque chose de tout puissant est présent, que je ne peux définir que par un seul mot : Dieu. Je découvre une spiritualité qui me pousse à communiquer. Je me rends compte que, dans mon désespoir, j'ai besoin d'aide. Cette première nuit, j'éprouve un sentiment inconnu jusqu'alors. Pourtant, je me suis déjà trouvé dans des situations difficiles et dangereuses où, généralement, je ne comptais que sur moi.

En 1983, durant la bataille de Tripoli, alors que les combattants palestiniens étaient assiégés par les forces syriennes, j'étais, avec un confrère américain, dans l'ancien QG de Yasser Arafat que j'avais interviewé quelques jours auparavant. Ce jour-là, il ne s'y trouvait pas. Apparemment, les Syriens ne le savaient pas. La maison a été littéralement bombardée d'une pluie d'obus. Les murs tremblaient au point que l'on ne pouvait même pas descendre l'escalier. Nous avions vraiment l'impression que, pour nous, tout était fini. Il m'est arrivé de me trouver dans d'autres situations analogues. Mais, à chaque fois, j'avais eu assez de force pour ne compter que sur moi-même. Aussi, pendant ces premiers jours de détention, je suis étonné de constater cette relation spirituelle ou religieuse. Une relation à laquelle je ne suis pas préparé, pas plus sur le plan culturel qu'intellectuel et qui ne correspond pas à ma personnalité, profondément athée et anticléricale. Je croyais me connaître. Je sais que je suis d'un naturel optimisme qui évite de se laisser aller. Je sais qu'il faut que je tienne pour Marlène, qui doit être effondrée. Et pourtant, je me sens lié peu à peu à quelque chose, à quelqu'un. C'est parfaitement compréhensible pour un croyant, mais pour moi? Ce que je ressens, je ne peux l'interpréter d'une manière raisonnable ou cartésienne. Je devine que cet état relève déjà du domaine religieux. Après avoir prié, je me sens mieux. Je n'ai pas demandé de miracle; simplement une protection pour Marlène et moi. J'ai la conviction que mon message a été reçu. Je suis rassuré, parce que je suis convaincu que mes prières ont été entendues. C'est une véritable révélation. Je prends conscience qu'il se produit, ce jour-là, un événement exceptionnel que je n'aurais jamais pu imaginer. Une porte s'est ouverte, un autre monde, une autre dimension s'offre à moi. Sans l'aide de Dieu, j'aurais certainement « craqué » pendant ce premier jour qui fut peut-être le plus angoissant de toute ma captivité. J'étais, en effet, privé de liberté et, surtout, mes conditions de détention étaient pires que celles que je connaîtrais par la suite. Plus tard, par force, l'accoutumance viendra, cela se modifiera, j'évoluerai avec elles et je commencerai à cogiter pour m'évader. Mais je n'oublierai jamais ce premier jour et je suis encore angoissé rien que d'en parler.

Après la prière, je me suis endormi. Dans la nuit, je suis réveillé. J'ignore, bien sûr, quelle heure il est, car je n'ai aucune notion du temps. Ce n'est pas le silence total, à cause du ronronnement de l'air conditionné qui se trouve dans le couloir. J'entends les hoquets écœurants d'un gardien qui vomit dans les toilettes voisines. Je me rendors difficilement, me réveille de nouveau en sursaut; cette fois-ci je me retiens pour ne pas crier. Un rat est en train de me mordre l'orteil! Je secoue mes jambes et l'animal disparaît, vraisemblablement par un trou dans le mur. Avec les couvertures, j'essaie de protéger mes pieds nus. Mais j'ai froid, pas seulement à cause de l'humidité de ma cellule, mais aussi, sans doute, à cause de l'angoisse, du choc de l'enlèvement. De plus, dans mon sommeil, je reste conscient d'être toujours dans ce cachot, sous terre, dans cet autre monde. Je ne sais pas exactement où je suis, s'il existe d'autres sous-sols. Avant de m'endormir à nouveau, je me demande si d'autres otages sont détenus dans l'immeuble, si des gens habitent au-dessus.

Lorsque je me réveille, je suppose que c'est le matin car l'électricité est coupée. Je suis dans l'obscurité. Le gardien est debout. Il a allumé une bougie dans sa chambre qui se trouve face à la porte de ma cellule. Je ne vois presque rien, mais la lueur de la bougie suffit tout de même à éclairer légèrement les murs de ma cellule. Je bois un peu d'eau. Je me lève, j'urine dans le jerrycan et je craque une allumette pour allumer ma chandelle.

Sans le bruit de l'air conditionné, j'entends celui des voitures. Je suis surpris par le fait qu'elles roulent vite. Or, rouler à grande vitesse à Beyrouth, c'est rare. Je réfléchis pour savoir où je suis. De plus, je perçois distinctement le bruit de la mer, le bruit du ressac. Je suis donc sur la plage. J'entends également le bruit des avions qui décollent et atterrissent. La mer, les voitures qui roulent à grande vitesse, le mouvement des avions. Il n'existe qu'un lieu qui réunit ces trois conditions : l'extrémité de Ouzaï, un quartier de la banlieue sud de Beyrouth, habité par les chiites, qui se trouve sur le bord de mer, sur la route qui relie Beyrouth à Saïda. Pour avoir emprunté cette route des dizaines de fois, je sais que le seul endroit à Ouzaï où les voitures peuvent prendre de la vitesse, c'est l'extrémité du quartier qui se situe parallèlement aux pistes de l'aéroport, juste avant un endroit qu'on appelle Green Beach, la « plage verte », qui était la plage de débarquement des Marines américains, aménagée en 1983 et où il reste un mirador aujourd'hui abandonné. Le secteur est contrôlé à la fois par Amal et par le PSP (Parti

Socialiste Progressiste druze). Je sais que, quelques centaines de mètres avant Green Beach, il existe des immeubles, habités par des familles palestiniennes, construits sur la plage, entre la mer et la route Beyrouth-Saïda. L'aéroport se trouve de l'autre côté de cette route. Dans ma tête, je vois parfaitement ces immeubles que je connais car, très souvent, lorsque j'allais photographier les Marines américains, je passais devant ces bâtiments. A cette époque, ils étaient déjà habités par ces familles de réfugiés, bien que le secteur fût contrôlé en partie par Amal. En partie seulement, car c'était la « zone frontière » entre les deux secteurs. Celui du PSP commence au carrefour de Khaldé, quelques centaines de mètres plus au sud. Il s'agit en fait d'un no man's land, car cette zone se situe à la limite de plusieurs secteurs contrôlés par différentes milices.

Tout en localisant l'endroit où je suis détenu, je pense à mes ravisseurs, à la raison de mon enlèvement. Dans ma tête, je me repasse les images de la veille, minute par minute. Je me remémore le fait qu'un responsable, la veille, m'a dit qu'il me faudrait attendre trois ou quatre jours pour qu'on me libère. Je reste donc confiant. Je pense surtout à Marlène. Je me dis qu'elle est sûrement à l'hôtel Cavalier. Je l'imagine dans sa chambre, en train de prendre son petit déjeuner, entourée par les journalistes et les photographes qui lui posent des questions, qui essaient de récupérer des photos de moi à l'appartement. Bref, le boulot que j'avais l'habitude d'accomplir avec les familles des otages. Je me dis : « Pourvu qu'ils ne l'embêtent pas trop. Pourvu qu'on l'aide. » En même temps, je me demande comment va réagir l'ambassade de France. Marlène n'est pas mariée avec moi, elle n'est pas Française et elle ne peut donc pas demander une quelconque assistance à l'ambassade. Je me culpabilise en répétant, presque à haute voix : « Je n'aurais pas dû rester à Beyrouth-Ouest. » De plus, je me rends compte que je suis devenu un problème supplémentaire pour les négociateurs français. Si Michel Seurat est vraiment mort, il y a toujours quatre otages vivants. Ça leur en fait maintenant un de plus sur les bras. Je prends conscience de la gravité de mon cas. Je ne pense pas que la vie de Marlène soit en danger car, a priori, les ravisseurs ne s'attaquent pas aux femmes, d'autant plus qu'elle n'est pas française, mais arabe. Même si elle est chrétienne. Je ne suis donc pas inquiet. Je reste confiant, car je suis persuadé que, bien qu'étant Français, et détenu, je ne suis pas impliqué dans la même affaire que les autres otages. J'ai aussi la conviction que mes ravisseurs ne sont pas des chiites intégristes. J'ai de plus en plus la certitude que ce sont des druzes ou des Palestiniens. C'est l'hypothèse la plus vraisemblable. J'arrive à la conclusion que, même si je n'ai rien à voir avec les autres otages, la France acceptera de négocier parce qu'elle attache de l'importance à ses ressortissants détenus au Liban.

Je retiens trois hypothèses : mes ravisseurs demandent une rançon et, là, je deviens inquiet. Dans une affaire de droit commun, j'imagine mal les médias pour lesquels je travaille ou le gouvernement français, payer une rançon. Cas de figure plus réjouissant : c'est une erreur (j'y crois beaucoup) et je suis libéré dans trois ou quatre jours. Enfin, mes ravisseurs sont des Palestiniens : les relations entre la France et les Palestiniens sont cordiales et franches. La marine française n'a-t-elle pas évacué Arafat et ses hommes de Beyrouth, en 1982, et de Tripoli, en 1983? Même si les ravisseurs appartiennent à un groupe isolé de Palestiniens, il ne fait aucun doute que l'OLP sera mise au courant et qu'Arafat interviendra pour moi. Je reste donc optimiste.

Toutes ces questions m'obsèdent. Je me répète sans cesse : qui sont mes ravisseurs et que me veulent-ils? Enfin, je cherche à déterminer si j'ai la possibilité de m'évader. Dès le deuxième jour, en effet, je pense à l'évasion. Jusqu'à l'avant-dernier jour de ma captivité, j'aurai cette idée en tête tout en gardant espoir dans les négociations entreprises, j'en suis persuadé, par le gouvernement français. Je suis convaincu que la France négocie pour moi, que la presse est mobilisée et que, dès le premier jour, ma photo passe en ouverture du journal d'Antenne 2 avec celles des autres otages français. Ces pensées m'aident beaucoup mais je devine qu'il est temps pour moi d'entreprendre quelque chose. Je me dis : « C'est bien de prier et de garder confiance, mais je ne dois pas rester les bras croisés. Je dois agir et lutter concrètement. »

Si je veux garder le moral, je dois me battre sur plusieurs niveaux : en priant et en gardant confiance en la France qui négocie et en Marlène qui m'attend; en m'obligeant à répéter tous les jours des exercices physiques d'assouplissement parce qu'équilibre physique et équilibre mental sont étroitement liés; enfin, pour échafauder des plans d'évasion, je dois tout observer, chercher la brèche, la faille, la faute humaine qui me permettra de m'évader. Même si je ne réussis pas, j'aurai l'esprit occupé.

Malheureusement, succèdent à ces moments d'espoir des périodes de découragement. Des mots me reviennent à l'esprit : Dominique Roch, la correspondante de Radio France Internationale, avait, quelques jours auparavant, écrit un article dans *L'Evénement du Jeudi* sur les deux mondes existant à Beyrouth : le monde des vivants, à la lumière du jour, et le monde des morts-vivants, souterrain. Il existe, écrivait-elle, en substance, un monde souterrain à Beyrouth, le monde des ténèbres où vivent des dizaines et des dizaines d'otages occidentaux mais aussi arabes et libanais de toutes confessions, des gens détenus depuis des années et dont on ne s'occupe pas. Plongés dans l'obscurité, ils vivent comme des animaux et ne voient jamais la lumière du jour.

En me remémorant ces phrases, je réalise avec

horreur que je suis plongé dans ce monde-là. Je réalise tout à coup que c'est pire que ce qu'on pouvait imaginer. Survivre entre quatre murs recouverts d'un carrelage blanc, froids et humides, alors qu'en même temps le monde continue de vivre, le temps continue de s'écouler. Pour moi, l'existence s'est arrêtée. Cette notion du temps perdu ne me quittera jamais. Je ne veux pas envisager que je pourrais passer plusieurs années en captivité. Cette idée m'est insupportable. Je ne suis pas mort, mais je ne suis pas non plus vivant au sens plein du terme. Je dois fournir un immense effort pour ne pas devenir fou.

Le gardien m'apporte à manger. Lorsqu'il ouvre la porte, je remets automatiquement mon bandeau. « Marhaba, me dit-il (Bonjour). Donne-moi ton verre. » Je lui tends mon gobelet en plastique dans lequel il verse du thé chaud et très sucré, comme en boivent les Palestiniens. Une autre personne l'accompagne et observe la scène debout, légèrement décalée par rapport à son camarade accroupi près de moi, qui reste à demi-couché sur le matelas. A chaque repas, ils prendront les mêmes précautions. Avec le thé, il me donne un sandwich au labneh, du lait caillé qui ressemble à du fromage blanc salé : « Pour toi, j'ai mis dans le sandwich... zeitoun... comment tu dis ça en français? » Je lui réponds : « Olive. » Il ajoute : « Ça va? tu as bien dormi? »

– Oui, ça va.

– Ensuite, toilettes, dit-il. Shamma... Comment tu dis en français?

– Bougie.

– Quand tu as fini manger, arrête la bougie. Aujourd'hui, caraba revient.

Caraba, c'est l'électricité. L'autre gardien n'a rien dit. Celui qui parle est pauvrement vêtu d'un jean, d'un polo, de chaussettes grises et marche avec les sandales aux pieds. Je ne vois pas son visage. Il semble mince et, d'après la longueur de ses jambes, je devine qu'il est à peu près de ma taille. A sa voix, il doit être âgé d'une vingtaine d'années.

– Dans dix minutes, je reviens te voir, lance-t-il avant de s'en aller.

Je mange avec appétit. J'ai faim et j'aime bien le thé et le sandwich au labneh. Tout en mangeant, je me demande combien ils sont. Celui qui m'a apporté le repas n'avait pas d'arme, mais l'autre en avait-il une? S'il venait seul, pourrais-je l'assommer et m'évader? Mais comment l'assommer? A partir de là, je commence à me remémorer mes quatre années de karaté à Lille, à Paris et aussi à Beyrouth, au club de sport d'Héliopolis. Je suivais l'entraînement deux fois par semaine. Quatre ans de karaté, c'est peu. Mais un sportif bien entraîné peut mettre un homme K.-O. Pour frapper, je dois être debout et le seul moment où je pourrais l'être sera lorsqu'il m'emmènera aux toilettes. Mais quels coups dois-je porter? Devrai-je lui donner un coup de pied au ventre et, ensuite exécuter un Yakutsuki, c'est-à-dire porter le pied au bas-ventre et donner en même temps un coup de poing au niveau du nez au moment où il s'abaisse? Il faut aller très vite et frapper très fort. Malheureusement, l'adversaire n'est pas K.-O. Il tombe et reste étourdi pendant quelques secondes. La réussite dépend en grande partie de la carrure de l'adversaire. Il faudrait que j'enchaîne un deuxième coup au niveau de la tempe. Ce n'est pas évident. Il faut bien posséder la technique et, surtout, ne pas rater son coup! J'hésite. Tout ça, c'est du cinéma. Les cours, c'est une chose, mais la réalité en est une autre. J'ai beau être ceinture verte et bientôt passer ceinture bleue, je ne me suis jamais réellement battu. Je me demande même si je serais capable d'attaquer, car la base du sport de combat n'est pas l'attaque. En principe, on ne doit pas prendre l'initiative.

Durant toute ma détention, je serai toujours à deux doigts de passer à l'action. Mais trop d'incertitudes demeureront. Que faire avec mes poings nus contre celui qui porte un revolver à la ceinture ou à portée de la main? Et si un autre gardien arrivait à ce moment-là? Et même si je le mets K.-O. que se passera-t-il ensuite? Comment arriverai-je à ouvrir la porte qui ferme le sas? Je ne connais pas la topographie des lieux au rez-de-chaussée et j'en déduis, qu'avant même d'assommer le gardien, il me faut savoir combien ils sont au-dessus. Je ne peux choisir la force pour m'en sortir tant que je n'aurai pas plus d'éléments en ma possession. Je dois observer davantage.

Au bout d'une demi-heure, le gardien revient et dit en français : « Mets tes sandales. Je te tiens par le bras, mais il faut que tu comptes le nombre de pas nécessaire pour aller de ta porte à celle des toilettes. » Je compte cinq pas. C'est quasiment en face de ma cellule. « Prends ta serviette, lave-toi un peu, mais ne prends pas de douche. Tu as cinq minutes. » Sur ces mots, il me pousse, ferme la porte des toilettes avec un crochet extérieur et reste planté devant. La salle de bain est un tout petit réduit pourvu d'un W.-C. à la turque qui fait office de douche, avec un tuyau souple, qui sert également de chasse d'eau. Au Liban, la majorité des musulmans n'utilisent pas de papier toilette pour se nettoyer, mais de l'eau! Je suis donc la même méthode.

Au-dessus du lavabo, je remarque l'absence de miroir. Il n'y en aura jamais, car ils ne veulent sans doute pas que les prisonniers constatent qu'ils maigrissent. Une bougie posée sur une planche en bois éclaire le cagibi. Au robinet, coule l'eau chaude et l'eau froide. Mais en cinq minutes, je n'ai pas le temps d'en profiter.

A peine me suis-je lavé les dents et le visage, que je remets le bandeau sur mes yeux. Je tape un coup et mon gardien ouvre la porte pour me guider vers ma cellule. D'après ce que j'essaie de voir, il n'y a rien dans la pièce que nous traversons où deux geôliers vivent en permanence. Une fois dans mon cachot, le gardien entame la conversation.

– Quel est ton prénom?

– Roger.

– Roger, dit-il, tu ne dois pas être inquiet.

– Pour combien de jours suis-je ici?

– Je ne sais rien, répond-il. Je ne fais qu'obéir aux ordres et m'occuper de toi. Et il part, sans un mot de plus.

Les heures s'écoulent lentement. L'électricité ne revient pas. Je ne suis cependant pas tout à fait dans l'obscurité parce que, dans la pièce à côté, une bougie est allumée. Moi, j'ai éteint la mienne pour l'économiser. Je pense beaucoup, toujours aux mêmes choses : qui sont mes ravisseurs? où suis-je? combien de temps vais-je rester ici? Je pense sans cesse à Marlène, à la vie dehors, aux événements qui se sont déroulés le jour précédent.

L'un des gardiens est monté. Puis les deux. A côté, il n'y a plus personne mais, au-dessus, j'entends toujours des bruits de pas. Au moment où l'électricité revient, un des gardiens redescend et oriente le spot vers ma cellule afin qu'elle soit parfaitement éclairée à travers les barreaux de la porte. J'en profite pour chausser mes sandales. Je marche de long en large comme un automate. J'arrive à esquisser un sourire quand je pense aux prisonniers qui inscrivent leur nombre de jours de détention sur les murs. Maintenant que je suis dans la même situation, je devrais peut-être en faire autant. Je choisis un endroit, au milieu des carreaux, couvert de plâtre. Avec le bas du tube de dentifrice, j'inscris un trait vertical. Si, par malheur, je suis encore là dans dix jours, je barrerai, comme dans les films, les dix traits verticaux et inscrirai une ligne horizontale en travers. Je revois un dessin représentant Monte-Cristo au château d'If, avec une grande barbe et des cheveux blancs, assis sur son lit, incrivant des traits... Il avait toutefois un peu plus de chance car, au moins, il voyait la mer. Moi, je suis dans un sous-sol et c'est pire.

Le gardien revient. Il parle un peu français. Pour différencier chacun de mes geôliers, j'ai décidé de les baptiser.

– Tu ne peux pas me donner ton nom mais, moi, est-ce que je peux t'en donner un? Comme ça, quand tu viendras je saurai qui tu es?

– D'accord, répond-il.

– Que choisis-tu comme prénom?

– Je ne sais pas. Ce que tu veux.

– Je vais t'appeler Philippe.

– C'est joli. OK. Appelle-moi Philippe.

Il me demande depuis combien de temps j'habite Beyrouth, quel est mon métier. Il parle sur un ton très décontracté, par curiosité. Je comprendrai par la suite qu'il a pour mission de « m'aider », de me soutenir psychologiquement. Son travail consiste à venir une ou deux fois par jour et à rester quelques minutes avec moi simplement pour me parler, pour que je ne devienne pas fou et que je puisse conserver un moral minimum. A chaque fois que je serai désespéré, c'est lui qui m'encouragera :

– Tu ne dois pas être désespéré. Peut-être vas-tu bientôt sortir... Je n'en sais rien, mais tout va bien. Ne sois pas inquiet pour ta femme. Elle t'attend. Ne sois pas inquiet pour toi. Le chef va venir te voir et tu pourras lui poser des questions.

Des gens qui viennent me voir durant ces premiers jours, c'est le seul qui ouvre la bouche. Il m'a expliqué comment désormais sera réglée ma vie :

– On va te donner à manger trois fois par jour, on t'emmènera aux toilettes également trois fois par jour et à la douche, tous les quatre jours. C'est la loi. Ne me pose pas de questions, parce que je ne peux rien te dire de plus. Je ne suis pas le chef. J'obéis aux ordres.

La plupart du temps, ce sont les autres qui m'apportent à manger, toujours à deux. Parfois, Philippe est avec eux. Mais il préfère venir seul, entre les repas. Durant cette première journée, c'est lui, surtout, qui viendra m'apporter à manger, des sandwiches, des pâtisseries libanaises, des fruits... Il m'apporte trop à manger. Il me gâte.

– Veux-tu du chocolat? Des bonbons? Un chewing-gum? As-tu besoin de quelque chose?

Pour tromper l'ennui, j'ai envie de lire :

– J'aimerais des livres, mais je n'ai pas mes lunettes. Sans les produits nécessaires, je ne peux pas remettre mes lentilles. De toute manière, vous me les avez prises.

Philippe a réponse à tout :

– C'est peut-être mieux que tu ne lises pas beaucoup pour l'instant. Comme ça, tu ne te fatigues pas les yeux.

Il m'apporte de l'eau de Cologne made in France, une boîte de talc fabriquée en Chine en précisant :

– C'est bon pour la peau, et l'eau de Cologne, c'est bien pour sentir bon.

Je me force à marcher, à pratiquer quelques exercices d'assouplissement, en me souvenant des mouvements d'échauffement du club de karaté : travail des jambes, du dos, des bras. Je me fixe un objectif de vingt pompes quotidiennes. Du premier au dernier jour, je ferai toujours ces vingt pompes après être allé aux toilettes. Je m'impose cette discipline et, sur mes trois cent dix-neuf jours de détention, je ne la respecterai pas trois ou quatre jours seulement. Une fois, notamment, parce que je serai malade et une autre parce que je me sentirai trop faible faute d'avoir eu à manger. Dès les premiers jours, je me promets de respecter cet exercice important pour ma santé et mon moral. Assis sur le matelas, je pense beaucoup à mes amis, à ma famille, à Marlène, à ces années de reportage au Liban. Pendant quatre ans, je n'ai vécu que pour le reportage. J'en garde un souvenir très vivace. Dans le silence de ma cellule, je me rends compte que beaucoup ont laissé une trace indélébile, pour des raisons différentes, dans ma mémoire.

Le 23 octobre 1983, au journal de 6 heures de la BBC, j'apprends que deux explosions ont ravagé le poste français de l'immeuble *Drakkar* et le quartier général des Marines américains à Beyrouth. Premier bilan : au minimum deux cents morts. Je cours jusqu'à ma vieille Alfa, cabossée et mangée par la rouille. Je choisis d'abord d'aller au QG américain. Je sais où il se trouve alors que je ne connais pas exactement quel est le poste *Drakkar* parmi les nombreuses positions françaises à Beyrouth.

A l'approche de l'aéroport, je suis d'abord surpris par l'état des arbres. Les palmiers qui bordent la route ont été décapités par le souffle de la déflagration. Je croise des dizaines d'ambulances qui, sirène bloquée, foncent en direction des hôpitaux de la ville. Des grappes humaines de secouristes dépassent à l'arrière des camionnettes. A l'avant, des miliciens tirent des rafales de pistolet-mitrailleur en l'air pour se frayer un passage dans les embouteillages. C'est efficace, sauf que, parfois, on relève, après le passage d'une ambulance, un ou deux morts tués par des balles perdues.

L'immeuble qui abritait le QG américain n'est plus qu'un amas de décombres. Sous la violence de l'explosion, des blocs de béton ont été projetés à des dizaines de mètres à la ronde. Comment ce camion piégé a-t-il pu pénétrer dans cet immeuble? Sur place, personne ne mène, pour le moment, d'enquête. Le premier objectif des sauveteurs est de sortir des décombres les rares rescapés. Le spectacle est apocalyptique. Des morceaux de vêtements sanguinolents traînent sur le sol et des cadavres couverts de poussière sont encore pris sous les parpaings. Les hélicoptères du porte-avions *Eisenhower*, qui croise au large avec la VIe flotte, atterrissent sur une aire de fortune pour emporter les blessés les plus graves. Je revois encore ces images comme si j'y étais. Le souffle des rotors soulève les couvertures qui recouvrent une dizaine de corps alignés sur le sol. Une image me frappe : celle d'un Marine taillé comme un champion de boxe qui pleure à chaudes larmes ses copains disparus.

Pour travailler, les journalistes n'ont aucun problème. Un officier met à la disposition de chacun deux soldats qui nous accompagnent sur ce champ de bataille. En revanche, devant le poste français, l'atmosphère est beaucoup plus tendue. L'immeuble s'est affaissé sur lui-même comme un château de cartes et ressemble à un mille-feuille. Les soldats sont devenus fous. Ils prennent position alentour pour protéger les sauveteurs qui fouillent les décombres. Un officier, passablement énervé, braque les journalistes avec son Famas en hurlant : « Le premier qui approche, je le flingue. » Plus loin, un jeune sergent est, lui, complètement effondré sur le capot de sa jeep. Ce dimanche matin, il était parti chercher les croissants hebdomadaires pour la compagnie. Quand il est revenu, ses copains étaient morts. J'interviewe un jeune lieutenant que je connaissais. C'est le frère de Daniel Balavoine, le chanteur. Il me demande gentiment si ses déclarations vont passer sur RTL. « On n'a pas encore la liste complète des disparus, me dit-il. Si ma famille m'entend à la radio, elle saura que je suis vivant. »

Parmi mes reportages, un autre m'a également frappé. Peut-être parce que c'est le dernier que j'ai réalisé avant mon enlèvement. J'étais allé couvrir, peu avant Noël, la bataille de Magdouché où les Palestiniens affrontaient les miliciens chiites d'Amal. Afin de protéger les camps de Myhé-Myhé et de Aîn Héloué, les combattants d'Arafat livraient une bataille féroce pour tenir cette colline assiégée.

En arrivant à Myhé-Myhé, je tombe sur un combattant armé jusqu'aux dents. « Laisse la voiture ici, me dit-il, il faut poursuivre à pied pendant deux kilomètres, sinon tu n'arriveras pas vivant. » Chargé de mon magnétophone et de mes appareils photo, je m'intègre dans un petit groupe vêtu de treillis de camouflage et chaussé de rangers. Cette fois-ci, c'est sérieux. Je ne vois pas de feddayins en jean et en baskets, mais des soldats à la taille encombrée par des chargeurs et des grenades et serrant un lance-roquette RPG 7 ou un Kalach entre les mains. A mi-hauteur, le chef du groupe nous arrête. Devant nous, un orgue de Staline s'apprête à tirer. Un vrai feu d'artifice. Les roquettes fusent dans un fracas épouvantable en mettant le feu aux broussailles. La réponse ne se fait pas attendre. L'artillerie d'en face commence à pilonner les positions palestiniennes. On se jette tous sur le sol en attendant les premières « arrivées ». J'entends le feulement des obus sur nos têtes puis les impacts, sourds, puissants. Les explosions retentissent derrière nous, à quelques dizaines de mètres. Heureusement que des buldozers ont élevé quelques remblais de terre. Le nez dans la caillasse, j'ai la trouille. C'est la première fois que j'ai aussi peur. « Qu'est-ce que je suis venu foutre dans cette galère? » Et là, je me pose la question qu'il ne faut pas se poser : « Pourquoi suis-je ici? Pour glaner quelques informations, je vais peut-être mourir. Ça n'a pas de sens. »

On progresse finalement jusqu'à Magdouché. C'est un village chrétien vide de ses habitants. Sur la place trône une statue de la Vierge et autour c'est 14-8. Les combattants des deux camps ont creusé des tranchées et se « canardent » copieusement. Dans les maisons adjacentes, les combats de rues font rage.

A Magdouché, je manque craquer. Je me dis : « Il faut que j'arrête de jouer à la roulette russe. Un de ces jours, la chance va tourner. Magdouché, à Paris, il savent à peine ce que c'est. Ils ne voudront même pas un " papier ". Ces combats durent depuis des semaines. Ils n'intéressent plus personne. Pourquoi alors suis-je venu couvrir ce " marronnier "? »

En retournant à Beyrouth, je m'étais juré de ne plus recommencer ce genre de « connerie ».

Maintenant, je suis bien avancé et j'en arrive toujours à la même conclusion : j'ai été stupide de rester à Beyrouth-Ouest. Durant les derniers mois, j'avais envie de partir. Je suis resté sûrement un peu par orgueil, et beaucoup par entêtement. Bref, je m'en veux énormément.

CHAPITRE III

SOUDAIN, un homme entre. Il ne parle qu'arabe et il me semble – j'en aurai la confirmation par la suite – qu'il est l'équivalent d'un sous-officier dans la hiérarchie des ravisseurs. Ce « petit chef » m'affirme s'appeler Wallid. Bien sûr, ce n'est pas son vrai nom, car Wallid est un prénom druze. Je tente de lui expliquer en arabe que, pendant la nuit, un rat est venu. Avec mes doigts, je mime une bête qui marche sur le sol en lui montrant mes moustaches. Il comprend tout de suite. Quelques minutes plus tard, il rapporte du ciment et bouche un petit trou dans l'un des murs. Un autre homme l'accompagne et lui demande qui je suis. Wallid répond simplement : « Massihiyi » – « un chrétien » – et l'autre n'ose pas lui poser d'autre question. Je sens que Wallid exerce un certain pouvoir, une autorité sur les autres. Je le verrai tout au long de ma détention. Il reviendra me parler, me demander si ça va, si je mange, si je vais aux toilettes, si je ne suis pas malade.

Au déjeuner, on m'apporte des sandwiches au poulet, au fromage et des mandarines. On remplit d'eau le petit bidon.

L'après-midi, l'électricité est de nouveau coupée. Je suis seul. Les deux gardiens ne sont pas à côté mais au-dessus, au niveau de la surface. Entre un nouveau venu. Je m'aperçois qu'il n'est pas tout à fait normal à la manière dont il me parle. En arabe, il demande :

– Qui es-tu? Quel est ton nom?

Je le sens agressif et, en même temps, un peu simplet d'après les questions qu'il me pose.

– Lay anta hon? (Pourquoi tu es ici?)

– Mabarif. (Je ne sais pas.)

Il insiste :

– Si tu es ici, c'est que tu as fait quelque chose de mal.

Je comprends que ce n'est pas un responsable, mais simplement un gardien. Il serre entre les mains un Kalachnikov et s'amuse à armer la culasse, à enlever le chargeur, à le remettre. C'est un agité. Je sens qu'il est dangereux, mais qu'en même temps il a peur. Il ne sait pas trop ce que je représente, quelle importance j'ai.

– Je suis journaliste, je m'appelle Roger Auque, et je ne sais pas pourquoi je suis là.

Il ne répond pas. Je devine que sa présence n'est pas normale, qu'il n'aurait pas dû me poser des questions sur ce ton. Il a profité de l'absence des autres pour venir me voir. En armant pour la énième fois son Kalach, il lâche tout à coup :

– Mon nom, à moi, c'est Frankenstein. Appelle-moi comme ça. Moi, je suis bien, je suis bon. Mais pourquoi tu es là? Moi, je sais pourquoi. Tu n'aimes pas les Palestiniens...

– Je n'ai rien contre les Palestiniens. Je les connais.

Je n'ose en dire plus.

– Aimes-tu Abou Amar? (le vrai nom de Yasser Arafat), demande-t-il encore.

– Oui.

– Non, ce n'est pas vrai. Tu n'aimes pas Abou Amar. J'en suis sûr parce que tu es ici. Sinon, pourquoi tu serais ici?

J'ai l'impression qu'il monologue. Il est fou, j'en suis certain. Il parle trop mais, pour moi, c'est intéressant parce qu'il m'apporte des renseignements supplémentaires. J'obtiens ainsi presque la confirmation, non pas que je suis totalement entre les mains des Palestiniens, mais que, lui, en est probablement un, et que, parmi les gens qui m'ont enlevé, il y a à coup sûr des Palestiniens.

Dans cet univers clos, le ton monte. Ce dingue dégage de mauvaises vibrations. Maintenant, il ordonne :

– Il faut nettoyer ici.

Il m'a amené une balayette avec un petit ramasse-poussière en plastique qu'on donne aux enfants pour s'amuser, mais qui, en fait, est utilisé chez les musulmans du Liban pour nettoyer les coins.

– Mais ce n'est pas sale!

– Si, tu dois nettoyer!

Et il me met le ramasse-poussière dans les mains en répétant : « Vas-y, nettoie! »

Il parle en arabe et je lui réponds en arabe :

– On verra après. Tu pars et je nettoie.

Il s'énerve :

– Non! Maintenant, crie-t-il en armant le Kalachnikov et en pointant le canon sur ma poitrine.

Je sens que c'est un fou dangereux et qu'il ne sait pas très bien ce qu'il fait. Il est capable de tirer pour ne pas perdre la face. Il vaut mieux ne pas attendre qu'il s'en aille pour balayer. En même temps, je me dis que nettoyer ma cellule, ce n'est pas plus mal. La saleté attire les bêtes. J'ai déjà remarqué des fourmis qui emportent des miettes. Je commence à balayer lentement. Frankenstein se tait. Il jubile de m'obliger à exécuter ses ordres. Je ne me sens pas humilié, mais quand même un peu vexé. Mais n'ai-je pas intérêt à faire ce qu'il veut? Avec un fou pareil, on ne sait jamais. En pointant le Kalachnikov, il m'a dit : « Mout anta. » (« Toi mort! ») Sous-entendu, si tu ne balaies pas, tu sais ce qui t'attend. Une fois ma corvée finie, il dit simplement, content de lui :

« Kouayis. » (« C'est bien. ») Puis il part en fermant la porte qui était restée ouverte.

Vexé, je balance la balayette à travers la chambre. Il m'a énervé, ce con! S'il revient, je lui rentre dedans! Mais il a le Kalachnikov. Je pourrais me servir de la bouteille d'eau de Cologne comme poing américain. Elle risque cependant de se briser ou de me glisser des mains. Roger, maîtrise-toi, sinon il va t'arriver malheur!

Dans la salle d'à côté, je l'entends parler tout seul, sans comprendre ce qu'il dit. Voilà maintenant qu'il entonne un chant militaire! Soudain, il s'arrête et crie tout seul : « Ah, halam, Abu Amar, leche ana hon? » (« Ah, misère, Abou Amar, pourquoi suis-je ici? ») Et il ajoute, toujours en arabe : « Pourquoi tu nous laisses ici? » Il s'adresse à Arafat et demande pourquoi les Palestiniens restent dans cette situation. Ces paroles ne me sont pas destinées. Il n'essaie même pas de me faire croire que je suis détenu en partie par des Palestiniens. Il crie sa vérité. Ce type est fêlé. J'en aurai la confirmation par la suite.

L'électricité revient. Frankenstein est parti. Philippe pénètre à nouveau dans mon cachot. Je lui parle de ce type. Je lui raconte tout : son agressivité, qu'il a pointé son Kalachnikov sur moi et, sous cette menace, qu'il a touché mes cheveux blonds, qui deviennent longs, en me disant que j'avais de beaux cheveux. En moi-même, je me demande si Frankenstein n'est pas homosexuel.

– Qui est-il?

Philippe ne répond pas, mais devient visiblement inquiet :

– Pourquoi? Qu'est-ce qu'il t'a dit? Qu'est-ce qu'il a fait?

Je lui répète exactement ce qui s'est passé.

– Je comprends, dit-il, il n'a pas le droit de venir, mais je sais pourquoi il agit comme ça. N'aie pas peur.

Pour moi, cet halluciné est sûrement homosexuel.

Dans les pays arabes, beaucoup de jeunes sont bisexuels. Mais, me toucher les cheveux, ça pouvait être aussi un geste familier. Est-ce que je ne deviendrais pas un peu paranoïaque? Philippe me prévient tout de même :

– Fais quand même attention. N'essaie pas de te rebeller parce qu'il peut être dangereux. Je le connais. C'est un très bon combattant, courageux, mais en même temps un peu fou. Je vais m'arranger pour qu'il ne vienne plus te voir. Je t'ai apporté des dominos. Si tu veux, on fait une partie ensemble.

– OK.

Je m'assois en tailleur sur mon matelas. J'entends ce qui se passe dans la pièce à côté. Il y a un autre gardien.

Philippe n'est pas armé. Il s'assoit également en tailleur sur mon matelas et nous commençons la partie. J'ai toujours les yeux bandés, mais je vois le bas de son jean et ses chaussettes. Il le devine, mais il ne se doute pas que j'arrive même à voir son jeu. Aussi est-il étonné que j'arrive à gagner! Il est même un peu vexé et je me dis que, peut-être, j'aurais intérêt à moins tricher! Sinon, il ne viendra peut-être plus me voir. J'ai besoin, en fait, qu'il vienne me parler et jouer avec moi.

Nous avons joué aux dominos une quinzaine de minutes et je regrette que la partie soit déjà terminée.

– Je reviendrai peut-être prendre ma revanche, lance-t-il en partant.

Il ma laissé un tabouret en plastique rouge. C'est pas grand-chose, mais je suis heureux de pouvoir m'asseoir au lieu de toujours être allongé sur le matelas.

Les heures s'écoulent, lentement. Le soir, le menu ne varie pas. On m'apporte encore des sandwiches avec du thé, mais pas de plat chaud. Puis, c'est la « promenade » aux toilettes. J'essaie de me faire une idée des heures des repas. Il me semble que, le matin, ils m'apportent le petit déjeuner vers dix heures, le déjeuner vers deux ou trois heures de l'après-midi et ce que j'appelle pompeusement le « dîner », vers dix heures du soir. Je n'ai pas assez à manger. Les sandwiches consistent en deux petites galettes roulées avec, parfois, du poulet à l'intérieur. Ceux-là, ils les achètent. La grande galette de pain, ils la font eux-mêmes. Ils bourrent la pâte de labneh et d'olives. Le problème, c'est que je n'aime pas les olives.

– J'ai décidé de les mettre en plus car je pensais que tu les aimais, m'annonce Philippe.

– Je vais quand même les manger.

Il croit que je lui fais plaisir, mais en fait je me force à cause des vitamines. Si je m'écoutais, je n'avalerais rien. J'ai en permanence la gorge serrée et une boule d'angoisse dans l'estomac. Pourtant, je m'évertue à ne rien laisser dans mon assiette. Je dois garder mes forces pour ne pas perdre le moral.

Pour occuper le temps, je refléchis. C'est ma seule occupation. La nuit, je n'arrive pas à m'endormir ou bien je me réveille en sursaut. Je commence à faire de mauvais rêves dans lesquels je suis détenu, captif. Même en dormant, j'ai la sensation de vivre un cauchemar éveillé. Jusqu'au dernier jour, cette sensation ne me quittera pas. Je me demande toujours quand ce cauchemar va se terminer. Je pense souvent à une phrase que j'avais lue dans une lettre que Jean-Paul Kaufmann avait envoyée à sa femme : « Quand donc finira cette longue nuit? » Et il est vrai que je ne vois pas la lumière du jour et que je suis plongé dans une nuit qui dure vingt-quatre heures sur vingt-quatre. Les pensées s'entrechoquent dans ma tête, des tas d'images me reviennent. Mes reportages, ma vie à Beyrouth, Marlène, mes amis défilent comme dans un film. Les souvenirs « repassent » plusieurs fois dans la journée. Je revois mon ami Frédéric Neema, de l'agence Reuter, avec qui, avant qu'il ne quitte le Liban, je partais souvent en reportage très tôt le matin, alors que Beyrouth était à peine éveillé. Tous les deux, on aimait ça, même si c'était pour aller couvrir les combats. Je reconnais qu'il y avait un certain parfum d'aventure, mais aussi quelque chose de frais. Je pense au ciel bleu, qui commence à me manquer, au soleil. J'imagine la mer et je me dis que, désormais, même si je suis libéré dans les deux ou trois jours, je ne resterai probablement pas au Liban. C'est inéluctable. Pour moi, le Liban c'est fini. Toute une période fantastique de ma vie s'achève. A Beyrouth, les reportages ne manquaient pas. Le détournement du Boeing de la TWA sur Beyrouth pendant l'été 1985 avait été, par exemple, un événement spectaculaire qui avait fait la une de l'actualité mondiale. Avec Frédéric et d'autres confrères, j'ai vécu des situations intenses.

Je pense aussi aux images de Marlène et moi. Marlène, qui adore s'endormir dans mes bras. Elle aime regarder la télévision, mais en général elle ne voit jamais la fin du film parce qu'elle s'endort avant. Ces souvenirs me font sourire, rire même parfois, seul, entre mes quatre murs. Et ça me fait du bien.

Je pense également à tous les journalistes que je connais et aime bien. Je suppose qu'ils doivent être tristes et, en même temps, se dire : « Quel con, ce Auque! On lui avait dit de ne pas rester à Beyrouth. Il l'a fait et, maintenant, il est dans la merde. » Ces pensées m'envahissent tous les jours. Je vis sur le passé parce que le présent s'est arrêté. Je ne peux pas vivre sur l'avenir car je ne sais pas de quoi il sera fait. Parfois, j'échafaude des projets : si je suis libéré dans les trois jours, je quitte le Liban avec Marlène. Mais je me demande où nous irons. Peut-être à Rome comme correspondant de RTL, ou à Paris. J'imagine être rapatrié par l'ambassade de France. Mais quand et comment? Je n'en sais rien.

Me reviennent également mes souvenirs d'enfance. A l'âge de neuf ou dix ans, je passais souvent l'été dans le sud de la France, dans les Pyrénées, à

Ax-les-Thermes. Avec mon frère jumeau Bernard, on faisait pas mal d'espiègleries. On s'amusait à ouvrir les jets d'eau du jardin public pour emmerder le gardien et arroser les touristes. On volait du sucre à une pauvre vieille qui habitait au rez-de-chaussée. Nous entrions par la fenêtre, simplement pour avoir l'impression de vivre les aventures que nous lisions dans les livres. J'aimais énormément les livres de la Bibliothèque Verte, et, bien sûr, les œuvres de Jules Verne. Dans mon cachot, je pense à ces moments qui me paraissent tellement frais, tellement chaleureux, qui sont la vie même. Puis, tout à coup, je me demande : « Et si la vie s'arrêtait pour moi? » Je pense à la mort. Peut-être vais-je mourir? Je sais désormais qu'il y a des Palestiniens parmi mes geôliers. Je me pose la question : « Et si ces Palestiniens ne sont pas pro-Arafat mais pro-Libyens? Ils pourraient très bien me tuer en représailles de la politique française vis-à-vis de la Libye et du Tchad. » Je m'angoisse. Je me demande à nouveau pourquoi ils ne m'ont pas encore libéré, pourquoi ils ne me posent pas de questions? C'est inquiétant. Les jours passent.

Peut-être pour chasser le désespoir, j'éprouve maintenant, dans la journée, le besoin de prier : « Seigneur, faites que je sois libéré le plus vite possible. » Je ne trouve pas les bons mots, mais ces moments de recueillement me réconfortent.

Je reste dans cette première cellule pendant neuf jours. De temps en temps, j'ai la visite d'un homme qui parle très bien anglais. C'est l'un des ravisseurs qui était assis avec moi dans la Volvo, dans le garage où nous étions restés durant toute la première journée de mon enlèvement. Sa remarque : « Tu te moques des Palestiniens. Tu ne penses pas à ton avenir », est restée gravée dans ma mémoire. J'ai reconnu sa voix. Il est petit, gros et lourd d'après la manière dont il s'assoit sur le matelas à côté de moi. Il joue avec un revolver qui ressemble à un Smith et

Wesson calibre 38 à long canon quatre pouces. Il fait tourner l'arme autour de son doigt, comme les cow-boys, mais sans me menacer. Deux autres personnes l'accompagnent toujours. La première fois que mon ravisseur est revenu, il ne s'est pas présenté. Il m'a simplement dit :

– Comment ça va? Tu as mangé? Tu as bien dormi?

– Oui. Mais je t'ai déjà vu, le premier jour, dans la voiture?

– Oui, c'est moi, répond-il franchement.

– Il n'y a que toi qui parles bien l'anglais.

– Oui, j'aime bien parler anglais.

– Puis-je te donner un nom pour pouvoir te reconnaître plus facilement?

– D'accord.

– Je vais t'appeler Christophe.

– OK. Je serai Christophe, dit-il.

Par la suite, je me rends compte que le travail de Christophe consiste à me donner de fausses informations, sur d'éventuelles négociations, pour m'aider à tenir le coup psychologiquement et moralement.

Durant ces neuf jours, il prend l'habitude de venir quotidiennement pendant quelques minutes. Il s'assoit à côté de moi et me parle, comme à un ami. Je lui demande pourquoi je suis là. Il répond toujours évasivement :

– Tu comprends, il y a un problème. On ne t'a pas libéré le premier soir...

– Justement, vous m'aviez dit que j'allais être libéré rapidement. Pourquoi ne l'avez-vous pas fait?

– Oui, mais il y a eu un problème. Nous essayons de le résoudre. Peut-être pas dans trois jours, mais, sous peu, tu seras libre. Tu ne dois pas t'inquiéter. Nous ne sommes pas des fous, nous ne voulons pas te faire de mal. Tu vas sortir d'ici, mais je ne sais pas quand. Je n'ai pas autorité pour te le dire, mais je peux te garantir que tu sortiras vivant.

Excédé, je lui rétorque :

– Mais il y a d'autres otages français au Liban qui sont détenus depuis presque deux ans.

Il se met alors à rire et ajoute :

– Ecoute, nous ne sommes pas des hezbollahi. Nous ne sommes pas des intégristes. Nous ne les aimons pas. Nous ne sommes pas des fous. Je sais que tu as peur du Hezbollah, parce que les Français en ont peur. Je ne peux pas te dire qui nous sommes. Nous sommes peut-être des musulmans ou des chrétiens... Tu ne dois pas le savoir.

– Mais pourquoi me gardez-vous?

– Il y a un problème, je ne peux pas t'en dire plus. Nous sommes en train de vérifier certaines choses, mais normalement, d'ici à lundi, tu devrais être libre. Le chef qui est venu hier soir va revenir. Ne t'en fais pas. Ne tente rien. Si tu te tiens tranquille, on ne te fera jamais de mal.

Celui qu'il appelle le chef est probablement l'homme qui, le premier soir, m'a demandé, dans un parfait anglais, si j'avais besoin de médicaments et m'a conseillé de faire du sport.

– Et ma femme, l'avez-vous prévenue?

– Un copain à moi l'a prévenue par l'interphone.

Par la suite, je découvrirai que, jamais, ils n'ont prévenu Marlène. Ils me mentaient pour me rassurer.

Durant cette première semaine, j'ai attendu avec impatience la venue du chef qui devait résoudre le fameux problème. En me demandant à chaque instant : « Quel est ce problème? Ai-je fait quelque chose de mal? » Je cherchais, mais ne trouvais rien. j'avais bien été une fois en Israël, en 1983, mais, à cette époque, aller en Israël en habitant au Liban ne posait pas réellement de problème. Je connaissais des Libanais chrétiens et musulmans qui passaient les fêtes de fin d'année en Israël. Fin 1983, avant la chute de Beyrouth-Ouest en février 1984, il était encore question que le Président Amin Gemayel signe les accords de Nakoura qui étaient, en quelque sorte, la première étape d'un traité de paix entre le Liban et Israël. Comme touriste, j'avais séjourné deux semaines en Israël. J'avais loué une chambre dans un petit hôtel de Tel-Aviv, le Shalom Hotel, en face du Hilton. A Jérusalem, j'étais passé saluer les confrères de l'AFP. C'est tout. Je profitais des vacances et du soleil.

A bien réfléchir, ce séjour en Israël ne pouvait être la cause de mon enlèvement. Je n'avais pas de visa sur mon passeport qui, de toute façon, était resté dans mon appartement. Alors, quel pouvait être cet obstacle qui empêchait ma libération? Dans mes reportages, je couvrais les faits. J'évitais les commentaires en restant objectif. Evidemment, ils pouvaient toujours trouver quelque chose. On ne peut pas être journaliste au Liban, sans mécontenter un jour ou l'autre un quelconque parti. Ils sont si nombreux! Mais de là à être enlevé!

En 1986, j'avais interviewé Beate Klarsfeld, la femme qui se bat dans le monde pour que l'on recherche et arrête les criminels nazis. Elle était venue à Beyrouth pour essayer de sensibiliser l'opinion et, surtout, pour passer un message dans la presse libanaise à destination des ravisseurs qui détiennent les otages juifs libanais. Le but de Beate Klarsfeld était entrer en contact avec les ravisseurs, afin de leur faire comprendre que, elle, pouvait éventuellement intervenir auprès du gouvernement israélien pour qu'il satisfasse certaines de leurs exigences en vue, bien sûr, d'obtenir la libération des otages juifs. Lors de son séjour à Beyrouth, les correspondants libanais de la presse française ou encore les correspondants occidentaux, français, américains, anglais, avaient en majorité fait l'impasse sur sa venue pour deux raisons : la première est que la plupart des correspondants de presse à Beyrouth sont plutôt anti-israéliens. La deuxième est qu'il y a toujours danger à interviewer une femme qui a des relations très étroites avec Israël, même si ses objectifs sont humanitaires. Pour moi, juifs ou pas juifs, ces otages sont d'abord des otages et le fait que Beate Klarsfeld prenne elle-même de grands risques en venant à Beyrouth était en soi un événement. À la différence de certains de mes confrères, sans être pro ou anti-israélien, je ne suis pas non plus pour ou contre les Palestiniens, j'avais voulu faire mon métier honnêtement en l'interviewant.

Des confrères m'ont reproché cette interview. « Tu n'aurais pas dû le faire. Beate Klarsfeld a des relations avec Israël, disaient-ils. Elle est pro-sioniste et c'est dangereux. » Malgré tout, je considérais qu'à partir du moment où elle était là, il fallait lui demander le but de son voyage. Il n'était pas question que je me laisse influencer par des considérations philosophiques. Au moment de l'interview, j'ai voulu la prendre en photo pour l'agence Gamma. Avec un autre photographe, nous l'avons donc accompagnée à l'ambassade d'Allemagne fédérale, à Beyrouth-Est, dans le secteur chrétien, où elle devait se rendre pour arranger un problème de papiers. C'est la seule fois où, avec un confrère, je l'ai accompagnée. Elle m'avait, en effet, demandé de la piloter dans Beyrouth-Ouest, mais j'ai refusé parce que, d'une part c'était dangereux, et d'autre part cela ne rentrait pas dans le cadre de mon travail de journaliste non engagé.

Alors, est-ce précisément à cause de cette interview que je suis aujourd'hui dans un cachot? Certaines organisations de Beyrouth ont-elles appris que j'ai interviewé Beate Klarsfeld? Il se révélait donc dangereux de l'avoir interviewée. En outre, avant de partir de Beyrouth, elle m'avait dit qu'elle m'appellerait afin que j'entre en contact avec Himat, un chiite libanais qui l'avait pilotée dans Beyrouth. Il l'avait protégée, présentée à des journalistes libanais et il était supposé entrer en contact avec les ravisseurs des otages juifs. Ce chiite, moyennant quelques dollars, se chargeait généralement d'organiser des rendez-vous entre les chefs du parti Hezbollah à Beyrouth et les journalistes français qui désiraient les interviewer. Des confrères avaient mis Beate Klarsfeld en contact avec cet homme que je connais, comme le connaissent les autres journalistes français travaillant dans la capitale libanaise.

Quelques jours après son départ, Beate Klarsfeld m'a effectivement appelé de Paris en me demandant d'entrer en contact avec cet homme afin de savoir s'il avait du nouveau. Je ne voulais pas être impliqué dans cette affaire et je ne désirais pas non plus qu'on prétende que j'avais des relations particulières avec Beate Klarsfeld. Enfin, je n'ai jamais voulu entretenir des relations étroites avec ce chiite, car je me suis toujours méfié de lui. Je ne lui demandais pas d'informations pour mon propre travail et il n'était pas question que je lui en demande pour elle. Je n'ai donc pas pris contact avec lui. Beate Klarsfeld m'a téléphoné une seconde fois. Je lui ai répondu que je ne savais pas où était l'intermédiaire chiite. Après cela, elle ne m'a jamais plus rappelé.

En repensant à Beate Klarsfeld entre mes quatre murs, je me dis que le danger ne peut pas venir de cette affaire dans laquelle j'avais gardé mes distances. Cette hypothèse éliminée, j'ai beau chercher, j'arrive toujours à la même conclusion : je n'ai rien à me reprocher !

CHAPITRE IV

– BONJOUR, Roger!

– Y a-t-il du nouveau?

– Voilà le problème. Notre chef, qui est quelqu'un de très bien, a un frère en prison en France, explique-t-il. Il a été arrêté pour trafic de drogue et condamné à deux ans de prison. Il a déjà purgé six mois. Nous désirons t'échanger contre lui. Nous sommes en contact avec l'ambassade de France et il semble que tout s'annonce bien. Il ne faut pas que tu désespères. Il faut que tu patientes encore une semaine ou deux. De toute façon, je reviendrai te voir dans quelques jours. Si tu as besoin de quoi que ce soit, Philippe – puisque c'est comme ça que tu l'appelles – te l'apportera.

J'en profite pour demander des lunettes.

– Je pense t'en procurer. Quelle vue as-tu?

– Je n'en sais rien.

Christophe recule et parle en chuchotant en arabe dans un coin avec un autre gardien. Celui-ci s'éclipse et revient trois minutes après avec deux paires de lunettes.

– Retourne-toi vers le mur, enlève ton bandeau et essaie ces deux paires de lunettes, propose Christophe.

L'une, grise et bon marché, n'est pas à ma vue. L'autre correspond à peu près.

– Rends-les-moi, je ne peux pas te les donner, dit-il, mais je vais t'en acheter une paire.

Et il part.

Seul, je réfléchis à ce qu'il m'a dit. Le frère du chef, prisonnier en France, c'est possible. L'espoir existe donc. S'il a été condamné à deux ans et s'il a purgé six mois, avec les remises de peine, il est fort possible que la France accepte de négocier et que je sois libéré. Mais, en même temps, je me rappelle que lorsque Roland Dumas était ministre des Affaires étrangères sous le gouvernement Fabius, il avait été déjà question d'échanger Sydney Peyrolle, enlevé par les FARL (Fractions armées révolutionnaires libanaises) contre Georges Ibrahim Abdallah. Peyrolle avait été libéré, mais pas Georges Ibrahim Abdallah... Sous le gouvernement Chirac, cela pourrait-il se produire? Devant cette question, dont je ne connais pas la réponse, je suis à la fois optimiste et démoralisé. Je connais aussi la lenteur de telles négociations.

Je repense ensuite aux deux paires de lunettes. Elles signifient que je ne suis pas le seul otage. Je n'entends pourtant aucun bruit de verrou, de portes ouvertes ou fermées. De plus, à la différence des deux premiers jours, on m'apporte pour les repas, non plus des sandwiches, mais un plat cuisiné chaud. La plupart du temps, il s'agit de légumes en boîte mélangés à du riz, le tout nappé d'une sauce très salée gorgée d'eau. Malheureusement, il n'y a jamais de viande. En dessert, j'ai droit en général à une mandarine ou une banane. Quelquefois, rien du tout. Maigre consolation, on m'apporte du thé, que j'adore, matin et soir.

Parfois, les légumes changent. A la place des haricots verts, ce sont des haricots blancs ou des petits pois, toujours accompagnés de riz. C'est le plat des musulmans pauvres au Liban, qu'ils soient libanais ou palestiniens. Le soir, je mange toujours un sandwich au fromage, au labneh ou à la confiture.

C'est léger, j'ai faim et je sens que je maigris. Pour les plats cuisinés, la nourriture se trouve dans une grande marmite munie d'une louche. J'en déduis que, probablement, mes gardiens servent d'autres personnes. Un jour, Philippe me demande si la nourriture est bonne. Je réponds oui du bout des lèvres.

– Les plats cuisinés sont meilleurs, dis-je. C'est que les femmes cuisinent bien.

– Oui. Là-haut, elles sont très belles. En veux-tu une? ajoute-t-il en plaisantant.

– Je suis fidèle à la mienne.

– Tu as raison, dit-il en fermant la porte.

Je suppose que ce sont les familles des réfugiés palestiniens ou chiites qui vivent dans l'immeuble et qui font la cuisine. Mais je suis étonné de voir que mes gardiens descendent avec une si grosse marmite pour me donner à manger. Existerait-il un deuxième sous-sol avec d'autres otages? A mon niveau, je n'ai rien remarqué. Dans l'hypothèse d'un deuxième sous-sol, je ne peux rien entendre avec le bruit du générateur.

Les lunettes, de la nourriture pour six ou sept personnes, ce sont autant d'indices qui me préoccupent. De plus, je remarque que les gardiens servent ma pitance avec une grande dextérité, comme s'ils en avaient l'habitude. A l'exception de Philippe et Christophe, les autres geôliers ne me parlent pas. Quand je leur demande de l'eau ou de m'emmener aux toilettes, ils me répondent par « Tchtt! », ce qui, en libanais, signifie la même chose que « Chut, tais-toi » en français. Je les sens, non pas méchants, mais durs et déterminés. Ils sont généralement deux; l'un me surveille avec un revolver ou un Kalachnikov, pendant que l'autre sert. Je devine qu'ils ont l'habitude de s'occuper d'otages, de prisonniers. Leurs gestes sont automatiques, machinaux, ils n'en font jamais un de trop.

Durant les neuf premiers jours, Philippe vient me

voir quotidiennement. Il m'avoue qu'il est jeune, vingt ans, qu'il est étudiant. Il a appris le français à l'école et aimerait devenir médecin. « Mon père était, dit-il, professeur de français à l'Université américaine de Beyrouth. » Dans la conversation, je lui glisse que c'est inhumain d'être retenu tout seul, prisonnier entre quatre murs. J'ajoute :

– Si ça continue, je deviendrai fou.

– Moi aussi, pendant deux mois, j'ai été prisonnier à Beyrouth. J'ai même été torturé, précise-t-il.

Il me montre une cicatrice dans son dos et le bout de ses doigts qui sont encore abîmés.

– Il faut que tu tiennes le coup, exerce-toi à la « contemplation » pour essayer de rester calme, me conseille-t-il. Je sais ce que c'est que d'être prisonnier, car je suis un combattant.

Où a-t-il combattu? Il ne le précise pas. J'ai le moral à zéro et je lui confie mes craintes.

– J'ai peur de rester longtemps détenu comme les autres otages du Jihad Islamique ou du Hezbollah.

– Nous ne sommes pas comme eux, répond-il. Je ne peux pas t'en dire plus, mais nous ne les aimons pas.

Il ne m'avoue pas qu'il est Palestinien, mais tout, dans son discours, le sous-entend. Par prudence, je n'ose pas lui poser la question, mais je le devine.

– Comprends bien que, comme toi, je suis prisonnier, dit-il encore. Je ne peux guère bouger à Beyrouth. Tu sais dans quel quartier nous sommes?

– Non.

– C'est mieux... prononce-t-il en partant.

Au bout de quelques jours, j'ai l'impression que plusieurs gardiens se sont installés dans la pièce à côté. Ils ont descendu une télévision et un magnétoscope. Ils regardent, la journée, comme c'est souvent le cas au Liban, des films américains de guerre ou de kung-fu sous-titrés en français et en arabe, et, le soir, le journal télévisé de la chaîne chrétienne qui reste la meilleure dans le pays. J'arrive à comprendre les flashs, qui concernent les événements quotidiens mais, dès que la politique est abordée, je ne suis plus. En tout cas, je n'entends pas parler des otages. Les gardiens commentent beaucoup le journal télévisé. Ils parlent d'Amal, de la Syrie, de la guerre des camps palestiniens. D'ailleurs, la nuit, lorsque l'électricité est coupée, j'entends le bruit des bombardements. Il vient d'assez loin, ce qui me conforte dans l'idée que je suis plus près de l'aéroport que des camps palestiniens.

Bien qu'ils soient installés dans la pièce à côté, mes gardiens ne viennent pas me voir plus souvent pour cela. Trois fois par jour, ils m'apportent à manger. Trois fois également, ils me conduisent aux toilettes.

Le neuvième jour, j'inscris un neuvième trait avec mon tube de dentifrice sur la partie du mur recouverte de plâtre. Demain, je tracerai une ligne horizontale pour la première dizaine. Combien de lignes horizontales vais-je devoir ainsi tracer avant de sortir de cette cellule? Va-t-on me relâcher dans un mois, deux mois? Je reste toutefois optimiste, persuadé que mon cas est totalement différent de celui des autres otages occidentaux. J'espère que, si mes ravisseurs sont des Palestiniens, la direction de l'OLP va intervenir pour obtenir ma libération. Un espoir qui me soutient le moral.

Après le petit déjeuner et l'aller-retour aux toilettes, le gardien me dit : « Suis nous. »

Je m'inquiète, bien sûr, mais je ne pose pas de questions. Je me demande bien ce qu'ils me veulent et où ils m'emmènent. Mais, surtout, je fais attention de ne pas trébucher comme un aveugle avec mon bandeau sur les yeux. Un peu comme dans les navires ou les sous-marins, j'enjambe la partie métallique inférieure d'un sas. Je suis dans un couloir et, en regardant sous le bandeau, je compte trois portes en fer à ma droite et un mur nu à gauche. Il existe donc trois cellules. On me fait entrer dans l'une d'elles. Elle est pire que mon ancienne cellule : c'est un vrai cachot mesurant à peu près 1,70 mètre sur 1,70 mètre et un peu plus d'1,80 mètre de hauteur. Je mesure 1,80 mètre. J'ai donc la tête qui touche quasiment le plafond. Mes gardiens apportent mon matelas, mes couvertures, mon assiette, mes couverts, et mon nécessaire de toilette. Je constate avec horreur que le matelas est trop long par rapport à la cellule. Pour l'étendre, je l'appuie contre le mur et, lorsque je me couche dessus, je suis obligé de plier les jambes.

Plus le temps passe et plus les conditions de ma détention se détériorent. La cellule mesure la moitié de l'autre, mais, comme la première, elle est recouverte de carrelage, avec des barreaux sur la porte et un spot. La seule différence : un tout petit ventilateur électrique incrusté dans la porte de fer permet d'aérer le cachot. La nuit, lorsque le ventilateur est arrêté, les murs suintent d'humidité en raison du froid extérieur. Ici, j'entends encore mieux le bruit des vagues et, lorsque le vent souffle, j'écoute même les cailloux et les morceaux de papier rouler sur le sol. J'estime que ma nouvelle cellule a été construite, pour moitié, au-dessus de la surface.

Aussi, ma première idée est d'essayer de creuser un trou. Comment et avec quoi? Je ne sais pas encore. J'observe d'abord du côté des deux autres cachots qui abritent deux autres personnes. Quand les gardiens m'apportent le repas, ils ouvrent également les portes voisines et disent en arabe : « Sarna » (assiette). » J'occupe la première cellule et, dans la troisième, au bout du couloir, les gardiens parlent en français. S'agit-il de l'un des quatre otages français – Kauffmann, Carton, Fontaine ou Normandin – si, toutefois, aucun d'entre eux n'a été libéré depuis mon enlèvement? Dans ce cas, pourquoi les gardiens ne parlent-ils pas en anglais ou en arabe? Dans mon esprit, ce prisonnier est probablement français. Dans la cellule d'à côté, j'entends le prisonnier répondre parfaitement en arabe. J'en déduis qu'il est probablement arabe, Libanais ou Saoudien puisque des Saoudiens ont déjà été enlevés à Beyrouth. Ce prisonnier arabe me fait penser que mes ravisseurs sont peut-être des gens spécialisés dans les rapts, des mercenaires engagés qui enlèvent des gens de toutes nationalités sur commande pour demander une rançon. J'ai envie d'essayer de communiquer avec le prisonnier qui se trouve à côté. Mais je me méfie car, à la différence de la première cellule, je ne peux pas savoir si le gardien se trouve ou non dans la grande pièce. Le couloir est en effet fermé par une porte-sas et, a priori, il reste vide. Mais je n'en suis pas sûr. Lorsqu'il part, le gardien laisse la radio allumée entre deux stations, ce qui provoque un grésillement continu. Une astuce pour que nous ne puissions pas entendre s'il est là ou non.

Je m'interroge sans cesse sur l'identité de mes deux voisins. Lorsque l'on m'emmène à la salle de bain on accompagne également les deux autres après moi. Quand ils passent devant ma cellule, j'aperçois leurs pieds et leur pyjama rayé à travers les pales du ventilateur. Ils marchent en traînant les pieds et avancent en tâtonnant à cause du bandeau sur les yeux. Au moment de cet aller-retour, le gardien reste immobile devant ma porte, pour contrôler si je ne regarde pas à travers les barreaux.

Dans la cellule, l'électricité est très souvent coupée, même pendant la journée. Je suis plongé dans le noir, une seule bougie éclairant la pièce voisine où se trouvent les gardiens. Un jour, j'entends un homme crier : « Hello, hello! » Je me lève, me demandant qui appelle. Est-ce l'otage qui cherche à communiquer avec moi? Le type répète « Hello! ». C'est plus fort que moi, je réponds « Hello! » A ce moment-là, trois gardiens entrent violemment dans ma cellule en hurlant :

– On t'a dit de ne pas répondre! C'est nous qui avons crié « Hello » pour voir ta réaction. On croyait que tu étais gentil, mais tu ne l'es pas. Tu ne respectes pas ce qu'on t'a dit de faire, tu ne respectes pas la loi. Tu ne dois pas parler, on ne doit pas t'entendre. Sinon, on va te tuer.

Les salauds sont armés de Kalachnikov. Conditionné, affaibli par plusieurs jours de détention, j'ai le cœur qui cogne dans la poitrine au moment où un gardien appuie le canon de son revolver sur ma tempe. Il s'énerve, appuie de plus en plus fort au point de me faire mal. Très vite, le froid de l'acier s'estompe au profit d'une sensation de chaleur : la peur me trempe de sueur. Le dingue au revolver n'est pas chaussé de sandales en plastique mais porte des Adidas. Il n'est pas vêtu d'un pyjama, ni d'un survêtement, mais d'un pantalon en tergal. Visiblement, c'est un responsable qui vient de l'extérieur pour tester la sécurité et me flanquer la trouille.

– Les Français sont mauvais! Je n'aime pas la France! me lance-t-il en anglais.

Et tous disparaissent.

Je suis brisé par l'irruption surprise de ces hommes dans mon univers clos. Soulagé par leur départ, je me dis que je n'ai pas intérêt à faire de bruit car, s'ils me coincent encore une fois, je ne sais pas quelle sera leur réaction.

Les deux autres otages ne font pas de bruit non plus, ils n'essaient pas de parler à travers les barreaux. Je tourne en rond dans ma cellule, comme un fauve en cage. Je n'arrive pas à trouver le sommeil et rester assis accentue mon angoisse. Je cale le matelas contre le mur et, pour garder la forme, je marche – c'est un bien grand mot – de long en large : deux pas et demi d'un côté, deux pas et demi de l'autre! C'est fou. J'ai l'impression d'être une bête de cirque. Je pense aux gravures des livres d'histoires qui montrent les cages dans lesquelles Louis XI enfermait ses prisonniers qui n'en sortaient que handicapés à vie. Lorsque je me contente de regarder les murs, la porte, pour savoir s'il existe un moyen de l'ouvrir, quand je me remémore un souvenir, bref, tant que je me limite aux dimensions de la pièce, je tiens le coup. Mais, dès le moment où je m'extériorise, que je me vois dans ma cellule comme quelqu'un qui me regarderait de l'extérieur, j'ai l'impression de perdre la raison. Si je pense à une route, au ciel, au soleil, à la vie qui continue alors que je suis prisonnier dans ce sous-sol, je me retiens pour ne pas me mettre à hurler ou à me cogner la tête contre les murs. Je m'efforce de rester dans mon monde. Je ne dois pas m'imaginer dans cette « cage ».

Pour éviter de sombrer dans la folie, je me fixe une auto-discipline, je m'interdis de penser à l'air pur, au soleil, au ciel bleu, à une plage car ces images reviennent sans cesse : « J'ai une envie folle de courir, de nager, de skier. »

Dans ces moments de découragement, j'éprouve la nécessité de me raccrocher à une idée. Alors, je m'imagine être un sous-marinier dans un sous-marin nucléaire, en immersion pour plusieurs semaines. Les sous-mariniers sont capables de vivre ainsi, dans un espace réduit, pendant trois mois. Moi, je dois en être capable également. Il faut que je survive! Je dois tout d'abord combattre le froid. Quand je m'assois, je couvre toujours mes épaules avec une couverture. Lorsque j'ai changé de cellule, un gardien m'a donné un keffieh palestinien noir et rouge. Je le mets sur ma tête pour me protéger les oreilles du froid. Je reste emmitouflé pendant des heures dans cette couverture et ce keffieh. J'ai pu obtenir également de récupérer mes chaussettes. Maintenant que je ne suis plus pieds nus, j'essaie de faire les cent pas. En fait, j'en fais deux et demi, tout au plus et encore, en diagonale. Mais j'ai l'impression que cet exercice est bon pour moi.

Pour survivre, je me force également à manger tout ce qu'ils me donnent, même si je n'aime pas. Il faut aussi que je reste très propre pour ne pas attraper une infection, des microbes, car si je tombe malade ils n'appelleront pas un médecin.

Je sais qu'un otage américain, William Buckley, est probablement mort d'une pneumonie.

Je me lave donc un maximum à la salle de bain. Même si je ne peux pas prendre une douche, j'arrive, en quelques minutes, à me laver entièrement le corps. Chaque jour, j'essaie de battre le record de la veille, pour battre de vitesse le froid. Cette reprise en main n'est pas suffisante. Ce n'est qu'une solution d'attente. Je dois me fixer un but, un objectif, qui m'aidera à tenir. J'arrive à la conclusion que je dois m'évader. Attendre ma libération, c'est bien, mais cela ne dépend pas de moi. Elle dépend du gouvernement français. Et aussi, bien sûr, de Dieu. Et Dieu peut aussi m'aider à m'évader. Même si je ne trouve pas sur l'heure le plan idéal pour fuir, je ne doute pas de le trouver un jour. Il me faut donc tout observer, c'est-à-dire combien il y a de gardiens, leurs habitudes, les heures auxquelles ils viennent. J'envisage déjà les différentes solutions pour m'évader. J'essaie d'abord de décoller les carrelages du mur. Pendant la nuit, quand l'électricité fonctionne, j'enlève peu à peu, avec le bord de mon assiette en fer, le ciment qui tient les carreaux. Je me rends bien vite compte que ce travail prendra des dizaines et des dizaines de nuits. D'autant qu'à chaque fois, il faut que je balaie pour faire disparaître la poussière de ciment dans un grand sac-poubelle.

Cette tâche m'occupe une grande partie de la nuit. Après le repas du soir, je pense inévitablement à Marlène. Elle s'endort toujours dans mes bras et, toute seule, elle ne doit pas trouver le sommeil. J'ai envie d'être à ses côtés, de la réconforter. Je m'angoisse de la sentir abandonnée au point que, parfois, j'ai de véritables « boules d'angoisse ». Dans tous mes rêves, je m'évade et me fais reprendre à chaque fois. J'arrive à sortir du bâtiment et, une fois sur la plage de Ouzaï, je me mets à courir sans succès. Les gardiens me rattrapent toujours. Ou bien je me retrouve dans une maison en train de monter un escalier. Les gardiens me poursuivent et, au moment où ils m'agrippent, je me réveille en sursaut.

Je prie maintenant plusieurs fois par jour. C'est une prière très « primaire » car je ne sais toujours pas vraiment prier. Je demande évidemment la même chose : être aidé, que Marlène soit protégée et que, tous deux, nous sortions sains et saufs de ce cauchemar.

Je me culpabilise chaque jour davantage au sujet de ma vie antérieure. Je fais le bilan de mon passé et me rends compte que ce bilan n'est pas aussi positif que je l'imaginais. J'ai l'impression de n'avoir pas assez respecté autrui, d'avoir été dur envers mon entourage, envers les femmes que j'ai connues, la famille, les amis. J'estime que j'ai souvent été prétentieux, orgueilleux et, qu'en fin de compte, je suis probablement puni par Dieu. Je n'ai pas encore la notion du pardon, mais j'en prends cependant conscience. Je m'accable de reproches et c'est pire que d'être détenu dans ce cachot.

Je pense aussi à mes parents, que j'ai négligés. Quand les gens vieillissent, ils ont besoin de leurs enfants et, malheureusement, ces derniers ont tendance à les oublier. Je me jure qu'en sortant, j'irai les voir plus souvent. Je consacrerai aussi davantage ma vie à la femme que j'aime. Peu à peu, une transformation s'opère en moi. Je modifie la hiérarchie des valeurs auxquelles je croyais être attaché. Mon métier, au fond, je n'en ai rien à f...! Prendre des risques, pour des informations, à quoi ça sert? Si je suis là, c'est parce que j'ai risqué ma vie alors que l'important, ce n'est pas de courir l'aventure, d'écrire des articles, c'est vivre simplement, avoir une femme, des enfants, une maison. Je me rends compte que mes frères et sœurs, qui n'ont jamais voyagé, qui vivent d'une manière très simple dans un milieu modeste, sont peut-être plus heureux que moi. J'en reviens aux valeurs essentielles. Même si je ne renie pas ce que j'ai fait.

Après ce *mea culpa,* je commence à bâtir une future philosophie, une future discipline pour le jour où je sortirai de là. Je ne sais pas dans quel état physique et mental je serai, mais je sens que ma captivité provoque, paradoxalement, des conséquences positives. A condition toutefois que cette situation ne dure pas car, physiquement, j'en pâtis déjà. Je maigris à vue d'œil, je perds mes cheveux par poignées, j'ai mal aux gencives, aux yeux, au dos, aux articulations, partout en fin de compte. Je dépéris, malgré moi et je panique à l'idée de me sentir diminuer physiquement et de n'y rien pouvoir!

Heureusement, je ne pense pas à la mort, mais pendant une coupure d'électricité, je saisis à la radio du gardien quelques bribes d'un flash en anglais de *La voix du Liban :* « ... état d'alerte... VIe flotte... Marines... après l'enlèvement de quatre ressortissants occidentaux, deux Français et deux Allemands... » – c'est du moins ce que j'entends. Je comprends qu'il existe un problème avec l'Allemagne fédérale et que les flottes occidentales sont en état d'alerte dans le bassin méditerranéen. Ces informations me bouleversent, car après le raid américain contre la Libye, au printemps 1986, deux otages britanniques et un américain ont été exécutés en représailles. On a retrouvé leurs corps dans la montagne druze libanaise. Alors, si les flottes occidentales sont en état d'alerte et qu'un raid se produit sur un pays de la région, ils pourraient m'exécuter.

A l'époque, des journalistes libanais avaient retenu l'hypothèse que cette exécution était l'œuvre de Palestiniens pro-Libyens. Je panique, car je sais que mes gardiens sont en partie des Palestiniens. La peur de mourir m'envahit et je prie davantage, en demandant à Dieu de me donner une chance.

CHAPITRE V

Le plus pénible, physiquement, c'est d'être détenu dans un endroit aussi minuscule. Un mètre soixante-dix sur un mètre soixante-dix. J'insiste, mais les chiffres font réfléchir.

Le soir, lorsque je m'endors, j'ai toujours le même décor sous les yeux. A ma droite, un mur couvert de carrelage, à gauche la porte, avec le petit ventilateur électrique incrusté dedans. Près de moi, le panier en plastique avec l'assiette en fer, les couverts en plastique, la bouteille d'eau de Cologne, ma veste de pyjama et mon short lavés en vitesse ce matin. Le sac-poubelle, le talc, une boîte de Kleenex, les allumettes, une bougie.

Dans ce réduit, j'ai construit mon univers. C'est déjà chez moi. J'essaie presque de personnaliser cet endroit. Je nettoie, je range mes affaires de telle sorte que je puisse facilement les trouver ou les déplacer. Je me contrains à tenir tout en ordre, je sais qu'il faut un rangement qui corresponde à une logique. Ici, tout est absurde! Je vis comme un rat, à quelques mètres sous terre, aux mains d'une bande de fous et, probablement de tueurs, dans un autre monde, un monde froid, un monde souterrain, d'obscurité. Je compense ce cauchemar par une attitude cartésienne. Aussi, je m'astreins à une discipline, pour tenir le coup, pour ne pas tomber malade pour ne pas craquer. Heure après heure, jour après jour, je me domine et je m'évertue à conserver un maigre rapport de force avec mes ravisseurs de façon à ne pas trop me trouver en position d'infériorité. Je dois me plier à leur loi. Il faut donc que je maintienne une certaine pression sur eux.

De quelle manière? En leur demandant toujours quelque chose. Avant même qu'ils n'ouvrent la porte de la cellule, je sais déjà ce que je vais demander. Ce peut être quelque chose de purement matériel. Si c'est un gardien, je sais en effet qu'il ne sert à rien d'obtenir des nouvelles des négociations. Il ne sait rien, ou bien il sait, mais n'a pas le droit de m'en parler. Je demande donc, par exemple, du dentifrice. Je connais leur mentalité. Je sais parfaitement que par paresse, indifférence, négligence, ils accéderont toujours en retard à mes demandes. En arabe, c'est toujours « demain » et, le lendemain, encore « demain ». Il est donc nécessaire d'anticiper, de transmettre mes futurs besoins avec trois ou quatre jours d'avance. Ainsi, ce dentifrice. Je cache donc le tube pour leur faire croire qu'il n'y en a plus. Et j'en demande un autre. Il faudra que j'insiste pendant deux ou trois jours avant d'obtenir satisfaction. Pour aller à la salle de bain, je cache un peu de pâte sous la brosse à dents, de manière à ce qu'ils ne voient pas qu'il m'en reste encore. Je ne tiens pas à me retrouver pendant deux jours sans dentifrice. Quand je réussis mon coup, c'est pour moi une grande victoire.

Ces détails paraissent anodins. Ils sont, au contraire, très importants pour mon moral et ma santé. Si je deviens sale en détention, je peux tomber malade. J'ai eu un choc, je suis un régime alimentaire insuffisant, je vis dans des conditions anormales. Tous ces événements entraînent chez moi un déséquilibre et perturbent mon système immunitaire. Tomber malade, c'est perdre le moral et vice-versa. Obtenir du shampooing, prendre ma douche tous les quatre jours, et non tous les cinq, avoir le temps nécessaire pour laver convenablement ma veste de pyjama, sont des petits riens très importants en captivité. La douche tous les quatre jours, c'est leur loi. Ils en ont décidé ainsi. Pourtant la douche est à côté et, à la différence de certains quartiers de Beyrouth, on peut tirer autant d'eau qu'on veut. Mais les musulmans ne prennent pas de douche tous les jours. Ils se lavent les pieds et les mains chaque jour pour la prière, et c'est tout. Pour eux, prendre une douche quotidienne, c'est quelque chose d'effarant. Je m'en suis ouvert à Philippe :

– Une douche tous les quatre jours, c'est pas assez !

– Mais normalement, combien de fois par semaine prends-tu ta douche?

– Tous les jours.

– Tous les jours? Mais pourquoi? Ce n'est pas la peine.

Si je n'insistais pas pour briser leur indifférence, je me laverais tous les quinze jours! Dès le troisième jour, après la première douche, je commence à demander, car je sais qu'ils vont me dire « demain ». C'est effectivement ce qu'ils me répondent. Le quatrième jour, je continue, toujours obstiné :

– Hier, tu m'as dit que c'était d'accord pour aujourd'hui !

– Ah oui ! Bon, tu vas prendre ta douche.

Et un gardien m'emmène à la salle de bain.

Je maintiens la pression en demandant et en redemandant, en exigeant sans cesse. Je n'ai que ça à faire, c'est ma seule occupation. Je parie sur le fait qu'ils ont l'ordre de « bien me traiter ». J'en profite pour exiger ce qu'ils peuvent me donner facilement. Il y a des jours où je baisse les bras. Le découragement me gagne et écrase ma volonté. Le lendemain, je me reprends. Je m'insurge et réfléchis à haute voix, sous le coup de la colère. Ce sont des salauds, ils n'ont pas le droit de me priver de douche ! Tout est à l'avenant. Je leur demande un fruit, de la viande parce que la nourriture est en quantité insuffisante. La réponse est invariable : « Demain ou après-demain. » J'ai droit à de la viande, une ou deux fois par mois, mais pour l'obtenir, il faut demander. Le premier mois, j'ai mangé de la viande à deux reprises. Une première fois, ils m'ont servi trois côtelettes de mouton poellées, avec du riz. Ce sont les meilleures que j'ai mangées de ma vie! La fois suivante, c'est un steak haché à la libanaise coupé en petits morceaux. J'avais l'impression que la ration était copieuse, mais en trois bouchées, j'avais terminé.

Pour maintenir cette pression, je les emmerde toute la journée. S'ils prennent la peine de me garder, et ne me maltraitent pas physiquement, c'est que pour eux je représente une certaine valeur. Ils ont donc intérêt à me maintenir en bonne santé. Je pousse parfois le « bouchon » un peu loin. Je peux me le permettre. D'autant plus que mes demandes concernent des avantages matériels. Je ne pose pas de questions, directes en tout cas, pour savoir qui ils sont, quelle est leur confession et pourquoi ils m'ont enlevé. Mais quand un responsable vient me voir, je m'arrange tout de même pour en savoir plus. Ils m'ont déjà mené en bateau plusieurs fois. J'en suis bien conscient. Malgré tout, je continue de les écouter, car j'ai besoin de croire à quelque chose pour garder espoir. Alors, même si, parfois, je me rends compte que 99% de ce qu'ils me disent est faux, je crois au 1% restant. Ils savent très bien que leur discours me soutient psychologiquement. Pour cette raison, ils me donnent des informations, même fausses.

Malgré la ligne de conduite et la discipline que je m'impose, je deviens conditionné. Entre mes quatre murs, je commence à ne plus penser à l'extérieur, j'oublie le ciel, la mer... Je m'adapte peu à peu malgré moi à la vie dans un univers clos. Le moment le plus dur, c'est au réveil, quand je retrouve le même cachot dans lequel je me suis endormi la veille. La nuit, je rêve de souvenirs d'enfance ou bien je m'imagine en reportage, au sud Liban, pendant la bataille du Chouf ou à Tripoli dans les camps palestiniens bombardés par les Syriens. Je me revois dîner à l'hôtel Cavalier avec des amis journalistes. Curieusement, je leur parle de mon enlèvement comme si j'étais libéré. Et puis dans la conversation, je leur dis : « Mais je ne suis pas encore tout à fait libre. »

« Comment, tu n'es pas libre? Tu es là, avec nous, au Cavalier », rétorquent mes copains en riant. Dans mon cauchemar, j'insiste : « Non. En fin de compte, ils ont accepté de me laisser sortir pendant deux ou trois jours mais, ce soir, il faut que je retourne là-bas. »

Je m'apprête à quitter l'hôtel quand une idée me traverse l'esprit : « Mais pourquoi je retourne là-bas? Je n'y suis pas obligé. Je vais courir jusqu'à l'ambassade de France. » Je quitte alors le Cavalier pour courir jusqu'à l'ambassade à Beyrouth-Ouest. Dans mes songes cette ambassade n'est plus située à Beyrouth mais à Roubaix, la ville où je suis né! Je cours, je cours, je n'arrive pas à trouver mon chemin.

Quand, enfin, je vais atteindre mon but, mes gardiens sont là, sur la route, avec leur voiture, et ils m'enlèvent à nouveau! Donc, je ne m'en sors pas. Je ne serai jamais libre. Parfois, j'arrive à dormir huit à neuf heures d'affilée sans me réveiller. Mais le matin, le dégoût d'être encore entre quatre murs m'écœure. Il suffit, cependant, que j'entende le bruit des clefs du gardien qui apporte le thé que déjà, mon conditionnement reprend le dessus : je mets tout de suite le bandeau sur mes yeux, sans regarder la porte qu'il ouvre doucement, de manière à pouvoir vérifier si j'ai eu le temps de me cacher la vue. Au début, il prenait des précautions. Par la suite, il n'en prend plus. Même si je n'ai pas le temps de placer le bandeau, ils savent très bien que je ne regarde pas la porte. C'est un accord tacite car, si je vois leur visage, c'est un problème pour eux, mais surtout pour moi. En enfreignant la « loi » je risque de passer ma vie dans un cachot!

Ils ne me laissent pas le temps de me laver entièrement en une seule fois. Comme je ne dispose que de trois ou quatre minutes à chaque séance, il faut donc que j'échelonne ma toilette sur la journée. Idem pour la lessive. Le matin, je lave ma paire de chaussettes, le midi le short. Ensuite, le tee-shirt. Le problème, c'est le pyjama, parce que l'humidité est telle, qu'il lui faut deux ou trois jours pour sécher. Et comme je n'en dispose que d'un! D'autre part, je n'ai pas de fil pour sécher mon linge. Alors j'accroche le pyjama sur les barreaux de la porte. En attendant, je suis obligé de rester en tee-shirt et en caleçon. Pour lutter contre le froid, je m'enroule dans la couverture, et, en permanence, je porte le keffieh sur la tête pour me protéger les oreilles.

Une nuit, je me réveille en sursaut. Un de mes voisins prisonniers hurle comme un forcené. L'électricité est coupée, mais les gardiens déboulent à cinq ou six. Philippe est avec eux. Ils entrent d'abord dans ma cellule.

– C'est toi qui a crié?

– Non.

– Si, on sait que c'est toi!

– Non, je vous dis que ce n'est pas moi!

– Qui c'est alors?

– Ça vient de par là. Je réponds sans préciser de quelle cellule il s'agit.

Ils entrent dans la cellule voisine et demandent à son occupant, en arabe, si c'est lui qui a hurlé. Je n'entends pas la réponse, mais, en revanche, le bruit assourdi de son corps qui cogne contre les murs résonne jusqu'ici. Ils frappent fort. Je crois qu'ils l'ont assommé contre le mur, car le malheureux s'est tu.

Les deux jours suivants, ils n'ouvrent pas sa cellule. Ils ne se préoccupent pas de sa santé, pas plus qu'ils ne lui apportent à manger. Philippe vient me voir et je lui demande pourquoi ils l'ont frappé.

– Parce qu'il a crié, c'est sa faute!

– Mais peut-être qu'il est détenu depuis longtemps et qu'il est devenu fou.

– Non, il n'est pas détenu depuis longtemps et il n'est pas fou.

Je n'ose pas lui poser davantage de questions. Je pense que c'est peut-être parce qu'il est arabe, qu'il a peur et qu'il crie. Je sais qu'avec les otages libanais, les ravisseurs ne prennent pas de gants.

Dans la troisième cellule, le détenu ne fait pas de bruit. Avec lui, Philippe parle en français. J'ai l'impression que cet inconnu lui donne aussi des cours de français. De peur de me montrer trop curieux, je n'ose pas demander qui est ce prisonnier qui parle français.

Un jour, cependant, je me plains de ne pas avoir de lunettes. Qu'à cela ne tienne, Philippe ne se gêne pas. Je l'entends aller dans la troisième cellule, ouvrir la porte, la refermer avant de me ramener des lunettes en fer, rectangulaires, bon marché, sans marque. Je suis légèrement myope, mais ces lunettes sont à peu près à ma vue. Au bout de cinq minutes, Philippe revient :

– Je viens chercher les lunettes.

– Mais je croyais pouvoir les garder un peu...

– Demain, je te les ramène cinq minutes!

Je n'ose rien dire, mais j'ai envie de rire de cette nouvelle absurdité. Cinq minutes : je n'ai même pas le temps de me reposer les yeux.

Le premier mois, je n'ai aucun problème intestinal. Ils me conduisent aux toilettes à heures régulières et la cuisine, même frugale, est assez bien équilibrée.

A la survie physique, s'ajoute le problème de la survie psychologique.A ce niveau, il s'agit de ne pas se laisser aller. Je me persuade qu'ils ne vont pas me tuer et que je vais sortir bientôt. Ne m'ont-ils pas donné des informations comme quoi les négociations avec l'ambassade de France dureraient à peu près un mois?

Il faut que je demande tout de même à Christophe certaines précisions, afin que j'en sache un peu plus sur ce qu'ils veulent exactement.

Depuis le premier jour, je leur demande aussi de pouvoir écrire une lettre à Marlène. Je leur ai fait croire que j'étais marié avec elle. Ils ne refusent pas – ils ne me disent d'ailleurs jamais non. « Tu pourras écrire la lettre, mais il faut qu'on demande au chef s'il est d'accord », expliquent les gardiens.

Au bout de trois jours, ils me donnent effectivement une page arrachée d'un cachier d'écolier à petits carreaux et un stylo à bille. Je commence par « Hayetti » (ma vie), l'équivalent de « ma chérie ». « Je sais que tu es très triste, je sais que ce que nous vivons est dramatique. Nous sommes tous les deux dans une situation qui est difficile, mais je ne doute pas de ton courage et de ta force. Tu dois savoir que je pense tout le temps à toi, que je t'aime plus qu'avant et que je te demande pardon car, si nous sommes dans cette situation, c'est surtout ma faute parce que j'ai commis la grave erreur de rester à Beyrouth-Ouest. Je te demande de quitter Beyrouth, d'aller vivre chez ta mère en Syrie, d'avoir beaucoup de courage, de prier Dieu et d'avoir beaucoup de patience. Moi, je résiste pour toi et il faut que tu résistes pour moi. Je t'embrasse. Je t'aime. »

C'est Philippe qui m'a apporté le papier en me disant : « N'écris rien de politique, n'écris rien sur nous. Fais attention parce que, de toute façon, on va lire la lettre avant de la lui remettre. »

– Mais comment allez-vous la lui faire parvenir?

– Ce n'est pas ton problème. Nous avons un système.

– Bon. Mais je voudrais quand même mettre un nom et une adresse.

En haut de la lettre, j'écris en anglais : « A l'attention de Aline. Agence Reuter », et je mets l'adresse de l'agence à Beyrouth-Ouest avec le numéro de téléphone. Aline est une amie. Elle ne manquera pas de remettre la lettre à Marlène.

– Il n'y a aucun problème. Le chef est d'accord. On va lui faire parvenir, m'assure Philippe.

Pour écrire cette lettre, il a fallu que j'insiste pendant dix jours. Les gardiens se renvoyaient la balle. Philippe me disait : « Il faut d'abord demander à Christophe. » Christophe répondait : « Il faut d'abord demander au chef. » Lorsqu'ils m'ont donné le papier et le crayon, je ne m'y attendais pas. Les cheveux encore mouillés après la douche, j'étais en train de pendre le linge que je venais de laver. « Dépêche-toi d'écrire ta lettre », m'a dit Philippe. Heureusement, dans ma tête, je connaissais déjà les mots que j'allais coucher sur le papier. Mais je n'ai pu empêcher ma main de trembler. J'avais tellement attendu ce moment! J'allais enfin pouvoir rassurer Marlène. Cette page de papier, ce crayon à bille qui bavait, c'était le lien avec l'extérieur. J'imaginai Marlène lisant mon écriture fébrile; je la voyais approcher de son visage la feuille de papier pour savoir si elle était imprégnée de mon odeur.

Cette lettre me met du baume au cœur. Marlène va savoir que je suis en vie, car je suis persuadé que mon enlèvement n'a pas été revendiqué. Ils ne m'ont pas photographié, ni filmé, l'authentification nécessaire pour revendiquer l'enlèvement d'un otage.

Tous les deux ou trois jours, Christophe vient me voir pour parler quelques minutes avec moi. « Les négociations avec le gouvernement français avancent, dit-il. Ils ont trouvé un intermédiaire qui parle couramment français et en qui nous pouvons avoir confiance. Paris donnera sa réponse à la mi-février. »

Christophe me donne des informations au compte-gouttes, je les crois exactes et elles m'aident à garder le moral. Un jour, je n'y tiens plus. Je lui pose la question :

– Pourquoi ne me prenez-vous pas en photo pour me « revendiquer »?

– On a des appareils photo, des caméras vidéo, tout ce qu'il faut, mais pas ici. Si on a envie de te revendiquer, on le fera après. Pour l'instant, ça ne presse pas.

A ce propos, je ne m'inquiète pas outre mesure. L'un des otages français, Camille Sontag, un vieillard de 86 ans, enlevé par l'OJR, l'Organisation de la Justice Révolutionnaire, n'a jamais été revendiqué. Il a été pourtant libéré au bout de neuf mois.

Chaque jour, je demande si ma lettre a été envoyée. La réponse est toujours affirmative, mais je me méfie.

Ce midi, Philippe apporte mon repas. Il est accompagné par un homme qui parle seulement arabe. C'est Wallid.

Il se met à rire.

– Ton ami Paulo, dit-il (il parle, bien sûr, de Paul Marchand) a eu très peur, mais on ne l'a pas pris. Puis on l'a enlevé quelques jours après toi et il est maintenant avec nous. Il nous fait rire parce qu'il s'énerve beaucoup et fait de grands gestes.

Il ajoute : « Ta lettre à été envoyée. On a une réponse de ta femme. Elle te dit que c'est plus dur pour toi que pour elle, que tu dois tenir le coup et qu'un jour, tu sera libéré. Elle t'aime et elle t'embrasse. »

Je lui demande :

– Mais elle n'a pas écrit? Vous lui avez parlé?

– On ne peut pas te le dire!

En fait, Marlène n'a jamais rien reçu.

CHAPITRE VI

Ce jour-là, en fin d'après-midi, Philippe vient me voir. Je mets, bien entendu, le bandeau sur les yeux.

– Comment ça va?

– Ça ne va pas, car j'ai entendu à la radio un flash d'information qui m'inquiète.

Je lui raconte et avoue que j'ai peur d'être tué par ses chefs.

– Mais tu es fou! On ne veut pas te tuer. Il ne faut pas que tu penses à ça. Nous n'avons rien à faire avec la Libye. Nous n'aimons pas Kadhafi. C'est un fou, tout le monde le sait. Si nous avions voulu te tuer, tu serais déjà mort. De toute manière, si nous décidions de ton exécution, tu ne pourrais rien faire. Mais je te répète que nous avons besoin de toi et que nous ne voulons pas te tuer. Si tu ne crées pas de problème ici, il ne t'arrivera jamais rien.

Au fond de moi-même, je pousse un soupir, soulagé. Pour chasser mes idées noires, Philippe engage la conversation sur la vie au Liban et en France :

– Les filles, en France, elles sont belles. Couchent-elles facilement? Sont-elles vierges avant le mariage? Y a-t-il plus de blondes que de brunes?

– Elles sont belles, mais au Liban elles sont aussi belles.

– En France, peut-on vivre avec une fille sans être mariés?

– Oui.

– Moi, dit-il, je vois ça dans les films. Les gens sont très libres en France et j'aimerais y aller. J'aimerais bien me marier, avoir un travail et vivre en France.

– Mais tu n'aimes pas le Liban?

– J'aime bien le Liban. C'est un beau pays, mais la vie y est très difficile. Moi, la politique au Moyen-Orient, le Liban, Israël, la Palestine, je m'en fous. Ça ne m'intéresse pas. Ce que je veux, c'est avoir une femme, une maison et du travail.

– Mais tu es prêt à quitter le Liban?

– Oui, si je peux aller en France ou en Amérique pour travailler et me marier, je préférerais. La politique, je m'en fous.

– Mais, alors, pourquoi tu me gardes?

– Pour moi, c'est un travail comme un autre. Si on me dit d'aller combattre à Magdouché (une position palestinienne à côté de Saïda assiégée par les chiites de Amal), j'y vais. Si on me dit de peindre une maison, je le fais. Si on me dit de garder un otage, je m'exécute. Je fais ça pour le travail. Tu sais, nous, on reçoit de l'argent chaque mois... Comment tu dis ça en français?

– Un salaire.

– C'est ça. Et je fais ce qu'on me dit. Je n'ai pas le choix. On n'a pas beaucoup d'argent et il faut manger. Regarde, moi, je n'ai que deux pantalons, deux chemises et deux paires de chaussures. Rien d'autre. Je ne peux rien acheter. Je suis très pauvre et je ne discute pas les ordres de mes chefs. Je fais ce qu'ils m'ordonnent de faire. Mais j'aimerais bien aller en France. Quand tu sera libéré, est-ce que tu pourras m'aider auprès de l'ambassade de France?

Je me méfie. Est-ce un piège ou pas? Mais il est jeune, vingt ans à peine, et de la manière imprudente dont il me parle, je sens qu'il est sincère.

– Je suis en classe de terminale, dit-il. Peux-tu m'aider à obtenir un passeport et un visa?

– Oui.

– Alors, si tu sors, on essaiera de rester en contact. Mais comment va-t-on faire?

– Je te donnerai un numéro de téléphone à Beyrouth-Est, dans le secteur chrétien. Je ne vivrai plus à Beyrouth-Ouest.

– O.K. On verra. On en discutera une autre fois. Peux-tu me donner une leçon de français chaque jour? J'ai envie de parler mieux. Je vais venir avec un livre, je vais le lire et tu me corrigeras. Attends, je vais le chercher.

Il s'en va en refermant la porte. Je n'en reviens pas. Sa naïveté me stupéfie. Peut-être est-il la solution pour mon évasion? Je n'en sais rien. Philippe est peut-être le dernier maillon de la chaîne, le plus faible. Mais pas de précipitation. Il faut que je reste patient. Je suis heureux qu'il vienne me parler. Il me remonte, de toute manière, le moral, car parfois j'éclate en sanglots, ce qui ne m'était jamais arrivé. Je suis oppressé par un mélange de tristesse et de nervosité, qui m'empêche de raisonner, de rester calme. Pendant des heures, les idées les plus folles s'entrechoquent dans ma tête. Puis, je me reprends. Je compare mon cas à celui des autres otages qui sont au secret depuis des mois. Eux sont vivants, gardent espoir. Je n'ai pas le droit de craquer au bout de quelques jours.

Philippe revient avec un livre de Raymond Aron, *Dialectique de la violence*. Je trouve que le titre ne manque pas d'humour dans la situation où je me trouve! Il a un autre livre dans les mains, *Le Contrat social* de Jean-Jacques Rousseau. C'est quand même un livre ardu pour quelqu'un qui ne lit pas très bien le français comme lui.

– C'est un livre de philosophie, difficile à comprendre pour quelqu'un qui ne maîtrise pas bien le français.

– Oui, mais j'aime bien, insiste-t-il.

Et il commence à lire la première page en butant sur certains mots. Philippe ne saisit pas la pensée du philosophe, ni le sens des phrases qui traitent de la liberté et de l'égalité. Je fais un effort intellectuel pour lui expliquer, dans un français simple, la pensée de Jean-Jacques Rousseau. C'est difficile, mais ça me fait plaisir. À partir du moment où je réfléchis sur un texte, je ne pense pas à autre chose. Je sens qu'il est heureux, lui aussi, de ces cours particuliers. Par rapport aux autres gardiens, une communication privilégiée s'établit entre Philippe et moi. Il acquiert des notions sur la liberté, le respect et les Droits de l'homme.

Il vient tous les jours pendant une vingtaine de minutes. Il n'est pas armé, mais je sais qu'un gardien se trouve soit dans la pièce commune, soit au rez-de-chaussée avec d'autres hommes armés. De toute manière, je ne peux pas m'évader sans préparation.

Au bout de quelques jours, je me lance sur un terrain délicat.

– Tu me parles de liberté, d'égalité, de respect des Droits de l'homme, mais te rends-tu compte que, ce que tu fais, va contre ma liberté, contre l'égalité?

Là, je sens que j'ai mis le doigt sur un point faible. Je sens que cette contradiction le met mal à l'aise. Visiblement, il n'a pas l'habitude de garder des otages. Il reste muet. Il est gêné et finit par me dire :

– J'aimerais mieux faire autre chose. Ça me pose un problème de te garder. J'en ai assez de cette situation. Je voudrais partir du Liban. Mais je n'ai pas le choix. Ce sont des ordres.

Je trouve qu'il parle beaucoup de la France, qu'il demande souvent si j'ai la possibilité de lui obtenir un visa. Il a vraiment envie de quitter le Liban. Je pense qu'il est mûr pour entendre ma proposition.

– Si tu veux que je t'aide, il faut qu'on aille

ensemble à l'ambassade de France. Quand je serai libéré, il faudrait que tu restes avec moi.

Je sens que ça le travaille, qu'il a compris. Il me demande à nouveau si je peux vraiment l'aider à obtenir un passeport et un visa.

– Oui, je peux même te trouver du travail en France. Je suis journaliste, je connais des gens et, si tu es avec moi, ce sera plus facile. Mais il faudrait trouver une solution pour que tu puisses être avec moi au moment de ma libération.

Sans le lui demander nettement, je lui fais comprendre qu'il doit favoriser mon évasion. Cette idée est ancrée dans son esprit. Il semble très content, parce qu'il voit probablement un moyen de s'en sortir. Sans voir son visage, je parie qu'un éclair de satisfaction brille dans ses yeux. Je ne me suis pas trompé.

– D'accord. Je vais réfléchir. J'ai peut-être une idée. Demain, je t'en parle. Mais, écoute-moi, ne dis rien aux autres. Je suis ton ami, tu es le mien et c'est un secret que nous partageons tous les deux seulement. Surtout, ne dis jamais rien aux autres.

Et il me tend la main, une main osseuse que je serre volontiers. Debout devant la porte, il ajoute :

– Tu as bien compris? Tu es mon ami.

Et il s'en va.

Sur mon matelas, je bondis de joie. C'est bon. Il est « gonflé à bloc ». Peut-être va-t-il pouvoir me faire évader? Mais comment? A-t-il le courage pour trahir d'abord, puis pour venir me chercher en cachette la nuit? Aura-t-il une arme? Dans ma tête, je m'imagine déjà en train de le suivre. Très vite, je tempère toutefois mon enthousiasme. Puis-je lui faire confiance, même s'il a le culot de me sortir de l'immeuble, moi en pyjama et pieds nus et lui avec une arme? Les autres ne le surveillent-ils pas? Je n'en sais rien. Les ravisseurs peuvent remarquer quelque chose. Et pour sortir de la cellule, je vais devoir enlever mon bandeau. Je verrai alors son visage et ceux des gardiens qui, éventuellement, s'interposeront. Dans ce cas, je ne pourrai plus reculer. Il faudra que j'aille jusqu'au bout. Suis-je prêt à me battre et éventuellement à tirer avec une arme? L'évasion se déroulera la nuit. Il faudra passer par le sas. Mais peut-être le gardien, là-haut, va-t-il se réveiller et se mettre à tirer? Pourrai-je courir! Mais où courir, dans quelle direction?

Il faut que je prenne une décision, car c'est peut-être, en effet, le moment ou jamais de m'évader.

Les serrures qui s'ouvrent coupent court aux questions que je me pose. Des hommes entrent dans ma cellule. Philippe est parmi eux. Il reste debout. Christophe, le « petit chef » qui parle couramment l'anglais, s'assoit près de moi. Je commence à prendre l'habitude d'avoir les yeux bandés. Je deviens réceptif aux ondes des gens qui sont autour de moi et, comme les aveugles, je parviens à deviner si mon interlocuteur sourit ou non, s'il émet des ondes agressives ou amicales. Dans la pièce, je perçois des ondes agressives autour de moi. Je m'attends à une complication et reste vigilant. Attention à ce que tu vas dire ou faire. Personne ne parle. Seul Christophe s'assoit à ma gauche, sur le matelas. Je le reconnais tout de suite à cause de son poids et de l'odeur de son eau de toilette bon marché. En anglais, il me dit le traditionnel :

– Comment ça va? Bien?

– Ça va.

– Tu n'es pas malade?

– Non.

– Les gardiens sont bien avec toi? Tu n'as rien à me dire?

– Non.

– Philippe est bien avec toi?

– Oui, très bien. On est amis. Je lui donne une leçon de français tous les jours.

– Mais tu ne me caches rien?

– Non. Je n'ai rien à cacher.

Là, je commence à paniquer. Ont-ils entendu ou vu quelque chose? Je suis très tendu mais je m'efforce de rester de marbre. Ma bouche est sèche, mais j'essaie de ne pas trop déglutir et de rester calme.

Christophe me dit :

– Ecoute, Philippe vient de remonter et j'ai vu dans son regard qu'il était très content. Je suis sûr qu'il t'a dit quelque chose et je veux savoir quoi.

– Non, je ne vois pas de quoi tu veux parler.

– Il ne t'a rien dit? Il ne t'a pas parlé de la France?

– Si, bien sûr, on en parle tous les jours. C'est normal, c'est mon pays.

– Tu as parlé de la France, mais de quoi? Tu n'as pas parlé de l'ambassade de France?

Je sens qu'il sait quelque chose et je réponds en conséquence :

– Je ne me souviens pas. Peut-être, effectivement, que dans notre discussion nous avons parlé du moyen d'aller en France. C'est possible. Mais, tu sais, tous les jours, on parle de la France et ça ne veut rien dire.

A ce moment-là, il parle à Philippe en arabe. Je ne comprends pas bien ce qu'il raconte. Il dit quelques mots à propos de la France, d'un ton très agressif. Philippe ne répond rien. Je sens qu'il a peur. Brusquement, Christophe se lève, attrape Philippe, lui donne deux ou trois coups de poing et le précipite sur le matelas, à côté de moi. Philippe ne se défend pas, mais il crie. Christophe se tourne vers moi et crie à son tour :

– On va interroger Philippe et tu sais que nous savons faire parler. On va le frapper jusqu'à ce qu'il nous dise la vérité. Si jamais il a dit, ou tu lui as raconté quelque chose que tu ne m'as pas répété, tu auras des problèmes, toi aussi.

Il emmène Philippe dans la pièce commune. Pendant cinq minutes, je les entends qui, à trois ou quatre, frappent Philippe à coups de poing. L'autre crie. « Parle » lui disent-ils en arabe. « Je n'ai rien dit! Je n'ai rien fait! » répond Philippe. Dans ma cellule, je panique. Que savent-ils? En le frappant, il va parler. Il va avouer ma proposition à propos du visa et ils vont me cogner à mon tour. La crainte d'être tabassé ne me fait pas peur. En revanche, ils sont capables de ne pas me libérer à cause de l'accord passé avec Philippe.

Ils reviennent dans la cellule avec lui et le jettent littéralement sur le matelas. Comme il est allongé, je vois alors son visage. Il ressemble à un petit Marocain. Il est très jeune, dix-neuf, vingt ans, comme il me l'a dit. Il a des cheveux drus coupés très court, des traits réguliers, le teint mat, des yeux noirs, pas de moustache ni de barbe. Je me faisais l'idée d'un homme plus âgé, en tout cas, physiquement, avec des cheveux bouclés et longs. En fait, c'est un gamin. Je m'aperçois que ce n'est pas de la comédie. Il a vraiment mal. Une grimace de douleur marque son visage. Ils l'ont vraiment passé à tabac, mais n'ont pas touché le visage. Il me souffle à l'oreille : « Si je ne leur parle pas, ils vont me tuer. Roger, mon ami, excuse-moi, je vais être obligé de leur dire. » Les autres ne comprennent pas le français. Ils ne me demandent même pas ce que Philippe m'a dit. Ils le reprennent et disparaissent sans rien ajouter. Je suis « cuit ». Ils vont revenir et cette fois-ci, ça sera ma « fête ».

La porte s'ouvre et entre Frankenstein, celui que je n'attendais pas. Il se tient debout face à moi, les jambes légèrement écartées.

– Tu es méchant, parce que tu as causé des problèmes à Philippe.

Il recommence à me dire qu'il va me tuer.

– Dans deux jours, « anta mout »! (Dans deux jours, tu es mort!) C'est fini pour toi. Tu as fait des problèmes, tu es méchant.

Et il s'en va.

Je me demande si c'est sérieux. Mais j'ai peur. D'autant plus que ce n'est pas la première fois que ce fou me menace. La veille, il est déjà venu me faire son numéro. J'avais senti qu'il se comportait différemment. Il a profité d'ouvrir la porte pendant qu'il n'y avait pas d'autre gardien dans la salle commune. Visiblement, il a envie de s'amuser à me faire peur. Il jette d'abord par terre ma serviette de toilette mouillée accrochée à la grille de la porte. Puis il disperse le tee-shirt et le caleçon que j'ai en réserve, à travers le cachot, sans rien dire.

– Mais pourquoi fais-tu ça?

– Parce que c'est pas bien rangé. Il faut nettoyer, il faut ranger. Range!

– Non. Et j'ajoute en arabe : barre-toi!

Je sens qu'il s'énerve, mais qu'en même temps il a peur et reste prudent. Du bout de son Kalachnikov, il tape sur ma main. C'est est trop. Je fais semblant de lui donner un coup de poing.

– Si tu bouges, je te tue, crie-t-il.

Il me regarde, sans rien dire, et répète qu'il va me tuer. Au bout d'un moment, son attitude se modifie. Il me demande en arabe, tout en rigolant :

– Comment ça va?

– J'ai mal à l'oreille.

Depuis deux jours, une otite m'empêche de dormir. Philippe m'a promis la visite d'un médecin. Avec l'incident de tout à l'heure, je peux toujours y compter! Frankenstein, lui, m'apporte des cotons-tiges et de la pommade. Malheureusement, elle est destinée à soigner les brûlures! Frankenstein est simplet, un peu fou, mais en même temps, il commence à me voir d'une manière différente. Sinon, il ne serait pas allé chercher un tube de pommade.

– Aimes-tu les Palestiniens?

– Oui.

– C'est bien, tu es mon ami, ajoute-t-il en versant du thé dans ma tasse.

Ce « dingue » est imprévisible et je m'en méfie.

Depuis l'épisode précédent, j'essaie de garder mes distances.

Et voilà qu'il m'accuse d'avoir causé des problèmes à Philippe. C'est le bouquet!

J'essaie cependant de me maîtriser. De toute façon, s'ils veulent me tuer, je ne peux rien y faire. Ils ne m'abattront pas ici, à cause du bruit. Je les imagine en train de m'emmener à l'extérieur, dans un terrain vague ou sur la plage, et de me loger une balle dans la tête au moment où je ne m'y attendrai pas. Je pense aux otages britanniques et américains retrouvés morts. On demandera à Marlène de venir reconnaître mon corps, enveloppé dans un drap blanc ou un sac de plastique. C'est horrible! Peut-être pourrai-je me mettre à courir avant qu'ils ne me tuent! Je n'ai aucune chance de m'en sortir. Ils tireront sans doute une rafale de pistolet-mitrailleur pour m'atteindre. J'espère qu'après la mort il existe un autre monde!

Depuis que Christophe a emmené Philippe, je ne l'ai plus revu. Frankenstein et les trois gardiens qui, habituellement, m'apportent à manger, m'affirment que Philippe est mort, qu'il a été abattu à cause de moi. Frankenstein poursuit ses menaces :

– Demain tu seras mort.

Le surlendemain, je ne suis toujours pas mort et je le provoque :

– Alors, tu m'avais dit que je devais être tué hier. Pourquoi ne suis-je pas mort?

– Demain, tu vas être mort!

J'ai envie de rire malgré l'angoisse qui me serre l'estomac. A côté, les gardiens écoutent la radio. Soudain, j'entends un flash. Une copine, Nadine Calmetoueg, présente le journal en français. Je n'entends malheureusement qu'une partie des informations, mais je comprends que depuis trois semaines, on n'a aucune nouvelle de Terry Waite, l'émissaire anglican qui négocie pour la libération des otages américains. Je suis stupéfait. Ils ont osé enlever

Waite! Par bribes, parce que c'est en partie brouillé, j'entends également la fin du commentaire : « ... et cela risque de compromettre pour de bon la libération des otages. » Je suis effondré. Notre libération est compromise. Mais à cause de quoi? J'enrage de n'avoir pas entendu le début de la phrase. Peut-être s'agit-il des forces occidentales en état d'alerte en Méditerranée? La mi-février s'approche et je bous d'impatience.

Le mois dernier, Christophe m'a donné quelques explications sur mon cas : « Nous avons des contacts avec l'ambassade de France et Jacques Chirac a promis de donner une réponse à notre proposition. Nous saurons dans une vingtaine de jours s'il est d'accord pour t'échanger contre le père du chef, emprisonné dans ton pays. »

Vingt jours, j'avais calculé que ça menait jusqu'au 18. Mais Christophe ne revient pas. Philippe non plus. Il reste Frankenstein qui continuer à me menacer de mort. Je n'ai rien à lire, je tourne en rond. J'ai nettoyé mon oreille avec les cotons-tiges et j'ai moins mal. Je dis le contraire aux gardiens, afin qu'ils appellent Christophe. Lui seul peut me donner des informations au sujet des négociations. Je leur dis : « Ana malid », ce qui signifie « je suis malade ».

– Appelez Christophe. Je veux le voir.

– Christophe n'est pas là.

– Alors, Philippe.

– Philippe est mort.

– Je veux voir un médecin.

Ils ne répondent pas. Ils ne veulent pas parler avec moi. Quant à Frankenstein, toujours dans les parages, il me fait vraiment peur, car je sens bien qu'il est fou. Il a trouvé un divertissement : il s'est acheté une carabine de gosse avec des flèches à bout caoutchouté. Lorsque je vais aux toilettes, il me tire dans les jambes en s'esclaffant comme un fou. J'entends qu'il fait la même « plaisanterie » aux détenus des cellules voisines. Ses projectiles ne blessent pas, mais ce jeu m'énerve. J'ai envie d'attraper la flèche pour la briser. Malheureusement, avec le bandeau sur les yeux, ce n'est pas facile. La première fois, j'ai été surpris. J'ai entendu le bruit du ressort et de la flèche qui partait. Cette fois-là, il m'a raté. Mais j'ai deviné que ce devait être une flèche de jeu d'enfant. A chaque coup, le gardien qui me tient le bras rit aussi. Frankenstein me poursuit jusque dans ma cellule avec son fusil, en rigolant comme un malade. Dès que je veux saisir la flèche, il l'attrape avant moi. Je m'énerve, j'ai envie de lui sauter dessus et il le sent. Il ne va pas trop loin. Quand je me lève, il se recule en se mettant à crier sans que je comprenne ce qu'il dit. Au fond de moi-même, je suis, non pas humilié, mais dégoûté par l'absurdité de la situation. Je suis avec des fous dans un monde absurde où il n'y a plus de lois cartésiennes, où la logique des valeurs n'est plus la mienne. Je sens que j'ai basculé dans un univers angoissant, terrible, et qu'il faut absolument que je garde mon objectif en tête : survivre. Je dois prier, faire quelques exercices physiques, essayer de m'évader en tentant d'enlever le carreau. Je n'y arrive d'ailleurs pas, mais je continue, obstiné. J'espère pouvoir creuser un trou avec mon assiette en fer. Derrière, il y a peut-être un parpaing que je pourrai pousser. Quand j'en ai assez de « travailler », je remets le carreau en place et je le fixe avec de la pâte dentifrice.

En approchant de la mi-février, j'ai moins de courage pour creuser. Dans mon esprit, l'échange avec le père du chef est du domaine du possible.

Le 14, j'en suis à trente-deux jours de détention. La veille, ils m'ont demandé si je voulais me faire couper les cheveux. Je suis d'accord. L'angoisse, le manque de vitamines se traduisent par une chute de cheveux importante. Et puis, s'ils me coupent les cheveux, c'est pour que je sois présentable le jour de ma prochaine libération.

Le 15 février au matin, un dimanche, deux gardiens me sortent de la cellule et m'emmènent devant la salle de bain. Ils me font asseoir sur un tabouret.

– Ferme les yeux. On va enlever le bandeau.

En plissant légèrement les paupières, je distingue la porte en bois de la salle de bain, et l'un des deux gardiens, qui se tient face à moi, pour voir si j'ouvre les yeux. Il est petit, trapu et doit être âgé d'une vingtaine d'années. Je ne vois pas son visage, faute de pouvoir lever la tête. L'autre me coupe les cheveux avec des ciseaux de coiffeur et me taille la barbe avec une tondeuse électrique. Ils font ça bien. Je sens qu'ils s'appliquent et qu'ils ont l'habitude. Au même moment, Frankenstein arrive en ricanant et me chuchote à l'oreille :

– Je sais que tu as combiné quelque chose avec Philippe. Tu veux tenter quelque chose avec lui. Nous, on sait, parce qu'il y a... – il ajoute en anglais – ... « microphons ».

Il pousse un rire sarcastique et disparaît. Frankenstein raconte souvent des bêtises mais, tout de même cette histoire de micros me travaille.

L'après-midi, un gardien pénètre dans ma cellule au moment où je balaie la pièce pour éviter d'être envahi par les fourmis. Il pose mon jean, ma chemise blanche, mon blouson, bref tous mes vêtements sur le matelas.

– Habille-toi, tu vas être libéré, dit-il.

– Je ne vous crois pas. Vous voulez me tuer.

Il se met à rire : « Non, non, on va te libérer! »

Trois autres gardiens arrivent en renfort, dont Wallid et, à ma grande surprise, Philippe.

– Tu vas être libéré, répètent-ils. La France a accepté d'échanger notre ami contre toi. Si, ce soir à minuit, l'ambassadeur tient sa parole, tu seras libre. Il est cinq heures. Il faut qu'on t'emmène ailleurs. Une voiture nous attend.

Wallid parle en arabe et Philippe traduit. Après quelques secondes de silence, Wallid ajoute :

– Peut-être... Dis-lui bien peut-être. C'est pas sûr, mais il y a des chances pour qu'il soit libéré ce soir. Si jamais ce n'est pas ce soir, c'est pas grave, ce sera dans quelques jours.

Philippe répète en français : « Peut-être, Wallid me dit peut-être. » Puis, tout bas, il ajoute : « Wallid, il est supérieur à Christophe. C'est un chef. Tu sais, moi, je ne savais pas, mais ils ont placé des micros. Ils ont entendu notre conversation à propos du visa. J'ai réussi à leur faire croire qu'on avait parlé de la France, mais pour rigoler. Ils m'ont cru. Tu vas être libéré ce soir et, dans deux semaines, je te téléphone. »

Mes mains tremblent sous l'émotion en m'habillant. Ils me tendent un sac en plastique dans lequel se trouvent ma montre, ma gourmette, mes lentilles, etc... En plongeant la main dedans, je sens aussi ma chaîne avec la médaille de saint Christophe et une petite croix en or offerte par Marlène. « Elle te portera chance. Garde-la toujours », m'avait-elle dit en souriant. Wallid m'aide à la mettre autour du cou.

– Les autres affaires, laisse-les dans le sac. Tu les récupéreras plus tard.

Vont-ils réellement me libérer? Ou bien m'exécuter? Je ne sais plus quoi penser, mais un immense espoir me pousse à rester optimiste. Pourquoi me demanderaient-ils de m'habiller s'ils voulaient m'exécuter? Ils pourraient me tuer la nuit, en me laissant en pyjama, comme les otages anglais et américain retrouvés dans la montagne, une balle dans la tête. Je commence à croire à ma libération et demande déjà des précisions à Wallid :

– Sais-tu où est ma femme?

– Il y a trois jours, elle était à Beyrouth, mais après elle est partie en Syrie. Elle va bien, ne t'en fais pas, tu la verras puisque tu vas être libéré.

– Où vas-tu me libérer?

– Je ne sais pas encore. Tu verras tout à l'heure.

En me tournant vers Philippe, je lui annonce que les autres m'ont dit qu'il était mort. « Non, c'est pas vrai. Ce sont des menteurs », dit-il en me reparlant des micros, mais sans me dire où ils sont. Ces micros ne me paraissent pas être du bluff. Ils ont déjà installé un interphone dans la salle commune pour communiquer entre le rez-de-chaussée et le sous-sol. Pourquoi n'en auraient-ils pas profité pour ajouter un micro, ou, simplement, un talkie-walkie « ouvert » en permanence?

Habillé comme le jour de mon enlèvement, je crois à ma libération. Mais, en même temps, je ne réalise pas tout à fait. Je me laisse faire. Ils me guident à travers le couloir, m'aident à passer le sas. Philippe me serre la main en chuchotant : « Dans deux semaines, je contacte l'agence Reuter pour qu'on puisse se voir pour le visa. » Je m'assois sur un matelas étendu à l'arrière d'un véhicule. Je reconnais le minibus Wolkswagen qui avait servi à me transférer le premier jour du garage jusqu'à Ouzaï.

– On attend ici que la nuit tombe. As-tu faim? me demande un gardien.

– Oui, je n'ai pas eu de déjeuner.

Dans le minibus, ils me servent du riz et des lentilles, arrosés d'une tasse de thé.

– T'es content, tu vas être libéré? disent-ils.

Wallid est assis à côté de moi. Il a posé sa main sur mon genou d'une manière amicale.

– La nourriture est-elle bonne? demande-t-il comme si j'étais son invité.

– Oui, ça va.

Mais c'est le dernier de mes soucis. Une seule chose compte pour moi : retrouver la liberté.

La nuit est tombée. On roule d'abord sur un chemin de terre, puis sur une grande route qui doit être celle du bord de mer. Je suis allongé à l'arrière en chien de fusil. Ils n'ont pas pris la peine de m'attacher, ni de me bâillonner.

Le minibus prend de la vitesse, tourne sur la

droite, puis roule à nouveau en ligne droite pendant quelques minutes. On retourne probablement de la banlieue sud vers Beyrouth. Je prends mes marques, je trouve des repères. On est sur la route du bord de mer, coupée par un carrefour décoré d'un grand portrait de l'Iman Khomeiny. Après cette intersection, nous empruntons certainement la grande route qui relie le bord de mer à l'aéroport. En fait, nous ne quittons pas la banlieue sud. Avant les camps de Sabra et Chatila, le minibus bifurque sur la droite. L'aéroport international ne doit pas être loin. A côté du camp palestinien de Borj el Brajneh, le minibus quitte la route, tourne à gauche et entre dans un dédale de ruelles. Nous sommes à présent dans le quartier de Bir el Abed. La voiture ralentit puis s'arrête sur un chemin de terre cahoteux. Trois des quatre ravisseurs descendent. Celui qui reste avec moi serre un Kalachnikov dans les mains. Je l'entends jouer avec le cran de sûreté. Les trois autres entrent dans une maison, ouvrent une porte et parlent à des gens. A mon avis, je suis dans une des maisons basses qui bordent le camp palestinien de Borj el Brajneh.

Soudain, un sifflement trouble le silence, suivi d'une forte explosion. Un obus est tombé à proximité. Depuis plusieurs mois, la guerre des camps fait rage entre les miliciens chiites d'Amal et les Palestiniens. Depuis que j'habite Beyrouth, je sais reconnaître un départ et une arrivée d'obus. Les sifflements se succèdent. Soudain, un bruit de tonnerre retentit à côté. Celui-là n'est pas tombé loin. Ce n'est pas la première fois que je suis pris dans un bombardement. Mais je n'apprécie pas du tout de rester immobile, les yeux bandés dans une voiture. Si ça continue, on va nous ramasser à la petite cuillère. Mon gardien, lui, ne montre aucun signe de nervosité. Il a visiblement l'habitude de ce genre de situation. Mais comment peuvent-ils prendre le risque de se balader avec un otage au milieu des combats? Quel chemin ont-ils emprunté pour entrer dans le camp assiégé? Mystère.

Nous sommes là depuis une dizaine de minutes et autour, ce n'est pas Verdun, mais presque. Je me retourne sur mon matelas, de plus en plus mal à l'aise. Le gardien me couvre d'une couverture. Il croit peut-être que j'ai froid, alors que la trouille me donne des sueurs! Les obus tombent à peu près à la cadence de cinq à la minute. Un vrai déluge. A chaque « arrivée », j'ai les entrailles qui se nouent. Ils ne vont quand même pas me laisser dehors quand eux sont à l'abri dans une maison! Enfin, ils reviennent. Ils m'aident à descendre du minibus pour remonter dans une voiture qui s'est garée à côté. Je reconnais la Volvo dans laquelle j'ai été enlevé. Je m'assois à l'arrière. Je crois toujours à la possibilité d'être libéré, mais je me demande pourquoi ils prennent tant de précautions. Je m'impatiente, car je m'imagine déjà sorti de ce cauchemar, en sécurité dans les voitures blindées de l'ambassade. Je tire des plans sur la comète. Marlène est peut-être en Syrie. Vais-je pouvoir lui téléphoner via Paris? Comment va-t-elle savoir que je suis libéré? Bref, je me fais tout un cinéma.

Dans la Volvo, on me retire le bandeau. « Ferme les yeux et reste tranquille » ordonne un gardien. Wallid s'assoit à côté de moi. Il n'a pas de Kalachnikov, mais les deux autres assis à l'avant doivent être armés. Je ne pense même pas à fuir, puisque je vais être libéré. La voiture démarre et, à plusieurs reprises, je me risque à plisser les paupières dans la pénombre. Je ne vois pas le visage de Wallid, mais je devine, à la largeur de ses cuisses, qu'il est costaud et qu'il mesure à peu près ma taille. Il reste immobile, les mains à plat sur le genou et regarde devant lui. Je sens qu'il est tendu et prêt à me retenir si je tente quoi que ce soit. La route est plongée dans l'obscurité, mais je devine des immeubles et des maisons. Soudain, dans les phares de la voiture, la silhouette d'un milicien armé d'un Kalachnikov se découpe au milieu de la route. La voiture ralentit. L'homme regarde nos visages à travers les vitres et fait signe de passer. Il contrôle la sortie de ce chemin de terre. J'en déduis que nous sortons du camp palestinien. On roule vite. Nous empruntons un petit tunnel qui permet à peine le passage d'une voiture. Or, il n'y a pas de tunnel à Beyrouth-Ouest. Il en existe sur la ligne de démarcation. Mais il y a bien longtemps qu'ils sont inutilisés. Je me dis qu'il s'agit d'un tunnel construit par les Palestiniens permettant d'entrer et de sortir du camp sans passer par les barrages des forces qui l'assiègent. On roule encore cinq minutes, la voiture ralentit, tourne dans une ruelle et s'arrête. Wallid sort et m'entraîne dans un escalier. Nous passons une porte et je devine que nous entrons dans le hall en marbre d'un immeuble.

A chaque pas, le doute m'envahit. Encore une fois, ils m'ont menti. Je me sens mal. Des bouffées de chaleur me montent à la tête. La déception est trop grande.

Sans un mot, nous pénétrons dans un ascenseur. Je devine au bruit, à chaque palier, que nous montons jusqu'au cinquième ou sixième étage. L'ascenseur s'arrête, par sécurité, à l'avant-dernier étage. Deux gardiens seulement m'encadrent. Il doit être huit ou neuf heures du soir. Ils n'allument pas la lumière et j'en profite pour ouvrir un peu les yeux. Celui qui se tient à côté de moi, un homme jeune, à peu près vingt-cinq ans, est drapé dans un long manteau noir, un peu comme les personnages du film *Il était une fois dans l'Ouest* de Sergio Leone. Il porte de belles bottes de daim, un jean et doit probablement dissimuler un Kalachnikov sous son manteau. Je ne vois pas son visage. Il mesure à peu près ma taille et je n'ose pas lever les yeux. L'autre est beaucoup plus petit, trapu et vêtu d'un jean, d'un pull-over à col roulé gris, une cagoule grise lui masque la moitié du visage.

Entre deux étages, le premier dit au second gardien d'aller sonner à la porte pour voir s'il y a quelqu'un dans l'appartement. L'autre s'exécute. Personne ne répond, la voie est libre. Ils ouvrent la porte, allument l'interrupteur et je découvre, en regardant sous mon bandeau, un appartement moderne, neuf, de bon standing. Des couvertures, et des matelas traînent sur le sol, qui n'a pas dû être nettoyé depuis longtemps. Ils me font traverser un couloir et entrer dans une pièce où je m'assois par terre. Pendant qu'ils placent des matelas dans l'appartement, j'ouvre les yeux. La pièce est percée d'une porte-fenêtre, aveuglée par un grand panneau. Je suis dans une grande chambre qui mesure facilement quatre mètre sur quatre et trois mètres de hauteur. Ils m'apportent un matelas, une couverture et mes vêtements. Je comprends qu'il n'a jamais été question de me libérer! Effondré, je me risque tout de même à poser la question :

– Vais-je être libéré ce soir?

Il me répond par la négative et part d'un grand éclat de rire.

– On m'a pourtant dit que j'allais être libéré ce soir...

– Je ne sais pas, moi.

– Quand vais-je être libéré?

– Je ne sais pas. Peut-être dans dix jours, peut-être dans trente...

– Alors, je vais rester ici?

– Oui.

Je suis K.-O. Un coup de poing en pleine figure aurait eu le même effet. Cette libération, j'avais fini par y croire dur comme fer!

Ils m'amènent à la salle de bain. Le lavabo et les toilettes sont sales. Il y a des fuites partout. Ils me donnent de l'eau dans un petit bidon, une bouteille d'eau minérale vide pour uriner et me conseillent de dormir. L'un des deux gardiens sort. L'autre reste dans ma chambre. Au bout d'une demi-heure, plusieurs personnes rentrent dans l'appartement. Il s'agit certainement de mes deux voisins qui ont probablement suivi. Quand nous sommes restés deux heures arrêtés dans la Volkswagen, sous les bombardements, j'ai surpris l'un des ravisseurs qui disait à l'autre, en arabe : « Après, il faut qu'on retourne chercher les deux autres. »

CHAPITRE VII

Nous sommes le 15 février. J'entame ma première nuit dans cet appartement, alors que je croyais être libéré. Je suis anéanti, démoralisé, mais j'espère encore. Peut-être un problème de dernière minute a-t-il empêché l'échange? Demain, tout sera réglé.

Le matin, je suis réveillé par deux hommes. Je reconnais un des gardiens qui me surveillait dans mon premier lieu de détention. Il est petit, parle peu et uniquement arabe. Il m'apporte du thé et des « neiches », des galettes de pain bourrées de thym. C'est la première fois qu'ils m'offrent une galette qui vient de l'extérieur. J'imagine qu'ils ne cuisinent pas eux-mêmes.

L'appartement devait être inoccupé, car ma chambre est sale. J'espère qu'ils vont me permettre de nettoyer la chambre et la salle de bain. Celle-ci est semblable à celle d'un appartement. Une grande baignoire verte munie d'une douche, fait face à des toilettes à l'occidentale avec chasse d'eau et à un lavabo. Quant au miroir, il est absent comme dans la première prison. Le sol est inondé parce que, au plafond, un tuyau est crevé. Mais en fait, l'eau est coupée. Aussi m'ont-ils fourni deux bassines. Une pour mes besoins et une autre, remplie d'eau, pour me laver. Ils ont apparemment essayé de réparer les tuyaux, car des morceaux de plâtre et de briques jonchent le sol et la baignoire.

Ma chambre se trouve à gauche, contiguë aux toilettes. En face, une porte ouvre sur une autre pièce. A ma droite, un arrondi marque le début d'un couloir. Je n'en sais pas plus sur la disposition de l'appartement.

Une simple porte, moderne, en bois, sans verrou, munie d'une serrure ferme ma chambre. J'entends qu'ils suspendent la clef à un clou au-dessus du chambranle. Derrière la porte-fenêtre qui, par définition, doit donner sur une terrasse, un panneau recouvert d'une peinture grise empêche la lumière de pénétrer dans la pièce. Je n'arrive pas à déterminer si ce panneau est en fer ou en bois. Une plaque fixe en effet les deux battants qu'un cadenas empêche d'ouvrir. A ma grande surprise, un gardien m'apporte le matelas et les couvertures que j'avais dans mon premier lieu de détention. Comme la veille, ils m'en ont déjà donné un, je me retrouve avec deux matelas et trois couvertures. C'est le Pérou! Si je les laisse dans un coin de la chambre, ils vont les reprendre. Alors, je les entasse l'un sur l'autre, je plie deux couvertures et je cache la troisième sous mon lit. En même temps, cette installation ne me dit rien qui vaille. Signifie-t-elle que je suis ici pour un bout de temps? Je m'inquiète d'autant plus, qu'ils déroulent aussi une grande moquette sur le sol carrelé, qui recouvre les deux tiers de la chambre. Je comprends que je suis au dernier étage, quand j'entends la pluie battre le plafond. Pour moi, c'est déjà un pas vers la liberté. Une liberté que j'estime proche quand je pense aux déclarations de Marcel Coudari le jour de sa libération : à la fin de sa détention, on l'avait transféré du cachot où il croupissait pour l'installer dans un appartement. Suis-je, moi aussi, dans le même cas?

Dans la matinée, un gardien me donne une serpillière, un balai et un seau pour que je puisse nettoyer la chambre. Attentivement, je regarde si le sol et les murs portent des marques ou un message écrit par un prisonnier qui aurait été détenu ici. Je ne trouve rien.

La différence avec mon précédent cachot est énorme. Je peux me balader de long en large, marcher pendant sept pas alors qu'auparavant, je ne pouvais en faire que deux et demi. Sept pas en longueur, cinq pas en largeur. C'est merveilleux. J'ai même de la place pour sauter puisque la hauteur sous plafond est d'environ trois mètres. Il n'y a plus d'humidité et l'espace, plus important, est davantage aéré. Pour ma santé, ça va être meilleur. Mon moral s'améliore, car je suis dans un endroit qui me semble plus humain.

Je me demande s'il y a des voisins. Si oui, savent-ils que je suis détenu? Sur quoi donne la porte de la chambre d'en face? D'après le chemin que nous avons suivi pour venir jusqu'ici, je me situe à côté de la route de l'aéroport. Je n'entends pas les avions, mais je me doute que l'aéroport est probablement fermé car, avant mon enlèvement, il était bombardé par les milices chrétiennes. En revanche, j'entends très bien les bruits de la rue, les voitures, la cacophonie des klaxons, les vendeurs de primeurs qui vantent leur marchandise sur une mélodie. J'écoute également les enfants jouer au basket ou au football. Les bruits de la vie humanisent ma détention. Je suis encore prisonnier, mais en surface et non pas sous terre. Ça change tout.

Dans la plaque qui aveugle la porte-fenêtre, une toute petite fente d'environ deux centimètres sur deux me permet de voir le ciel. Je perçois très bien les bruits de l'ascenseur, les talons d'une femme qui habite dans l'appartement d'à côté. Elle parle à son gosse, qui pleure souvent. Elle vit probablement avec son mari et je les entends aller et venir, prendre l'ascenseur, monter et descendre. J'entends les gardiens, à travers les cloisons, ouvrir la porte qui, apparemment, possède plusieurs verrous.

Outre les gardiens, je ne suis pas seul. Dans la pièce en face de moi, deux otages attendent, comme moi, qu'on statue sur leur sort. Je les entends aller chacun leur tour à la salle de bain. Les gardiens leur parlent en français : « Bonjour, comment ça va? Donne-moi ta tasse. Veux-tu du thé? » Je n'entends pas la réponse. La même phrase, prononcée par les ravisseurs, me trotte dans la tête : « Après, il faut qu'on retourne chercher les deux autres. » Ces deux autres doivent être les prisonniers qui étaient dans les cellules voisines de la mienne. Selon moi, l'un doit probablement être arabe et l'autre français, ou bien il s'agit des Allemands dont un, au moins parlerait le français.

Ce premier jour, Christophe me rend visite. Philippe a disparu. Trois ou quatre gardiens se relaient, dont deux n'étaient pas dans mon ancien lieu de détention. Ces nouveaux me posent des questions. « Quel est ton nom? Quel est ton métier? Depuis quand vis-tu au Liban? » Je réponds, mais c'est Christophe qui m'intéresse. Je veux savoir pourquoi je n'ai pas été libéré la veille.

– Avant cinq heures, l'ambassade de France était d'accord pour échanger notre ami, explique-t-il. Après, il y a eu un problème à Paris. Mais on pense que ça va se régler, peut-être dans une ou deux semaines. Il faut attendre, sois patient.

Le lendemain, c'est au tour de Wallid de venir s'enquérir de ma santé. Un gardien qui parle couramment le français traduit. Ce gardien-là, c'est la première fois que je le « vois ». Les autres appellent Wallid « Mouhalem » (chef). Une seule fois, je vais entendre l'un des gardiens l'appeler « Ali ». Or, Ali est un nom chiite. Donc, j'en déduis a priori qu'il n'est pas palestinien, mais Libanais. Mais lui se fait appeler Wallid. C'est lui qui dirigeait les gens qui m'ont enlevé. D'ailleurs, il le reconnaît. Au premier abord, il est sympathique. En français, il ne sait dire que « Comment ça va? » Il prononce la phrase avec un ton très doux. En fait, je me rendrai compte que c'est certainement le plus dur. Il possède un réel pouvoir car, lorsque je lui dis : « J'aimerais avoir des livres », il répond : « D'accord, je vais donner l'ordre qu'on t'en apporte. » Plus que Christophe qui, pourtant, m'apparaît comme un petit chef, il a de l'autorité sur les autres gardiens. Le vrai nom de Christophe semble être aussi Ali, car les autres l'appellent ainsi entre eux. A mon avis, il est également libanais.

Wallid me donne davantage de détails sur ma « libération manquée ». « Le problème c'est Chirac et Mitterrand. Mitterrand dit non, Chirac dit oui. On aime bien Chirac, il est avec les Arabes. Mitterrand, on ne l'aime pas, il est avec Israël seulement. » Je n'en reviens pas, de cette analyse simpliste.

Pendant la première semaine, les gardiens aménagent l'appartement et c'est Wallid qui s'occupe de tous les travaux. C'est déjà lui qui avait bouché le trou de souris dans mon ancienne cellule. Wallid est un manuel. Il sait tout faire. Tous les jours, il soude les tuyaux percés de la plomberie défectueuse. Sous la porte, je vois les étincelles et les éclairs. Il ne vient plus me voir, mais je reconnais sa voix enrouée. Il parle vite et s'adresse aux gardiens d'une manière très ferme. Il plaisante et se moque toujours d'eux, parce qu'ils ne savent rien faire de leurs dix doigts.

L'eau est bientôt rétablie. Mais l'eau chaude ne coule pas tous les jours, car ils doivent l'ouvrir une heure avant. Je prends, en conséquence, des douches froides, mais je préfère ça que rien. Les gardiens disposent d'une salle de bain, probablement à l'autre bout de l'appartement et tirent toute l'eau chaude. Quand je leur en demande ils répondent invariablement : « D'accord. La prochaine fois, tu auras de l'eau chaude. »

Dans la pièce voisine, mes geôliers s'installent peu

à peu. Ils trimbalent des matelas, des meubles, une table, des chaises. Ils réparent la tuyauterie de la deuxième salle de bain et le réfrigérateur. Ils nettoient l'appartement de fond en comble et vérifient que le panneau, en face de ma porte-fenêtre, tient bon. Il n'y a pas de doute, je suis là pour un bout de temps.

Samedi 28 février. Minuit, je suis réveillé par un coq insomniaque qui chante dans le quartier. Il réveille les autres coqs et les chiens se mettent à aboyer. Je sais qu'il est minuit car les gardiens regardent la télévision jusqu'à l'hymne national qui clôt les programmes vers onze heures. En général, le coq chante environ une heure après. Chaque nuit, c'est la même sérénade. Malgré ce bruit de poulailler, j'entends de petits coups frappés à la porte d'entrée. Trois ou quatre personnes entrent dans l'appartement, ouvrent la chambre qui se trouve en face de la mienne, en extraient l'un des otages. A la fin de la nuit, ils reviennent et emmènent le deuxième. Aucun doute, ils vont les libérer. Et moi, pourquoi ne le suis-je pas?

La première semaine de mars, je suis seul. On ne m'emmène plus trois fois par jour aux toilettes, mais seulement le matin et le soir. On ne me donne plus les repas à des heures régulières. Le petit déjeuner est à huit heures comme à midi; le déjeuner n'est pas prêt avant seize heures. Menu fixe : haricots. Je suis perturbé par ce régime.

Le seul gardien présent n'est pas, semble-t-il, habitué à garder un otage. Il est aimable et visiblement emmerdé. Il passe une grande partie de la journée à parler avec moi, accroupi à un ou deux mètres. Je suis assis en tailleur sur le matelas. Je devine qu'il est armé car il joue avec le cran de sécurité de son arme. Il paraît jeune, une vingtaine d'années environ, et bien éduqué. Il m'avoue qu'il faisait partie de l'équipe qui m'a enlevé, qu'il était dans une deuxième voiture. Avec lui, je me crois au restaurant, car il me demande toujours ce que je veux manger.

– Quand mon ami viendra me rendre visite, je lui demanderai d'aller acheter de la viande, dit-il.

Ça change des haricots!

Un jour, il me demande si j'aime les crêpes au chocolat.

– Bien sûr!

Et il fait des crêpes pour deux. Comme je le complimente, il me répond :

– C'est ma mère qui m'a montré comment il fallait préparer la pâte et j'adore ça.

Il semble fasciné par la France et, particulièrement, par la famille française. Il cherche ses mots en français mais il parle posément, comme quelqu'un de bien éduqué. Il a suivi des études à l'Université mais ne précise pas lesquelles.

– J'aimerais étudier en France, mais ce que je ne saisis pas dans ton pays, c'est le sens de la famille, différent de celui du Liban. Je ne comprends pas que les vieux y soient seuls.

– Es-tu déjà allé en France?

– Non, mais j'ai vu à la télévision que l'ont met les vieux dans des maisons de retraite. Je ne comprends pas pourquoi.

– Tu sais, en France, on a un très grand respect de la liberté individuelle, de la tranquillité et de la vie privée. Les parents acceptent que les enfants puissent vivre indépendamment et ne veulent pas s'immiscer dans leur vie. Je reconnais que ce n'est pas toujours l'idéal parce que les liens d'affection, qui existent au Liban, manquent parfois chez moi. Mais il y a le revers de la médaille. Au Liban, les liens familiaux sont sans doute plus forts, mais il y a moins de liberté pour les enfants.

– C'est vrai. Par exemple, on ne veut pas que les filles sortent le soir avec n'importe qui et rentrent tard.

– En France, les filles peuvent sortir. Mais, en fin

de compte, les femmes, au Liban, font aussi ce qu'elles veulent.

– Tu as connu des jeunes femmes ici?

– Avant de rencontrer la mienne, j'ai connu des Libanaises et elles sortent aussi.

– Mais où?

– A la discothèque du *Mécano* par exemple.

– Ah oui! Le *Mécano*. Je n'y suis jamais allé parce qu'il faut connaître quelqu'un pour y entrer. Je n'oserai jamais y aller seul. Ici, il faut faire partie d'une bonne famille pour pouvoir en connaître une autre. Il y a beaucoup de tabous, de tradition. Il y a des règles. Pour vous, les Occidentaux, c'est peut-être plus facile que pour nous de rencontrer des femmes. En France, c'est plus facile de sortir et de coucher avec une fille.

– Effectivement, c'est plus facile, mais tu peux le faire aussi au Liban.

– J'aimerais bien aller en France, la vie est plus agréable là-bas, mais j'aimerais y aller seulement en vacances. Je préfère quand même vivre au Liban parce que j'aime bien ce pays. J'y ai ma famille, mes amis et j'aime bien la mentalité.

Je n'arrive pas à savoir s'il est libanais ou palestinien. Je n'arrive même pas à cerner sa confession. Je pense qu'il est issu d'une classe aisée et qu'il est vraiment étudiant. mais comment se fait-il qu'il suive des études et qu'en même temps, il garde des otages?

– Je suis étudiant, mais je suis aussi un combattant. J'obéis aux ordres. Je fais ça aussi pour l'argent. C'est un travail comme un autre. Mais je n'ai rien contre la France. J'aime bien les Français.

On parle du football, de Platini. Il a regardé la Coupe du monde, le match France-Brésil. Il a trouvé que la France avait bien joué et qu'elle méritait la première place. Il connaît la France à travers la télévision, des émissions comme *Champs-Elysées* de Drucker ou *Apostrophes* de Pivot. Il adore l'émission de Drucker. Je lui demande s'il connaît des chanteurs, lesquels il aime.

– Je ne les connais pas bien, mais j'aime leurs mélodies. *Apostrophes* reflète bien la France, mais j'aime bien regarder aussi les séries américaines comme *Dallas* ou *Dynasty* parce que je vois comment on vit aux Etats-Unis. Je préfère tout de même habiter ici parce que la montagne est belle, qu'il y a la mer et la cuisine libanaise.

Pendant trois jours, des rapports normaux, presque amicaux, se sont établis entre nous. Ce garçon est différent des autres, il n'est pas vraiment un gardien. Il fait ce sale travail parce que c'est un combattant. Moi, je ne pense plus à m'évader. Bien sûr, il est seul, mais je me dis : pourquoi prendre des risques? Pourquoi risquer d'être tué alors que Marlène m'attend et que je vais probablement être libéré d'un jour à l'autre? Effectivement, je pourrais peut-être lui sauter dessus, parvenir à l'assommer ou prendre son pistolet-mitrailleur, mais je n'en ai pas la force. Je suis persuadé que je vais être libéré prochainement. On me l'a promis il y a une semaine et demie.

Autour du 5 mars, un autre gardien remplace le premier. Celui-là, c'est vraiment le gardien type, la brute. Il sait juste quelques mots d'anglais : « Come to the toilets », « Be clean », « Don't talk », « Shut up ». C'est tout. Quand j'essaie de lui demander quelque chose en arabe, il ne veut pas parler. Il répond : « Tais-toi » ou « Je ne sais pas ». Je sens qu'il est agressif et, qu'en même temps, il a peur parce qu'il est tout seul dans l'appartement. Je n'arrive pas à savoir s'il est armé ou non. En tout cas, il n'a pas de Kalachnikov, car je ne vois pas la crosse quand il me donne à manger. Je suis intrigué parce qu'il me semble qu'il vient sans arme.

Avec lui, je recommence à penser à l'évasion.

Je me dis que ce sont tous des salopards. Ils me font croire à une négociation uniquement pour que je me tienne tranquille. Ça suffit! Alors j'enregistre tout. J'ai l'impression qu'il n'y a pas d'autre gardien dans l'immeuble. Sinon, il monterait vérifier si tout va bien et manger ou boire un café avec lui. Mon gardien fait la cuisine. Ses spécialités : riz, haricots (bien sûr), ou sandwiches. Parfois, un membre de la bande en apporte de l'extérieur, mais seulement le matin, jamais l'après-midi. Mais peut-être quelqu'un traîne-t-il dans le quartier pour maintenir une surveillance plus large?

L'eau coule le matin, mais pas le soir. Je bois celle qu'il ramène dans une grande casserole pour remplir mon bidon. Quand il la verse, il est accroupi devant moi au bout du matelas, où je suis assis. Si je dois m'évader, c'est à ce moment-là. Je compte alors le nombre de pas nécessaires pour aller de mon lit à la porte. Mon but est de courir jusqu'à la porte pendant qu'il verse l'eau et de la refermer à clef pour l'enfermer à l'intérieur de ma chambre. Je m'entraîne des dizaines de fois à courir de mon lit à la porte. Je me mets aussi à sa place, pour calculer le temps qu'il lui faudra pour réagir, à partir du moment où il se rendra compte que je me suis mis debout et que je fonce vers la sortie. Il va être surpris pendant un dizième de seconde. J'imagine la scène. Il lève les yeux, lâche la casserole et court vers la porte. Mais il porte des savates, alors que je suis pieds nus. Je devrais donc avoir un avantage sur lui. Un détail me turlupine cependant. Le bandeau. Aurai-je le courage de l'enlever et de me mettre debout? C'est une perte de temps inutile. Je cherche donc une autre solution.

L'autre moment favorable est le soir. Lorsqu'il vient me chercher pour m'emmener aux toilettes. Je lui saute dessus. Mais a-t-il une arme? Je me jure de vérifier lors du prochain repas. Je compte presque les heures, malade d'impatience. Enfin, la porte s'ouvre. Il dépose ma nourriture. Quand il repart vers la porte, je regarde un bref instant. Je ne vois pas de revolver à sa ceinture. Je repère à quelle hauteur se trouve sa tête et, dès qu'il est sorti, je trace un trait avec le métal de mon tube-dentifrice sur le battant de la porte pour déterminer sa taille approximative. Il est légèrement plus petit que moi et sa corpulence est à peu près la même que la mienne. Je dois encore pouvoir « faire le poids » pour lui sauter dessus mais, pour prendre ce risque, il faut je sois extrêmement concentré. D'autre part, j'ai récupéré mes vêtements « civils ». Ce qui n'était pas le cas dans mon premier lieu de détention. Je dois donc m'habiller entre le moment où il m'apportera à manger et celui où il reviendra m'emmener à la salle de bain. Dès qu'il rentre, je lui saute dessus. Vais-je l'assommer, l'étrangler? Avec l'effet de surprise, je pourrais le faire tomber en le frappant au ventre. L'autre solution, c'est de l'attraper par le col et de le frapper d'un coup de tête. C'est ce qu'il y a de plus efficace : un coup de tête dans le nez. Ensuite, il faudra que je le tue, que je l'étrangle avec mes mains, puisque je n'ai rien d'autre. Au fur et à mesure que mon plan d'évasion s'échafaude, la révolte double mon énergie. Pour être davantage motivé, je me persuade et finit par détester ce gardien. Je cherche une raison de le haïr. Je finis par me convaincre qu'il constitue l'obstacle à ma vie avec Marlène. Je suis convaincu qu'en le tuant, je vais m'évader et la retrouver. Durant toute la journée, je me monte tellement la tête que je finis par être agité de tremblements nerveux.

Le soir, je suis décidé. C'est maintenant ou jamais. Il m'apporte un sandwich et, tout en le mangeant, je m'habille en quatrième vitesse. C'est déjà un pas énorme car, s'il rentre à ce moment-là et me trouve habillé, il pensera immédiatement que je veux tenter quelque chose. Pour moi, c'est comme si j'avais un revolver dans la main. Brusquement, au moment où je mets mes vêtements, j'ai déjà l'impression d'être libre. Ça me donne des ailes. Je ne tremble plus. Je suis prêt. Quand il rentrera, je frapperai de toutes mes forces jusqu'à ce qu'il ne se débatte plus. Une question cependant me hante : a-t-il, oui ou non, un revolver à portée de la main? Je n'arrive pas à le savoir et cette inconnue, énorme, me pose un problème. Face à une arme, mes chances deviennent nulles. Des idées me traversent l'esprit. Si j'ai été enlevé, c'est ma faute, parce que j'ai pris le risque de rester à Beyrouth-Ouest. Dans ces conditions, ai-je le droit de prendre un risque supplémentaire?

Alors que je m'énerve tout seul, j'ai l'impression d'entendre la voix posée, apaisante de Marlène, qui me dit : « Roger, reste tranquille. Un jour, tu vas être libéré, il ne faut pas que tu risques ta vie. » C'est ma bonne conscience qui me parle mais, en même temps, n'est-ce pas tout simplement de la lâcheté? Je ne sais plus quoi faire. En quelques secondes, toute ma préparation psychologique s'effondre.

Je n'ai pas peur de mourir; sinon, je ne serais jamais resté cinq ans au Liban. Mais, vis-à-vis de Marlène, de ma famille, je n'ai pas le droit d'aller au suicide. Cette pensée me fait basculer d'un coup. Je n'ai pas assez bien préparé mon coup. Je laisse tomber. J'enlève mes vêtements en vitesse.

A peine ai-je fini de remettre mon pyjama, que retentit la sonnette de la porte d'entrée de l'appartement. Quelqu'un entre et vient directement à ma chambre. C'est Christophe. Je ne peux m'empêcher de pousser un soupir de soulagement. Aujourd'hui, ce n'était pas mon jour de chance. Si j'avais pu assommer le gardien, je me serais trouvé nez à nez avec Christophe dans le couloir ou l'escalier de l'immeuble. J'avais bien sûr prévu cette éventualité. En ouvrant la porte, j'aurais pu le tuer avec le Kalachnikov ou le revolver du gardien que j'aurais récupéré dans la pièce à côté. Une fois sur le palier, je tuais quiconque m'aurait barré le passage dans l'escalier. Même s'il s'agissait d'un voisin. Après avoir abattu le gardien pour lui prendre son arme, j'étais condamné à tuer tous les autres.

Revenir en arrière n'était plus possible, sinon c'était pour moi la mort assurée. J'étais dans un tel état, que tuer ne me posait pas de problème de conscience. Il n'y avait plus de loi. La vie des autres n'avait plus aucune valeur. Ce qui comptait, c'était la mienne. Eux ou moi.

Face à moi, Christophe ne se doute pas à quoi il a échappé. Si j'avais récupéré l'arme du gardien, il serait mort. Ma hargne s'estompe peu à peu. Je n'ai aucun regret de ne pas être allé jusqu'au bout. Cet effort m'a vidé. J'écoute Christophe, avachi sur mon matelas. Il plaisante avec moi.

– Tu fais un peu de karaté?

Je ne le lui ai jamais dit, mais il le sait.

– Oui, un peu, à Heliopolis.

– Viens, on va s'amuser tous les deux.

Aujourd'hui, il est en forme. Il cherche à me distraire ou à se prouver quelque chose.

– Mets-toi debout, dit-il.

– Frappe-moi!

– Je ne peux pas. Je ne vois rien.

Il tente de me porter un coup que je pare à l'aveuglette. J'ai vu simplement son pied qui faisait un pas en avant et j'ai deviné que son bras suivait le mouvement. Il tourne autour de moi comme un fauve qui s'apprête à sauter sur sa proie. Je suis aveugle et il en profite. Je sens que ça lui plaît. Ce jeu m'agace. Je fonce sur lui et j'arrive à le projeter contre le mur. Il est beaucoup plus petit, mais plus lourd que moi. Collé contre lui, j'arrive à entrevoir son visage. Une petite moustache barre ses deux joues bouffies. Il a la tête du Libanais type : les cheveux coupés court, un visage souriant, des yeux espiègles. Je lui donne entre trente et trente-cinq ans. Il est vêtu d'un jean et d'un blouson à carreaux usés. Il est amusé par le fait que d'une prise, j'ai pu le pousser contre le mur. En arabe, l'autre gardien se moque de lui. Il rit. A son tour, Christophe me propulse contre le mur d'en face. Et à ce moment-là, je découvre que je n'ai presque pas de force, que mes réflexes sont beaucoup plus lents que je ne l'estimais. Je me rends compte que mes muscles sont très faibles. Cette constatation me coupe les jambes et je préfère cesser ce jeu idiot qui m'humilie.

– Stop, arrête, c'est idiot. T'as de la chance que j'aie un bandeau.

Et je m'assois. Il n'insiste pas. Il se rend compte qu'il est allé trop loin.

– As-tu des nouvelles des négociations? Vais-je être libéré?

– Ton gouvernement a décidé de libérer notre ami, le frère du chef. Je crois que j'en saurai plus dans cinq jours. Je reviendrai te voir. Le seul problème est que l'ambassadeur français a changé. Notre intermédiaire doit prendre contact avec le nouveau. En principe, d'après nos informations, l'échange a été accepté. Le gouvernement français doit confirmer son accord du 15 février pour procéder à ton échange. C'est juste une question de temps.

Et il s'en va. J'ai bien fait de ne pas tenter de m'évader. Trop affaibli, je n'aurais pas pu réussir. Et puis, je serai probablement libéré la semaine prochaine. Ces informations encourageantes me calment et me remontent un peu le moral.

Le 6 mars au soir, pendant la nuit, on conduit dans l'appartement un autre otage qui prend place dans la chambre face à la salle de bain. J'entends d'abord la sonnette de la porte, un gardien ouvrir et le bruit des pas de plusieurs personnes. Ils guident quelqu'un avec des mots en anglais : « tout droit », « à droite », « arrête-toi ». Dans ma tête, j'imagine la scène : un homme, avec les yeux bandés, entouré de plusieurs autres qui marche à tâtons dans le couloir jusqu'à la chambre voisine. J'entends du remue-ménage. Ils installent probablement un matelas de mousse sur le sol et amènent des couvertures, de l'eau. Puis la porte se referme et les personnes qui sont venues quittent l'appartement.

Un autre otage est désormais retenu ici. Il est Occidental puisqu'ils lui parlent en anglais. Mais j'ignore sa nationalité.

A partir de là, le régime va changer et une nouvelle équipe de geôliers remplace la brute qui me gardait. Ce sont des gardiens « professionnels », tels que ceux de mon premier lieu de détention. Quand ils m'apportent à manger, ils ne font aucun geste inutile. Ils posent la marmite, prennent la louche et ne disent qu'un seul mot : « Sarna » (assiette). Ils sont six et tournent en trois équipes de deux tous les trois jours. Même si je ne les vois pas, je reconnais leurs voix, j'arrive à deviner leur taille et leur corpulence. La relève se fait, en général, au milieu de la nuit ou au petit matin, pendant que dorment les familles qui occupent les autres appartements de l'immeuble. Chaque matin, c'est le même rituel. L'un des deux sort pour chercher à manger dans les magasins qui doivent se trouver dans la rue, car il ne s'absente que quelques minutes. Je devine qu'ils reçoivent, à peu près deux fois par semaine, la visite d'un responsable. Ce « petit chef » parle beaucoup de politique avec eux, mais aussi organisation. Il leur dit, par exemple : « Toi, Ali, tu viendras mercredi à telle heure. N'oublie pas de bien fermer la porte à double tour. N'oublie pas qu'il faut l'amener (en parlant d'un otage) à telle heure. » A mon avis, ils sont deux ou trois responsables différents qui tiennent aux gardiens des discours politiques. Les mots Liban, Syrie, Israël, Palestine, Nabih Berri, Amal, reviennent souvent. Ils parlent beaucoup des leaders libanais et du Proche-Orient. Mais je sais que la politique n'est pas la seule motivation de mes gardiens. Philippe m'a déjà expliqué qu'ils reçoivent une solde. J'ignore de combien, mais j'ai deviné que ce devait être assez faible puisqu'il ne pouvait même pas s'acheter un troisième pantalon. Ce manque d'argent reste d'ailleurs leur principal souci. Quand ils ne me questionnent pas sur les filles, ils me parlent d'argent. Combien je gagne, si en France la vie est chère, combien vaut une voiture.

Pour ces combattants de base, se battre est bien souvent un métier et les grandes phrases contre l'impérialisme, les « Grands Satans » américains et français et le combat contre Israël les laissent un peu perplexes. Ils ne sont pas dupes du bourrage de crâne que leur imposent tous les leaders.

– Je sais bien qu'ils nous racontent des mensonges, m'avait même confié Philippe. Mais on fait semblant de les croire. En fait, nous, on se bat pour l'argent. La politique, le Proche-Orient, je m'en fous; moi, ce qui m'intéresse, c'est d'aller à l'étranger, de me marier avec une belle femme, d'avoir une maison, du travail...

Je suis frappé par ce détachement. Pourtant, Philippe est directement concerné par la cause palestinienne, étant originaire du camp Rachidiyeh, qui se trouve près de Tyr, au Sud-Liban.

CHAPITRE VIII

J'ai désormais six gardiens.

Je crois en reconnaître deux qui me surveillaient dans mon cachot d'Ouzaï.

A l'époque, ils ne bavardaient pas avec moi. Je les reconnais parce qu'ils insistent un peu trop en me demandant si, dans mon premier lieu de détention, j'étais bien traité, si j'aimais bien les gardiens. Ça les amuse de savoir ce que je pense d'eux. C'est bête et naïf, mais correspond bien à la mentalité proche-orientale. En revanche, les quatre autres ne m'ont sans doute jamais vu car ils me posent plein de questions anodines au moment du repas. Dans mon premier lieu de détention, Philippe, au moins, venait me voir de temps en temps, comme s'il était chargé de me soutenir moralement. L'heure des repas est toujours irrégulière. Surtout le matin. Ils se lèvent souvent à midi, car ils ont passé la nuit à regarder des films sur la vidéo.

Ces nuits-là, je ne peux pas dormir. Les murs ne sont pas assez épais pour atténuer le son des films et les éclats de rire des gardiens. Parfois, ils font l'effort d'émerger vers neuf heures et se servent un petit déjeuner. Ils parlent en préparant le thé. J'entends la cuillère qui tourne dans le verre. Mais ils ne viennent pas m'apporter le mien. Alors je dors pour passer le temps, surtout si je n'ai pas fermé d'œil de la nuit. Ils se pointent alors vers midi et me déposent un vague repas chaud. Je me retrouve avec du riz et des haricots devant le nez. Ce n'est pas très appétissant, d'autant qu'eux se servent en premier, et j'hérite donc de légumes à moitié froids.

Même chose pour les toilettes. S'ils regardent un bon film, ils ne se dérangent pas. Il suffit également que l'un des deux soit sorti acheter de la nourriture, pour que l'autre gardien ne vienne pas, parce qu'il est seul. Ils ouvrent toujours ma porte à deux. Ensuite, pendant que l'un reste dans le salon avec, probablement, le pistolet-mitrailleur à portée de la main, l'autre me conduit à la salle de bain. Parfois une ou deux heures après le pseudo-repas. J'urine dans une grande bouteille d'eau minérale.

Pourtant, je suis sûr qu'ils ont ordre de m'emmener aux toilettes trois fois par jour. Par paresse ou indifférence, – classique – davantage que par cruauté, ils ne respectent pas les instructions. Grâce à ma bouteille vide, je peux patienter mais, visiblement, l'otage qui se trouve dans la chambre voisine n'a rien à sa disposition. Alors, il frappe à la porte. Or, les gardiens ont toujours dit que c'était interdit. C'est la loi. Mais cet otage a probablement été enlevé depuis peu de temps et il ne sait sans doute pas qu'il a « droit » à une bouteille vide. Je pense qu'il ne doit pas oser réclamer et eux, toujours par sadisme ou indifférence, ne lui en donnent pas, alors qu'ils savent pertinemment qu'une bouteille est nécessaire pour uriner. Le malheureux tape plusieurs fois violemment contre la porte, à grands coups de pied. Les gardiens l'engueulent en arabe et en anglais. Soudain, pour la première fois, j'entends la voix de l'otage qui répond en anglais. Je suis sûr de reconnaître un accent britannique. J'ai vécu aux Etats-Unis pendant un an et je suis capable de faire la différence entre un Anglais et un Américain. Je suis donc quasiment certain que c'est un Britannique ou, du moins, un ressortissant du Commonwealth car il peut être Canadien anglophone ou Australien.

Par élimination, je me convaincs que c'est probablement et même sûrement Terry Waite, puisque j'ai entendu à la radio qu'il avait été enlevé. Je sais qu'un Anglais, John McCarthy, est en leur possession depuis 1985. Mais, si c'était lui, il aurait depuis longtemps demandé une bouteille pour uriner. J'en déduis qu'il ne s'agit pas d'un otage détenu depuis plus d'un an.

Terry Waite parle d'une voix assez forte et il me semble le reconnaître lorsqu'il dit : « I need to go to the bathroom. » (J'ai besoin d'aller à la salle de bain.) C'est bien le même timbre de voix que j'ai entendu le matin de mon enlèvement en l'interviewant à l'hôtel Riviera. En règle générale, l'Anglais reste très aimable avec les gardiens, peut-être trop, et je remarque même qu'il plaisante et qu'il éclate de rire avec eux. Un rire tonitruant. En moi-même, je me dis : tu as tort de rire car, dans quelques jours, tu verras que ce n'est pas drôle avec ces gaillards-là. Je pense qu'il ne se rend pas compte de la situation dans laquelle il se trouve. Sinon, il serait davantage abattu et beaucoup moins sûr de lui. Comme négociateur pour les otages américains, il croit certainement qu'il est là pour quelques jours. Je me mets à sa place. Il doit se dire : « Quelques excités ont pris sur eux de m'enlever. Mais je vais être libéré. L'émissaire de l'Eglise anglicane désormais otage? Impossible! »

Quand il tape à la porte, les gardiens l'emmènent aux toilettes mais, parfois ils font la sourde oreille. Ils affirment qu'ils ne l'ont pas entendu. En fait, ils veulent le punir de faire du bruit. Au bout de quelques jours, les coups s'espacent. Ils ont dû lui donner enfin une bouteille vide. Je me rends compte que la nourriture entraîne des bouleversements dans mon métabolisme. Pour la première fois depuis que je suis détenu, je souffre de crampes d'estomac.

L'eau, le régime alimentaire, l'angoisse et sans doute le choc émotionnel provoquent chez moi des coliques. Comme l'otage anglais, je tape aussi à la porte. Je devine qu'il souffre, comme moi, énormément. J'ai l'impression que mes intestins vont exploser. Des douleurs très aiguës me coupent la respiration.

Devant le cynisme général, je finis par faire mes besoins dans le sac poubelle en plastique que le gardien jette tous les jours. Quant au papier hygiénique, je conserve les feuilles du journal le *Safir* qui enrobent en général les sandwiches.

Dès qu'un gardien pénètre dans ma chambre, je râle. J'exige d'aller aux toilettes deux fois par jour, non pas deux heures, mais dix minutes après les repas. Je crie ma colère. « D'accord », disent-ils, pour avoir la paix.

– Pourquoi ne m'avez-vous pas emmené aux toilettes ce matin?

– Parce qu'il n'y avait pas d'électricité et, quand il n'y a pas d'électricité, il n'y a pas d'eau.

En fait, c'est faux. Une réserve d'eau existe. Simplement, ils craignent que, dans le cas où l'électricité ne revienne pas, eux manquent d'eau. Ils préfèrent donc ne pas nous amener nous laver plutôt que de prendre ce risque. Nous allons donc aux toilettes uniquement lorsque l'électricité fonctionne. Or, il faut savoir qu'au Liban, elle peut être coupée pendant six heures d'affilée.

Quand ils entament une discussion, c'est pour me poser des questions sur ma vie, pour savoir si je suis marié, de quelle nationalité est ma femme, si elle est belle, si ses yeux sont verts, bleus ou noirs, si elle fait bien l'amour, si j'ai un enfant. Ils attachent beaucoup d'importance à la progéniture. Quand je réponds que je n'en ai pas, ils sont très étonnés.

– Pourquoi n'as-tu pas d'enfant? Il en faut!

– J'ai connu ma femme six mois seulement avant que vous ne m'enleviez. Six mois, c'est trop peu pour avoir un enfant.

– D'accord. Mais quand tu vas sortir, tu vas en faire un?

– Bien sûr.

– Ah bon! C'est bien. Et as-tu connu beaucoup de femmes avant la tienne?

Ça les intéresse beaucoup. Musulmans pauvres, libanais ou palestiniens, ils n'ont pas les moyens de sortir une fille. Ils rêvent de pouvoir connaître une jeune femme avant de se marier.

– Habites-tu un appartement meublé? Possèdes-tu un magnétoscope, une télévision, une voiture? De quelle marque? Combien coûte-t-elle?

La société de consommation occidentale reste, pour eux, inaccessible. Aussi, sont-ils très matérialistes et, lorsqu'ils parlent de la France, c'est toujours de la même chose : des femmes françaises, des voitures, des salaires... Ils en parlent d'une manière très amicale, très respectueuse, même s'ils ne m'apportent pas à boire et à manger – ce qui arrive – parfois pendant toute une journée.

– Tu n'es pas notre ennemi, disent-ils. Nous aimons la France et les Français. Nous te respectons. Simplement, nous n'aimons pas Mitterrand.

Ils connaissent apparemment tous Mitterrand et tous affirment : « Mitterrand, il est pas bien. » Je leur demande pourquoi.

– Parce que c'est l'ami d'Israël. Mais Chirac, il est bien. C'est l'ami des Arabes.

– Mais Mitterrand, ce n'est pas seulement l'ami d'Israël. C'est aussi l'ami des Arabes.

– Non, ce n'est pas vrai.

– C'est quand même lui qui a sorti Arafat et les Palestiniens du Liban en 1982. Il a sauvé aussi la vie de beaucoup de Libanais. Il aime le Liban, tous les Libanais, même les musulmans.

– Tu as peut-être raison. Mais, quand même, c'est l'ami d'Israël.

– Pourquoi préférez-vous Chirac?

– Parce qu'il aime les Arabes. Il est comme

De Gaulle, qui était un homme bon. Il a donné l'indépendance à l'Algérie et à la Tunisie. Avant, les colonies, c'était pas bien. Mais De Gaulle, il est bien. Chirac aussi. Mitterrand, il est pas bien. « Mitterrand : juif », concluent-ils.

Au Liban, mes ravisseurs accusent Gemayel de tous les maux. Pour eux, il est responsable de la guerre. Ils semblent avoir un avis mitigé à propos de Nabih Berri, le chef du mouvement chiite modéré Amal. En revanche, ils apprécient Jumblatt.

Plusieurs fois, ils me demandent si j'aime les Palestiniens. Je réponds oui. « C'est bien. » Ils adorent savoir ce que je pense des hommes politiques. Ils ne me soumettent pas à un interrogatoire. L'analyse leur est indifférente. Ils sont curieux, c'est tout.

– Aimes-tu les Libanais et les Arabes?

– Bien sûr, puisque je suis au Liban.

– Qui tu préfères? Les Libanais ou les Arabes?

– Quelle est la différence?

– Ce n'est pas la même chose.

– Mais quels Arabes? C'est quoi, les Arabes?

– Eh bien les Syriens, les Palestiniens, les Jordaniens et aussi certains Libanais quand même.

– Pour moi, c'est la même chose. Les Libanais sont aussi des Arabes et j'aime bien les deux.

Ça ne va jamais plus loin. Le « débat » reste très superficiel.

Quand les responsables arrivent, les gardiens restent dans la chambre. Pour eux, c'est une distraction. Ils rient parce que, probablement, le responsable leur fait des grimaces ou il se moque de moi. Parmi les responsables, je fais maintenant des distinctions. Les « masroul » (capitaines) évitent de parler. Ils ne viennent que rarement, juste pour demander si tout se passe bien. Ils ont beaucoup d'autorité sur les autres et donnent des ordres. C'est à eux que je demande si je peux écrire une lettre, si elle a été transmise à ma femme. Ils me répondent toujours oui. Un des capitaines parle très bien l'anglais et parle d'une voix très efféminée. Il doit être étudiant. C'est un peu l'intellectuel de la bande. De lui, je n'aurai qu'une vague explication sur mon sort :

– Si on te détient, c'est parce qu'on demande quelque chose à la France. Si le Président Mitterrand fait des efforts, nous te libérerons. Mais il faut qu'il en fasse. Je ne peux pas t'en dire plus.

Ces capitaines tiennent un discours différent de celui de Christophe. Lui me donne des précisions. Il rentre un peu trop dans le détail et je devine qu'il me ment en partie. Je n'ose pas penser qu'il ment totalement car, pour fonder mon espoir, j'ai besoin de croire en quelque chose.

Christophe me parle toujours du frère du chef détenu en France, pour trafic de drogue, mais il s'avance trop, en particulier, sur les dates, pour que ce soit vrai. Les capitaines restent dans le vague. Christophe, lui, joue à l'intéressant.

– Ne t'en fais pas. Dans deux semaines, tu vas sortir.

Avant, il me disait cinq jours, qui se sont transformés en une semaine, laquelle s'est, à son tour, transformée en deux semaines, puis en trois. Ou bien, comme s'il était investi d'un grand pouvoir, il me demande :

– Où veux-tu être libéré? Dis-moi où, mais il ne faut pas que ce soit trop loin d'ici.

– Comment veux-tu que je te dise où je veux être libéré pas trop loin d'ici, à partir du moment où je ne sais pas où je me trouve?

– Tu sais très bien dans quel quartier tu es! répond-il.

– Non, je n'en sais rien.

– Dis-moi la vérité. Je suis sûr qu tu sais.

– Je suis dans la banlieue sud de Beyrouth, ça, j'en suis sûr.

– Pourquoi?

– Parce que j'entends les avions.

– Mais tu sais avec précision?
– Non, pas avec précision. Et, de toute manière, Christophe, si je le savais, crois-tu que je te le dirais?
– Non.
– Donc, si tu es intelligent, tu ne dois pas me poser ce genre de question.
– Tu as raison, je ne dois pas.
Tête de mule, il insiste à nouveau :
– On va te libérer, mais dis-moi où? Veux-tu être libéré à Beyrouth-Ouest?
– Peux-tu me libérer près de chez moi?
– Ce n'est pas possible parce que ton quartier est contrôlé par le PSP et ils ont renfoncé la garde dans le secteur.
– Et près de l'hôtel Summerland, alors, qui se trouve sur le bord de mer?
– Non, là aussi, c'est le PSP. Il faut choisir un quartier qui ne soit pas contrôlé par le PSP ni par Amal, précise-t-il.
– Alors, je ne sais pas. Tous les quartiers de Beyrouth-Ouest sont contrôlés par l'un ou par l'autre. C'est stupide, ce que tu me dis.
– Non, moi, je sais où je vais te libérer. A Mazra.
L'avenue Mazra est une avenue qui traverse tout Beyrouth-Ouest. Je lui demande :
– Près de la télévision?
– Non, parce que c'est PSP.
– Où alors?
– A Berbir.
– C'est pas bien.
– Pourquoi?
– Parce que l'ambassade d'Iran n'est pas loin de Berbir, qu'il y a des hezbollahi et que je n'ai pas envie de tomber entre leurs mains.
– Tu as raison. Nous non plus, on ne veut pas que tu tombes entre leurs mains. Si tu tombes entre les mains du Jihad Islamique, on aura des problèmes. Si

on te libère, on ne veut pas que tu sois enlevé par un autre groupe. On veut que tu restes avec nous. Mais tu as peur du Hesbollah, du Jihad Islamique.

– Bien sûr, parce que c'est l'Iran et qu'ils détiennent des otages français depuis plus de deux ans.

– C'est vrai mais, nous, nous ne sommes pas du Hezbollah, ni du Jihad Islamique. On n'aime pas Khomeiny.

– Mais peut-être travaillez-vous avec Kadhafi... Peut-être allez-vous me tuer...

Il se met à rire et répond :

– On n'aime pas Kadhafi non plus, parce que c'est un fou.

Je n'ai pas, bien sûr, les moyens de vérifier s'il me dit la vérité. Je suis cependant convaincu de n'être pas entre les mains de gens qui sont uniquement Hezbollah. Ils sont de confessions différentes, et mes gardiens sont composés à la fois de Libanais musulmans et de Palestiniens. Je reste convaincu que je ne suis pas entre les mains du Jihad Islamique qui détient Carton, Fontaine, Kaufmann et Normandin si, toutefois, ils sont encore détenus. Ce que je ne sais pas.

Christophe revient à la charge :

– Il faut que tu sois libéré à Berbir, me dit-il.

– Mais Berbir, c'est sur la ligne de démarcation, c'est dangereux. Je ne peux même pas aller dans le secteur chrétien pendant la nuit.

– Ecoute, si tu ne veux pas qu'on te libère à Berbir, au lieu de l'être dans trois semaines, tu vas devoir attendre deux ou trois mois.

Je lui réponds alors :

– Après réflexion, je suis d'accord pour Berbir. J'ai une amie qui habite tout près. J'irai chez elle.

– D'accord. Alors, je vais dire au chef de te libérer à Berbir.

Toute cette conversation me met l'eau à la bouche. J'y crois d'autant plus qu'il ajoute :

– Le seul problème, c'est que le gouvernement

français veut qu'on te libère avant de rendre notre ami qui est en France. Nous, on n'a pas confiance dans le gouvernement français. On veut qu'il le libère d'abord. Peut-être vont-ils le relâcher dans deux semaines et, à ce moment-là, nous, on te libère une semaine plus tard.

Je doute qu'il me dise toute la vérité, mais je pense qu'il n'invente pas tout. A la différence des gardiens qui sont soit palestiniens, soit hezbollahi, Christophe est un Libanais qui n'appartient pas au parti Hezbollah parce que, dans ses conversations, il est évident qu'il aime l'Amérique. Il adore les films américains et il parle d'ailleurs l'anglais comme les Américains à la télé. Il parle toujours de l'argent, des femmes. Je pense qu'il est musulman libanais mais, telle que je connais la mentalité du pays, je suis convaincu qu'il n'est ni un intégriste islamique, ni un palestinien. Je suis sûr qu'il est marié, qu'il a une famille car il dit souvent : « J'ai été embauché pour un mois. Maintenant, cela fait deux mois et demi que tu es détenu. J'ai envie de rentrer dans ma famille. Alors, ça m'embête que tu ne sois pas libéré maintenant. » Il travaille avec les ravisseurs exclusivement pour l'argent.

Je devine que, parmi mes gardiens, il y a plusieurs confessions, plusieurs nationalités, plusieurs étiquettes politiques. J'en ai répéré un qui doit être intégriste. Il ne rate jamais sa prière et refuse de me parler. Pour lui, je suis un infidèle, un chien! C'est le seul qui me dira, un jour, en arabe : « La France, c'est pas bien. » Cependant entre eux, lorsque je les entends discuter, c'est toujours des bêtises, de films ou de nourriture. Rien d'intéressant.

Le 12 ou 13 mars, un autre otage est amené. Nous nous retrouvons à trois dans cet appartement. Le transfert s'est déroulé la nuit, mais je n'ai rien entendu. Ce n'est que le matin que je remarque qu'après moi et l'Anglais on conduit une troisième personne à la salle de bain. Les gardiens lui parlent en anglais. Je ne sais pas qui il est. On le place dans ce qui doit être le salon, face à la salle à manger où dort le gardien. La porte du salon n'est pas fermée à clef. Aussi le nouvel otage est-il enchaîné car j'entends un bruit de chaîne quand il marche de long en large dans sa cellule.

Le régime devient plus dur. Les repas sont irréguliers et, généralement plus mauvais par rapport à mon premier lieu de détention. Si la chambre est plus grande, il y fait cependant très froid. D'ailleurs, les gardiens m'informent que la montagne est couverte de neige. A tel point que les routes sont fermées. Ils m'affirment qu'il a neigé à Athènes, qu'en Europe, des gens sont morts à cause du froid.

Dans ma chambre, je passe mes journées sous les couvertures. Heureusement que j'ai pu conserver deux matelas et trois couvertures. Les gardiens sont étonnés de ma « richesse ».

– Mais pourquoi as-tu trois couvertures au lieu de deux?

– Parce qu'il fait froid.

– O.K. Comme ça, tu n'as pas froid?

– Non, ça va.

– Mais, tu as deux matelas? Pourquoi?

Un jour, l'un d'eux vient me demander si je peux lui prêter une de mes couvertures parce qu'il a froid.

– Non, je ne te la prête pas parce que je risque d'avoir froid et de tomber malade.

– Bon, mais tu sais, dit-il, demain, j'en aurai une autre et je te rendrai la tienne.

Je n'ai pas confiance. Il ne va pas me la rendre. Je refuse encore, car l'angoisse de tomber malade m'obsède. Pour obtenir la visite d'un médecin ou des médicaments, ils me feront attendre des jours et des jours. J'aurai cent fois le temps de mourir.

Je suis cependant d'une nature généreuse et le gardien parti, j'ai des remords. J'ai eu tort. Ce type-là, il a froid et, moi, j'ai trois couvertures.

J'aurais dû lui en donner une. Soudain, mes propres reproches me mettent en colère. Je ne vais quand même pas plaindre ces salopards. Ont-ils pitié de moi? Ils ont attenté à ma liberté, porté atteinte à ma vie, à ma santé, fait pleurer ma femme, mes parents. Alors pourquoi leur donnerais-je une couverture? Je n'ai rien à regretter.

Deux jours après, ils viennent chercher mon deuxième matelas sans, évidemment, me demander mon avis.

A cause du froid, je bouge le moins possible. Deux ou trois fois, j'annule mes exercices d'assouplissement et comme les coupures de courant sont très fréquentes, j'économise mes bougies en dormant au maximum. Parfois, je reste une journée sans lumière. Je suis assis sur mon matelas, dans le noir, sans rien voir, et me demande si je ne vais pas devenir fou. Je dois faire un effort pour ne pas hurler. Sous la porte, un interstice assez large me laisse deviner une faible lumière diffuse qui provient de la salle à manger où se tiennent les gardiens. Mais il suffit qu'ils ferment les persiennes pour se protéger du soleil, pour que je sois de nouveau plongé dans l'obscurité la plus totale. C'est terrible. Il m'arrive de perdre toute notion du temps pendant plusieurs instants, comme si je m'étais évanoui. Je ne sais plus où j'en suis. Heureusement, je n'ai pas cessé, chaque matin avant de faire ma gymnastique, de marquer les jours avec un trait sur le mur. Je me rends compte que je maigris, que ma peau pâlit et je deviens cadavérique à force de ne plus voir le soleil. Avec ma barbe, je ressemble à ces pauvres bougres qui croupissaient dans les oubliettes des châteaux forts au Moyen Age.

CHAPITRE IX

JE reste confiné entre quatre murs, 24 heures sur 24. En revanche, je connais un moyen de m'évader, pas très difficile à réaliser. Il suffit que mes gardiens acceptent de m'aider! Des livres, c'est en effet ce qui manque le plus. Grâce à eux, je pourrais « voyager » et « rencontrer » d'autres gens. Je ne verrai plus les parois uniformes de ma « cage » qui, parfois, dans mes rêves, se rapprochent au point de m'écraser. En arrivant dans cet appartement, j'ai découvert de nouveaux gardiens. L'un d'eux aime beaucoup parler.

– Apppelle-moi Omar, dit-il, dans un bon français.

Je suis surpris car peu de combattants ont appris notre langue.

– Connais-tu le Sud-Liban?

– Oui. L'été dernier, j'étais là-bas en reportage sur les combats entre Amal et les Casques Bleus français.

Il sourit et semble très intéressé.

– Où étais-tu, dans quel village es-tu allé?

– Maraké, Terdebba, Jouya...

– Oui, je connais. Les positions françaises s'appelaient *Primevère, Pervenche*, le reste j'ai oublié, et il éclate de rire.

Je comprends mieux pourquoi il se moque de moi.

S'il s'est battu dans le Sud contre les forces de l'ONU c'est qu'il est un milicien chiite d'Amal ou du Hezbollah. Il sait que j'ai compris et il en est fier. Il a tiré sur des Français et maintenant il en tient un sous la main. Pour lui, je suis un ennemi, mais il ne semble pas m'en tenir rigueur. Au contraire, ces « confidences » créent, je crois, un lien entre nous. J'en profite.

– Badak shi? (Tu veux quelque chose?) me demande-t-il.

– Badde Koutoub. (Je veux des livres.)

– Demain, je passerai les prendre au bureau.

Trois jours plus tard, Omar revient. « J'ai une surprise pour toi », dit-il. Il me lance une demi-douzaine de bouquins sur le sol.

– Anta Mabsout? (Tu es content?)

– Nahm li Hamdu Lillah. (Oui, grâce à Dieu!)

Il reste deux minutes, planté devant moi, à me regarder palper les livres et disparaît...

J'enlève mon bandeau et je regarde, ébahi, les trésors que j'ai entre les mains. Pagnol, Anatole France, Hitchcock. Omar ne s'est pas moqué de moi. Saisi d'une frénésie incontrôlable, je les dévore un à un sans m'arrêter.

La vie de Pagnol me rappelle mes vacances, l'été, dans le Midi, lorsque j'étais enfant. La « fraîcheur » de chaque ligne m'émeut. La *Rôtisserie de la reine Pédauque* d'Anatole France, me comble de bonheur. Je voyage avec ce moine non conformiste qui éduque le jeune héros du livre. En traversant la France, ils leur arrivent nombre d'aventures. C'est un livre empreint de philosophie, d'humour et d'esprit. J'aime beaucoup ce classique du XIXe siècle.

Les histoires d'Hitchcock me font frissonner. Sur *Bar the doors* (Barricadez-vous), le visage d'Alfred Hitchcock derrière les barreaux, occupe toute la couverture. Ces récits sont fabuleux. Je relis plusieurs fois certains d'entre eux. L'un raconte l'aventure d'un homme qui doit prendre un train à minuit.

Sur le quai, attend un individu en pardessus. Quand le héros s'approche de lui, il découvre son propre visage. Mort de peur il fuit à travers la campagne. L'autre le poursuit. Le personnage principal entre dans une maison où l'accueille un homme masqué. Il s'assoit à une table et ouvre un livre qu'il avait déjà lu lorsqu'il était enfant. Dans le bouquin, il tombe sur une gravure représentant le quai de la gare qu'il vient de fuir. L'homme masqué s'assied face à lui. Lentement, il retire les bandelettes qui recouvrent son visage. Avant qu'il ait fini de retirer la dernière, le héros devine qu'il va découvrir sa propre image. Il lui saute au cou et s'étrangle lui-même! J'aime beaucoup ce genre de récit et avant de m'endormir, j'y repense... et ils me font peur.

Mes journées sont vides. C'est terrible des journées entières à ne rien faire. Aussi, la lecture devient-elle indispensable. Même sans lunettes, ni verres de contact, j'éprouve le besoin de lire. Quand Omar vient me voir pour me remettre des livres, il me les tend un par un et me demande si je l'ai lu. Il me les tend comme s'il m'offrait un cadeau et devine ma joie. Il présente les bouquins, lentement, pour me faire saliver. Je suis heureux, et, même sans voir son visage, il sait que je suis fou de joie. Je vis le meilleur moment de toute ma détention, en découvrant chaque livre. Par hasard, je tombe sur *Roméo et Juliette* de Shakespeare écrit dans un anglais élisabéthain. Un lexique, en fin d'ouvrage, traduit heureusement en anglais moderne l'anglais classique.

Omar m'apporte cette vingtaine de livres quand l'électricité est allumée. J'ai de la chance car, sinon, je ne sais pas comment j'aurais pu attendre. Dès qu'il sort, j'enlève le bandeau et me jette frénétiquement sur chaque ouvrage. Je les feuillette, les touche, les tourne et retourne. Je ne connais ni tous les titres, ni tous les auteurs. Je les empile soigneusement, de la même manière que je rangerais ma bibliothèque dans mon salon.

Je suis très organisé. Ma cellule est propre et bien ordonnée. Je classe les livres, par choix, dans un coin, à côté d'un morceau de chandelle et d'une boîte d'allumettes à moitié vide. De l'autre côté du matelas, j'ai placé la bouteille d'eau de Cologne, les kleenex et l'assiette. C'est mon domaine. Comme le froid s'est atténué, j'ai transformé ma troisième couverture en tapis. Le gardien a très bien compris que c'est mon « territoire ». Pour rentrer dans mon périmètre, soit il se met à genou, soit il se déchausse avant de marcher sur la couverture. Un ou deux ne le font pas. Un matin je leur demande d'enlever leurs chaussures. Je nettoie tous les jours et je ne tiens pas à ce qu'on salisse. Peut-être me prennent-ils pour un fou, mais ils comprennent très bien qu'il faut respecter mon « intimité ».

En deux semaines, je dévore les vingt livres. Quand revient la lumière, je lis, même la nuit. En lisant, je m'évade. La lecture diminue l'énorme angoisse que j'ai en moi et je me sens, je ne dirai pas mieux, mais moins mal. A cause de ma myopie, pourtant, j'ai rapidement mal aux yeux et au bout d'un certain temps, à la tête. Encore une fois, je me force à la discipline. Je dois faire attention à ne pas abîmer mes yeux. Je dois aussi « économiser » mes livres, car je sais qu'ils ne m'en donneront pas souvent. Je me suis battu pendant des jours pour obtenir ces bouquins. Je les ai tous lus, même *Roméo et Juliette* qui me « barbe » parfois, mais dans lequel j'ai réussi à trouver des sentiments merveilleux et même de l'humour. En même temps, ce genre de livre m'angoisse. Il se termine par la mort de Roméo et de Juliette, poussés par le désespoir.

Marlène ne va-t-elle pas se suicider? Des images folles tournent dans ma tête; j'imagine que je suis libéré et qu'en arrivant en France, j'apprends qu'elle est morte. Je bâtis un scénario où j'arme un revolver pour me tirer une balle dans la tête. Je deviens fou. Je m'aperçois que ces idées suicidaires reviennent de plus en plus souvent. Elles s'immiscent insidieusement dans mon esprit, comme porte de sortie, comme solution à mes souffrances. Des récits comme *Roméo et Juliette* ajoutent à mon angoisse. Et, de dépit, je jette le livre à l'autre bout de la pièce.

Dans *Les Contemplations* de Victor Hugo, l'auteur parle de sa fille, Léopoldine, morte peu de temps après s'être mariée. C'est le grand drame de Victor Hugo. Il la pleure. Je suis oppressé par chaque phrase. Pourtant, je ne peux pas m'empêcher de lire ces *Contemplations* en entier. J'évite seulement les poèmes consacrés à Léopoldine. En revanche, je reste en admiration devant la perfection de *l'Ame en fleur* où il traite de la magie de la nature, de l'amour, où il parle des femmes qu'il a aimées et de Dieu. C'est sublime. J'apprends par cœur certains poèmes de Hugo :

« Je respire où tu palpites,
Tu sais; à quoi bon hélas!
Rester là si tu me quittes,
Et vivre si tu t'en vas? »

« Sans toi, toute la nature
N'est plus qu'un cachot fermé,
Où je vais à l'aventure,
Pâle et n'étant plus aimé. »

« Que ferai-je, seul, farouche,
Sans toi, du jour et des cieux,
De mes baisers sans ta bouche,
Et de mes pleurs sans tes yeux! »

Quand mes livres racontent des souvenirs d'auteur, je me remémore ceux de mon enfance; mais quand l'intrigue débouche sur la mort, je ramène la fiction à la réalité. C'est-à-dire à moi, otage à Beyrouth. Ce que je lis est imaginaire, mais je trouve toujours dans ces scénarii des analogies avec ma propre situation. Une belle chute, me transporte de bonheur. Une fin tragique me plonge dans un complet désarroi. Mon émotivité est exacerbée, au point que je vis les peines et les drames avec une passion plus forte que le héros du livre.

Terminer un livre, c'est me retrouver face à mon calvaire, devant ce cauchemar qui, au fil des jours se transforme en enfer. A chaque fois, j'ai la larme à l'œil quand j'arrive à la fin d'un roman. Je compte le nombre de pages qu'il me reste et je lis lentement les derniers paragraphes pour reculer le plus longtemps possible le retour à la réalité.

Je doute en effet des informations que me donne Christophe. Je me demande combien de temps je vais être détenu. Quand donc finira cette nuit? Dans ma cellule, c'est toujours la nuit, 24 heures sur 24. Je comprends mieux ce qu'écrivaient les otages dans leurs lettres et que nous, journalistes, nous lisions d'un œil professionnel, froid. Je sais maintenant ce qu'ils subissent. Aujourd'hui, que je suis victime et acteur, je ressens comme les autres otages la détresse des hommes déchus. Je me persuade que ça pourrait être pire. Je ne dois pas me plaindre. Eux sont peut-être battus, alors que moi je ne le suis pas. Je cherche à tout prix à minimiser ma situation. Je perds la tête, car l'obsession de tomber malade revient plusieurs fois par jour.

Je sais que Michel Seurat est probablement mort d'une défaillance cardiaque. Buckley est mort d'une pneumonie. Si j'ai une crise d'appendicite, ils ne vont jamais me soigner et j'en mourrai. J'en deviens parano. Si je ne me couvre pas bien, je peux attraper un rhume, mais aussi une otite ou une grippe. Et d'une grippe mal soignée, on en meurt!

Il ne se passe pas un jour sans qu'à un moment, je décroche, et ne pense au suicide. J'essaie d'imaginer comment je pourrais y parvenir avec une cuillère en fer? Je pourrais aussi me couper les veines avec la vitre de ma porte-fenêtre. J'ai besoin d'informations concrètes pour garder l'espoir, sinon je me laisse aller. Le fait de vouloir me battre pour mes proches, pour la femme que j'aime, n'est plus suffisant. Pourquoi Christophe ne revient-il pas me voir? On est au mois d'avril : pourquoi ne suis-je pas libéré?

Je n'ai plus rien à lire. J'ai relu chaque ouvrage trois à quatre fois, de la première à la dernière page. J'ai même regardé attentivement, si, dans un coin, je ne voyais pas, non pas un message, mais un petit mot, un nom ou un signe écrit par un autre otage. Je n'ai rien trouvé. De toute manière, avant de me remettre les livres, ils prennent leurs précautions. Ils feuillettent page par page chaque bouquin pour voir s'il ne comporte rien d'anormal. Ils ne veulent pas me donner certains livres, sans doute parce que je pourrais y trouver des indications. Quand j'annonce que j'ai fini un tome, ils me l'arrachent très vite, comme s'ils craignaient que j'écrive dessus. Je pense qu'ils en ont besoin pour d'autres prisonniers. J'ai entendu qu'ils proposent également des livres à l'otage qui se trouve dans la pièce voisine. Quand je demande un nouveau, ils vont le chercher à côté. Et vice versa. C'est au cours d'une de ces rotations que je tombe sur une Bible en Livre de Poche, écrite en anglais ancien. J'en suis surpris. Je ressentais le besoin de combler mes lacunes sur le plan religieux et paradoxalement je n'osais pas demander ce livre. Le fait qu'on me l'ait amené n'est pas un hasard, mais un signe du ciel. Grâce au lexique de *Roméo et Juliette*, je dévore l'ancien et le nouveau testament. Je commence enfin à y voir plus clair. Je comprends mieux les différences entre les deux.

Dans l'ancien, le Seigneur et Dieu, c'est la même chose. Dans le nouveau, le Seigneur c'est Jésus-Christ, le fils de Dieu. A travers les psaumes de David, je découvre la religion.

« *Celui qui va vers Dieu, qui prie Dieu, se trouvera sous la protection du Seigneur... Dieu le protégera de tous les dangers. Tu n'auras pas peur de la flèche qui vole à travers la nuit, de la " peste " qui surgit dans l'obscurité... Mille hommes tomberont à " ta main droite ", dix mille autres " tomberont autour de toi ", mais toi tu seras épargné parce que tu as fait du Tout-Puissant ton protecteur...* »

Ce psaume 91, je l'apprends par cœur. Et dans chaque moment de désespoir je le réciterai à haute voix pour me réconforter. La Bible sur les genoux, les yeux dans le vague, je cherche dans mon passé à quels moments j'ai approché le domaine spirituel. Ils sont rares. Il faut que je remonte à l'époque où j'étais étudiant. Un été, venu à Cavaillon pour gagner un peu d'argent, j'errais dans la ville à la nuit tombée à la recherche d'un hôtel pas cher, ou d'une paroisse où je pourrais trouver une chambre libre. J'avais demandé s'il existait une église dans le coin à une vieille dame qui coupait de l'herbe pour ses lapins sur le bord de la route. Elle m'avait examiné des pieds à la tête, tout en me posant de nombreuses questions. Convaincue de mes bonnes intentions, elle m'avait emmené à l'église. Mais le curé n'était pas là.

– Venez chez moi, m'avait-elle proposé. J'habite au dernier étage, mais au rez-de-chaussée, un petit studio est libre. J'y mets simplement des boîtes de conserve et quelques dossiers. Vous pouvez rester là. Je vous trouverai même du travail au marché-gare.

J'avais refusé. Elle avait insisté. Elle se faisait appeler Mademoiselle Elise et était l'ancienne directrice d'une école religieuse privée de Marseille. Elle était à la retraite, mais à près de 80 ans, elle paraissait encore très dynamique. Grâce à elle, j'avais trouvé du travail. Pendant tout un été, j'ai déchargé de cinq heures à huit heures du matin des cageots de primeurs. C'était très bien payé. Je gagnais l'équivalent d'une journée de travail dans une banque en travaillant moitié moins de temps. En échange du gîte, j'étais tenu à une seule contrainte : Mademoiselle Elise me demandait de lui lire le soir quelques passages d'un livre de catéchisme sous le saule-pleureur. C'était le genre de livre qui m'ennuyait énormément, mais je me pliais à cette tâche. C'est le seul moment de ma vie où j'avais eu un petit aperçu de la religion chrétienne.

En lisant la Bible, je pense à Mademoiselle Elise.

Mais, cette Bible, comment peut-elle m'aider? C'est écrit noir sur blanc : la base de la religion chrétienne est le pardon. Pardonner à autrui le mal qu'il nous a fait pour que Dieu accepte de nous pardonner. Ne pas douter : se persuader qu'on obtiendra ce qu'on demande à Dieu pour qu'il nous le donne. Je perçois ces deux principes de base à travers ma lecture, acharné en un véritable travail scolaire pour traduire l'anglais ancien. Ils deviennent naturellement ma ligne de conduite. Je pardonne à ceux qui m'ont fait du mal, à ceux qui m'ont offensé. Je m'efforce de ne pas les haïr, sans pour cela les aimer.

« Aimez-vous les uns les autres », d'accord, mais ça ne veut pas dire qu'il faut être ami, avec celui qui vous fait du mal. Je lis et relis cette Bible des dizaines de fois. Je repère en cornant les feuilles un passage où Jésus-Christ dit : « Dieu est comme le père à qui son fils demande du pain. Le père ne lui donnera pas une pierre; à qui son fils demande du poisson, le père ne lui donnera pas un serpent. Si le père peut faire ça à son fils, sachez que Dieu peut encore plus, car Dieu est le père de tous, il est tout-puissant et bon. »

C'est un pasage que je lis plusieurs fois par jour. Si on pardonne à autrui, Dieu nous pardonnera. Il me protégera, m'aidera et fera en sorte que je sois libéré sain et sauf. Dans ma prière, je ne connaissais que « Notre Père qui êtes aux cieux que votre nom soit sanctifié. » Pourquoi? Tout simplement parce que je connaissais le poème de Prévert : « Notre Père qui êtes aux cieux, restez-y et nous serons tranquilles sur Terre. » Quant j'étais étudiant, on se moquait de tout, et de Dieu. Mais je rends grâce à Prévert : il me permet d'approcher ce qu'est le *Pater Noster,* le *Notre Père*, que je n'ai jamais appris. Grâce au poète de l'anticonformisme, je parviens très bien à traduire les deux premières phrases, mais pour le reste, je n'arrive pas à trouver le sens exact en français. Alors je l'apprends en anglais. Trois fois par jour, après les repas, je commence le *Notre Père* en français et je le termine en anglais.

Je pardonne à mes ravisseurs et demande aide et protection. Je corne une autre page où il est écrit qu'un jour Jésus-Christ passe devant un arbre avec ses apôtres. Il aimerait prendre un fruit sur cet arbre, mais l'arbre n'a presque pas de fruits. Jésus se fâche et dit : « Arbre, que tes branches soient sèches à jamais et que jamais plus tu ne donnes de fruits. » Le lendemain, Jésus repasse devant cet arbre avec ses apôtres et l'un d'entre eux lui fait remarquer que l'arbre est totalement desséché. Jésus dit alors : « L'homme peut faire bouger des montagnes; celui qui ne doute pas et qui dit " montagne brise-toi dans la mer ", verra la montagne se briser dans les flots. Celui qui ne doute pas, aura ce qu'il demande au Seigneur. Mais sachez qu'avant de demander ce que vous voulez au Seigneur, vous devez pardonner à autrui et ne pas douter que vous obtiendrez ce que vous avez demandé. »

Ma prière repose sur ce principe de base de la religion chrétienne. Jusqu'au dernier jour de ma captivité, je vais devoir, à chaque seconde, à chaque minute, faire un effort pour ne pas douter que je serai bientôt libre, sain et sauf. C'est ce que je demande dans mes prières et je ne dois pas en douter.

Je sais qu'il ne faut pas tenter le Seigneur. Je ne peux pas demander à Dieu de me protéger si je saute du haut d'un immeuble. En revanche, je demande au Seigneur que les circonstances puissent êtres réunies pour que je puisse m'évader. Et ces circonstances totalement exceptionnelles vont être réunies.

La dernière fois où Christophe est venu au mois d'avril, il m'a demandé de lui remettre ma chaîne avec la croix et la médaille de saint Christophe. Il voulait un cadeau de moi. J'ai refusé, c'était un cadeau de ma femme et de ma mère. Il était vexé. « Je croyais que tu étais mon ami... » m'a-t-il dit. Et il est parti. Deux semaines après, j'ai demandé aux gardiens pourquoi Christophe ne venait plus me voir. Ils m'ont répondu : « Il est mort sous un bombardement. » Je n'ai pas cru à ce qu'ils disaient, mais j'ai compris que sa mission était terminée auprès de moi. Christophe était la seule personne qui me donnait des informations. Depuis, je suis complètement désespéré. Je n'ai plus rien à quoi me raccrocher. Il m'avait donné un délai d'un mois pour qu'aboutisse la négociation. Ce délai est dépassé depuis longtemps. Il faut que je m'en sorte par moi-même. Un jour ou l'autre, les circonstances vont être réunies, l'occasion se présentera et je ne dois pas la rater, je dois la saisir. Je passe des journées à épier le moindre bruit, la moindre parole pour savoir exactement à quelle heure se déroule le changement de gardien. J'imagine la disposition des lieux et je relève minutieusement les habitudes des gardiens.

C'est humain. Au moins un d'entre eux va bien commettre une erreur un jour. Dans mon coin, j'envisage toutes les hypothèses, et notamment celle du gardien ouvrant la porte, sans arme, alors que son copain est descendu chercher à manger. La porte-fenêtre a trois battants. Ce n'est pas possible que je ne puisse pas l'ouvrir. Je vais, je dois trouver le moyen.

Les Orientaux sont incapables d'être disciplinés; de respecter un règlement, des horaires, des consignes. Mes gardiens sont trop paresseux pour ne pas commettre une erreur. Je dois être prêt. J'arrive à la conclusion que si je m'évade, ça ne sera pas par la force, mais par la ruse.

Fin avril, un des « masroul » (capitaine) vient me voir. Il me demande si j'ai besoin de quelque chose. Je souhaite écrire une deuxième lettre à ma femme, une autre au gouvernement français et une à mon père. Il me demande si je désire autre chose. Comme depuis que je suis captif, je perds mes cheveux, je veux qu'on me les coupe très courts, et qu'on me donne un shampooing anti-pelliculaire Ultrex. Il est d'accord. Je suis étonné qu'il accepte aussi facilement. « Cet après-midi, tu auras du papier et un crayon. Le shampooing, demain! » dit-il. Quelle rapidité d'exécution! Je comprends où il veut en venir quand il ajoute : « Je t'ai donné ce que tu voulais. A présent, je voudrais que tu collabores avec nous. Je vais te remettre un questionnaire avec trois questions en anglais. Tu répondras sincèrement à ces questions dans la même langue. »

– Tous les matins, mes amis reprendront le questionnaire. Ça va durer une dizaine de jours. Es-tu d'accord? O.K.

Sur ce, ils me donnent les trois premières questions. Elles seront suivies de beaucoup d'autres, du style : « Qu'est-ce qu'un journaliste? Qu'est-ce qu'une source d'information? Quelles sont les différentes sources d'information des journalistes? Quelle différence entre la presse écrite et la presse télévisée? Quelles sont vos sources d'information au Liban? » Je leur en mets une « tartine ». D'abord parce que ça me fait passer le temps. Ensuite, parce que je m'amuse à l'idée qu'ils ne vont pas tout comprendre. « Donnez-moi la définition d'une information? » Je réponds par une véritable dissertation, avec un tas d'exemples. J'imagine le traducteur s'évertuant à résumer le tout pour ses chefs. Si je lis des questions qui me font rire, je trouve que d'autres ne sont pas très drôles : « Avec quels services de Renseignement travaillez-vous? Quels sont les contacts que vous avez avec les services de Renseignement? »

Tant qu'ils me demandaient, dans les premiers questionnaires, « Pour quelle maison travaillez-vous? » ou « Combien y a-t-il de journalistes dans l'entreprise pour laquelle vous travaillez? », tout allait bien. Avec la question « Avec quels services de Renseignement travaillez-vous? », le jeu devient plus serré. Je comprends que toutes les questions précédentes avaient peu d'importance. Je réponds : « Je suis un journaliste, pas un espion et je n'ai aucun contact avec un service de Renseignement quelconque. » « Donnez-nous les noms, prénoms et numéros de téléphone des agents de Renseignement avec lesquels vous êtes en contact? Que leur donnez-vous et que vous donnent-ils en échange? » Réponse : « Je ne connais pas d'agent de Renseignement. » Toutes les questions sont, en fait, incluses dans un questionnaire modèle qu'ils donnent à tous les otages. Je sais d'ailleurs qu'ils l'ont remis à l'otage anglais, parce qu'un jour je retrouve les questions de la veille. Le gardien a interverti les questions avec celles de la chambre voisine! C'est là que j'ai la confirmation que l'otage anglais a été enlevé à peu près en même temps que moi. Je réponds aux questions, mais personne ne me coupe les cheveux et j'attends toujours le shampooing, du papier et un stylo pour écrire mes lettres. Je décide de faire du chantage. Je ne réponds plus aux questions. Un gardien me demande pourquoi. « Bad choai » (Après!). Quand je leur demande de prendre une douche ou d'aller aux toilettes, ils me disent « Bad choai ». Je fais donc comme eux. Le gardien comprend, puisque je l'entends rire. C'est du chantage, mais il ne peut pas me forcer à répondre. Je fais du chantage, et ça marche! Ils m'emmènent à la douche, me donnent du shampooing, ils permettent que j'écrive des lettres. A propos du shampooing, le gardien se plaint. Il a couru dans quatre pharmacies pour trouver un flacon d'Ultrex qui coûte une fortune, à cause de la livre libanaise qui ne cesse de dégringoler. Mon shampooing équivaut à un mois de salaire d'un employé de l'administration! Preuve qu'ils ont de l'argent.

Ils me donnent une double feuille de cahier d'écolier pour tout courrier. J'écris d'abord à Marlène sensiblement la même chose que dans ma première lettre. Je lui répète qu'elle doit garder courage, que je tiens le coup et que je ne suis pas maltraité. Je conclus en lui demandant de ne jamais perdre espoir. Ils m'ont averti : pas de sujet politique, ni de renseignement sur eux. Ils liront la lettre.

A mes parents, j'envoie les mêmes mots d'encouragement. Mais je leur demande surtout de prendre contact avec le gouvernement, afin d'accélérer les négociations.

J'adresse la troisième lettre à l'ambassade de France, en priant l'ambassadeur de bien vouloir transmettre celle-ci au gouvernement français. Je commence en lui disant que je ne perds pas espoir, que j'ai totalement confiance dans les autorités françaises et que je suis certain qu'elles négocient pour moi comme pour les autres otages. Je veux simplement leur faire remarquer que mon « affaire » est certainement différente et je leur demande d'accélérer les tractations en vue d'obtenir ma libération et de satisfaire les exigences de mes ravisseurs. Exigences qui, je crois, sont moins grandes que celles concernant les otages détenus depuis deux ans. Je termine en disant que je suis conscient d'avoir une responsabilité dans mon enlèvement en étant resté à Beyrouth.

Les lettres écrites et déposées, comme ils me le font croire, à l'agence Reuter, je suis prêt à répondre à nouveau à ce fameux questionnaire. Au rythme de trois par jour, les questions se succèdent.

« Quel est le budget de RTL? » Evidemment, je

l'ignore. « Quelles sont les pressions du gouvernement français sur RTL? » Je leur précise que le gouvernement français n'exerce aucune pression. RTL est indépendant. C'est une radio privée et non d'Etat. Le lendemain, la question revient, sous une forme différente : « Quels sont les moyens de pression que peut exercer le gouvernement? » Je réponds par les mêmes phrases. « Quels sont les leaders que vous avez rencontrés au Liban? » Je leur donne les noms facilement. La liste comprend tous les leaders libanais et palestiniens.

Entre-temps, un gardien est venu me demander : « Qui préfères-tu, Arafat ou Abou Moussa? » Je n'ai aucune préférence! Abou Moussa est un leader palestinien pro-syrien, dissident de l'OLP commandée par Yasser Arafat. Je ne prends pas partie. Pour moi, ce sont deux leaders palestiniens. C'est tout. Mon gardien repart. Il n'est pas davantage fixé sur ma préférence – je n'en ai d'ailleurs pas – mais il est content. J'ai répondu à sa question. Pendant les trois semaines que dure le questionnaire, un homme que je ne verrai qu'une fois, me rend visite. Il parle parfaitement le français. Il utilise même des mots d'argot parisien. « Est-ce que la " bouffe " est bonne ici? » demande-t-il. Puis il prend une chaise et s'assoit. Il a du papier et un crayon. Moi, je suis assis en tailleur sur mon matelas comme d'habitude. Et il commence :

– Comment tu vas? Bien? Ça te fait plaisir de parler avec moi?

– Bien sûr, je suis tout seul toute la journée, ça me fait plaisir de parler.

– Tu es un prisonnier. Comme tous les prisonniers, si tu acceptes de dire ce que nous voulons savoir, si tu acceptes de discuter avec nous, tu peux faciliter ta libération. Est-ce que tu comprends ce que je veux dire?

– C'est faux ce que tu dis. Je ne suis pas un

prisonnier. Je suis un otage. Un prisonnier c'est quelqu'un qui est accusé d'un délit par ceux qui le gardent. Ça peut être un combattant, un de vos ennemis. Je ne suis pas un combattant, je ne suis pas un espion, je ne suis pas un militaire et je ne suis pas un de vos ennemis. Vous me détenez parce que vous demandez quelque chose à mon pays, uniquement parce que je suis français. Donc, je n'ai rien à vous dire, je n'ai aucune information à vous révéler, je ne peux pas faciliter ma libération. Ma libération dépend uniquement de ce que la France vous donnera, de la satisfaction de vos exigences envers mon gouvernement.

– Oui, oui, c'est vrai ce que tu dis...

Ce que je viens de lui dire le met visiblement dans l'embarras.

– Mais, quand même, c'est mieux si tu réponds à mes questions.

– OK. Je n'ai rien à cacher et ça me fait plaisir de te parler, donc je suis prêt à te répondre.

– Comment es-tu ici, c'est bien, la bouffe est bonne? demande-t-il encore pour détendre l'atmosphère.

– Oui, ça va, la bouffe est bonne.

– Je vois que tu as du pain.

– On vient de m'apporter à manger.

– Tu aimes le pain arabe?

– J'adore le pain arabe.

– Je croyais que les Français n'aimaient que les baguettes et les ficelles.

– J'aimc bien la baguette, mais j'aime le pain arabe. Dis-moi, tu connais bien la France, toi?

– Un peu.

– Tu parles bien le français.

– Ça va.

– Tu es allé en France?

– Non, non, je ne suis pas allé en France.

– Mais comment tu connais la « bouffe », la « baguette »...?

– Je connais parce que j'avais une amie, une copine française qui est au Liban.

Visiblement, il ne veut pas en dire plus.

– Tu vas maintenant me raconter toute ta vie depuis que tu es né. Vas-y.

J'éclate de rire.

– Comment veux-tu que je te raconte toute ma vie? Pose-moi des questions.

– Raconte-moi ce que tu veux, tout ce que tu veux, dans quelle ville es-tu né? As-tu des frères et sœurs, dans quelle école as-tu étudié?

Parler en français me fait plaisir. Alors, je lui raconte tout. Que je suis né le 11 janvier 1956 à Roubaix, une petite ville du Nord de la France. J'ai suivi des cours dans telle école, qui se situait dans telle rue. Il note, tout... Visiblement, ce que je lui raconte ne l'intéresse pas, mais il attend certains détails. Il me relance :

– Tu as combien de frères et sœurs?

Il note le nom de mes frères et sœurs.

– Que font tes frères et sœurs?

Il note le métier.

– Quelles études as-tu faites et dans quel lycée?

Il écrit toujours.

– As-tu fait l'armée?

– Non.

– As-tu voyagé, dans quels pays, es-tu marié?

J'avais fait croire, dès le début, que j'étais marié pour qu'ils envoient mes lettres.

– Quand t'es-tu marié?

Je suis obligé de donner une date fictive.

– Je me suis marié il y a peu de temps, durant l'été 1986.

– Au mois de juillet?

– Oui, au mois de juillet en France.

– Tu étais déjà allé au mois de mai en France?

– Oui.

– Et au mois de juin, tu es allé en Syrie?

– Oui.
– Il faut le dire.
Je me rends compte qu'il connaît mon emploi du temps depuis sept mois au moins avant mon enlèvement.
– D'où est ta femme, quelle ville? Elle est étudiante aux Beaux-Arts?
– Oui.
– A côté de ton appartement?
– Oui.
Visiblement, il sait tout. L'entretien s'arrête là. Il n'a duré qu'une demi-heure. Avant qu'il ne me quitte, je lui demande :
– Sais-tu quand je serai libéré?
– Non, je n'en sais rien.
– Quelles sont vos exigences?
– Je ne peux pas te dire, mais ce n'est pas de l'argent. Ne t'inquiète pas. C'est au niveau politique, mais je ne peux t'en dire plus.
Puis il part. Après cette visite, je prends conscience que ma situation est beaucoup plus compliquée que je ne le pensais. Cet inconnu affirme que son organisation ne veut pas d'argent. Comment le croire? C'est peut-être une rançon qu'ils demandent au gouvernement français contre ma libération? Si c'est le cas : est-ce que le gouvernement va payer? Un jour, Christophe m'a posé la question. Je lui ai répondu qu'il ne paierait pas. Des exigences politiques, oui, mais pas une rançon. Je ne voyais pas ce qu'ils pouvaient exiger au niveau politique : la libération d'un des leurs? Je finis par m'inquiéter sérieusement : pourquoi suis-je en fait encore détenu? Pourquoi est-ce que l'Organisation de Libération de la Palestine n'a pas intercédé en ma faveur? Je sais que l'OLP est intervenue pour la libération d'Aurel Cornéa. Pourquoi pas pour moi? Peut-être que Jean-Louis Normandin a été libéré, ou que Kaufmann, Fontaine ou Carton l'ont été

aussi? Et que bientôt ce sera mon tour? Je n'en sais rien...

Depuis presque cinq mois, je suis détenu et je ne vois pas le bout du tunnel. Existe-t-il un lien entre mes ravisseurs et les ravisseurs des autres otages? Mystère.

CHAPITRE X

DEPUIS le début mai, le temps s'est réchauffé. C'est le printemps, accompagné des premières chaleurs. Même si ma cellule est une grande pièce, l'air ne se renouvelle guère, faute d'aération. La porte est toujours fermée, la porte-fenêtre de la chambre est aveuglée par un panneau et il n'y a aucune ventilation. Parfois, j'arrête ma gymnastique parce que je n'arrive plus à respirer normalement. Toute la journée, je reste torse nu. J'ai l'impression d'étouffer par manque d'oxygène. La nuit, il fait moins chaud. Mais le jour, je vis dans une fournaise. Je déplie une couverture sur le carrelage, près de la porte, et je m'allonge pour respirer l'air qui passe sous la porte. Je reste allongé des heures, la bouche ouverte. Quand la porte s'ouvre, j'ai l'impression de respirer une bouffée d'air frais. C'est terrible. Je demande parfois aux gardiens de laisser la porte ouverte cinq minutes. Ils commençaient par accepter, mais en général ils la ferment au bout d'une minute, parce que ça les ennuie. Ils sont obligés d'être sur leurs gardes, puisque je ne suis pas enchaîné.

Dès qu'ils ont fermé la porte, je manque déjà d'air au bout de dix minutes. Mais le 2 mai, un miracle se produit. Wallid, le « petit chef », qui a dirigé mon enlèvement et qui ne parle qu'arabe, entre dans la pièce. Il porte à la main un sac, duquel s'échappent des bruits d'outils. Il se met littéralement à défoncer le mur qui donne sur la terrasse. Je la devine car j'entends parfois les gardiens prendre l'air sur ce qui semble être un balcon. A coups de marteau, il fait un trou au-dessus du sol, à côté de la porte-fenêtre. Je regarde en biais, par-dessus mon bandeau, Wallid qui travaille à genoux. Il a les cheveux courts, ne porte ni moustache, ni barbe et présente un visage avec des joues un peu rondes, qui me fait penser à un potiron. Pour 1,70 m, il est très costaud et doit avoir 35 ans environ.

Pendant qu'il abat le mur, un autre gardien, non armé, qui reste debout derrière lui, commente le travail. Un troisième gardien se trouve dans la pièce d'à côté à proximité d'un pistolet-mitrailleur. Ils n'ont pas besoin d'être en permanence armés. Je suis faible et j'ignore la disposition exacte des lieux. Ils savent très bien que si je tentais quoi que ce soit, ils pourraient me maîtriser facilement. Le gardien qui se tient derrière Wallid sort parfois sur la terrasse pour voir si le trou est correct. Pendant ce temps, j'en profite pour regarder. Une fois le mur percé, un rayon de soleil entre dans la chambre. J'ai l'impression, à travers ce rayon, d'avoir le soleil entier qui pénètre dans la pièce. Je suis fou de joie. Pour la première fois depuis cinq mois, je vois la lumière du jour. Quand Wallid sort pour chercher d'autres outils, j'en profite pour regarder à travers le trou. Je ne vois qu'une terrasse illuminée de soleil. Je ne peux même pas voir le ciel ou les immeubles alentour. Ils ont disposé un canapé-lit face au trou pour boucher la vue. Mais cette terrasse garde pour moi un parfum de liberté. Je regagne ma place sur mon matelas en quatre enjambées. Wallid revient... avec un ventilateur en fer. Il s'approche de moi et me dit :

– Regarde ce qu'on t'a ramené, c'est un ventilateur. Tu es content?

– Bien sûr, il va y avoir de l'air.

– Oui, parce qu'il va faire chaud maintenant. Je vais le fixer au mur.

Il recouvre le trou de ciment, il casse des bouteilles et met quelques tessons dans le ciment, disposant le ventilateur dans le milieu. Du côté chambre, il dispose un grillage qu'il fixe sur des plaques vissées dans le mur. Je demande à « Fada » – un des gardiens que j'ai surnommé ainsi parce qu'il est un peu fou – de traduire à Wallid mes questions.

– Demande-lui s'il y a du nouveau pour moi?

– C'est mon chef, je ne peux pas demander.

Fada est, dans un autre genre, aussi fou que Frankenstein. Voilà que maintenant, il tremble de peur. Je demande moi-même, dans un mauvais arabe, s'il y a du nouveau avec l'ambassade de France.

– Mon chef ne m'a rien dit, répond Wallid. Mais j'ai lu dans les journaux que le Président Mitterrand est d'accord pour libérer les prisonniers arabes contre les otages français.

(Je pense à Naccache, Garabidjian et Abdallah.)

– C'est bien pour toi... Cela veut dire que Mitterrand est d'accord.

– Mais, au mois de février, tu m'as dit que Mitterrand disait non et Chirac oui.

– Non, maintenant Mitterrand dit oui, Chirac dit oui.

Il ne précise pas s'il s'agit de ma libération. Il dit « des » otages français.

– C'est tout ce que je sais. Le chef ne m'a rien dit. Je l'ai lu dans les journaux et je l'ai entendu à la télévision.

Je reprends espoir en entendant ces paroles. Comme aujourd'hui, il semble disposé à parler, je lui demande encore :

– Mes lettres ont-elles été données à ma femme?

– Oui, on les a mises dans la boîte aux lettres de l'agence Reuter.

– Je voudrais des nouvelles de ma femme.

– J'ai vu ta femme, elle va bien. Elle était avec une amie, près de ton appartement. Tu ne dois pas t'inquiéter. Les lettres ont été données.

Quand je serai libéré, j'apprendrai que jamais il n'a vu ma femme et que les lettres n'ont jamais été données. Il me mentait pour avoir la paix et me calmer.

Comme il a l'air de parler sérieusement, je crois totalement ce qu'il me raconte. Je reprends espoir. Mitterrand va peut-être libérer les terroristes arabes prisonniers en France. Marlène tient le coup et je vais pouvoir respirer grâce à ce ventilateur dans ma cellule.

Wallid termine la mise en place du ventilateur et quitte la chambre. Je l'entends entrer dans la chambre de l'autre otage. D'après les coups de burin, ils doivent disposer aussi un ventilateur. La terrasse court donc le long de deux pièces. Ma chambre et le salon habité par les gardiens se trouvent sur le même côté de l'appartement. De l'autre, existent une chambre et une salle à manger, transformée en cellule pour un otage.

Je regarde par le trou de la serrure. Je vois dans la chambre d'en face, par la porte restée ouverte, l'otage assis sur un tabouret en plastique. Il est vêtu d'un pyjama rayé. Il a les cheveux coupés très court et une longue barbe grise. Grand, au moins 1,80 mètre, il paraît très amaigri. Il tient un bouquin dans les mains. Il est assis, sans rien dire, sur un tabouret placé dans le prolongement de ma porte. C'est pourquoi je le vois parfaitement. D'après les traits de son visage et la couleur de sa barbe, je lui donne une cinquantaine d'années. Je l'entends parler en anglais, avec une voix très forte. Jusqu'à présent, je pensais que c'était Terry Waite. Maintenant, j'en doute. Waite pèse une centaine de kilos. Je m'en souviens très bien. Là, je vois un type qui fait à peine soixante-dix kilos! C'est peut-être un Anglais enlevé après moi, ou un Canadien. Qui est cet otage? Est-ce

Terry Waite? Non, ce ne peut être lui, il est trop maigre.

C'est pourtant bien l'émissaire de l'Eglise anglicane, j'en aurai la confirmation plus tard, mais je me refuse à l'évidence. Sinon, cela signifie que je suis dans la même affaire que les autres otages français et américains. Je ne veux pas y penser. Des paroles de Wallid me reviennent cependant en mémoire : Mitterrand est d'accord pour libérer les terroristes dont la libération est demandée par le Jihad Islamique et l'OJR, il ne me précise pas ces deux derniers noms, mais il dit que c'est contre les otages français en général. Pourquoi me parle-t-il de ça? Je suis donc dans la même situation qu'eux.

Une autre chose me revient en mémoire : un jour je demande, en février, à Christophe si je suis le seul otage à échanger contre « le frère du chef ». « Oui », m'assure-t-il. Pourtant, Terry Waite a été enlevé! Christophe a été surpris : « Comment es-tu au courant? » « J'ai entendu un flash à la radio. » Il paraissait ennuyé que je sache que Waite était, peut-être, entre leurs mains.

Alors, suis-je détenu par les mêmes groupes qui détiennent les autres otages français, c'est-à-dire les groupes pro-iraniens qui obéissent aux ordres de Téhéran. Les paroles, qui me paraissaient anodines, prononcées par Christophe, prennent une autre signification. Un jour, je lui avais demandé des nouvelles du monde. Il m'en avait donné trois :

– Le chef de la CIA avait démissionné à cause de l'Irangate;

– Le conflit Iran-Irak redoublait d'intensité;

– Georges Ibrahim Abdallah avait été condamné à la prison à perpétuité en France.

Trois éléments liés à l'Iran! Ce qui expliquerait que je sois encore détenu. C'est sûr, les responsables m'ont menti. Pourquoi ai-je été aussi naïf? Pourquoi ai-je cru à ce qu'ils disaient? Uniquement parce que, dès les premiers jours, je me suis rendu compte que parmi les gens qui m'avaient enlevé se trouvaient des Druzes et des Palestiniens.

Nous, journalistes, avons toujours été persuadés que les gens qui enlevaient des otages étaient tous des intégristes islamiques, barbus, fanatiques, qui n'aimaient pas la France, qui priaient et parlaient de l'Iran et du Coran toute la journée. En fait, ce schéma simpliste ne colle pas à la réalité. Mes gardiens, dans leur majorité, ne sont pas des fanatiques islamiques, ou du moins s'ils le sont, ils ne le montrent pas. Parmi eux, j'ai trouvé des Druzes, des Palestiniens et, bien sûr, des Libanais. Parmi ces derniers, il y a des intégristes islamiques, chiites et probablement sunnites. Beaucoup prient et sont très croyants. Tandis que d'autres ne prient jamais. C'est le contraire de l'image que la presse, et moi-même, nous nous faisions des ravisseurs.

Ce sont, en fait, des « professionnels » de l'enlèvement, motivés par l'argent et un combat politico-religieux. Dans les conversations que j'ai avec mes gardiens, je sens qu'ils sont très politisés. Ils sont, sans aucun doute, contre les chrétiens libanais et Amin Gemayel, très favorables au PSP de Jumblatt et aux Palestiniens, et ne s'opposent pas à l'Iran. Ils ne m'ont jamais dit de mal de l'Iran, mais critiquent la Libye et la Syrie.

J'ai tout de même un début de réponse aux questions que je me pose. Je ne peux pas imaginer qu'il n'y a pas de progrès dans les négociations pour notre libération. Lorsque Cornéa a été libéré, avant que je sois enlevé, on était pratiquement certain que Normandin le serait très prochainement. A Beyrouth, les journalistes français pensaient que les autres allaient suivre. Même si je garde un – faible – espoir, je reste très inquiet, car je suis maintenant persuadé que je suis détenu comme les autres par des gens commandés par l'Iran. Je ne peux plus rester les bras croisés, à attendre indéfiniment une hypothétique libération. Je dois m'évader! Mais là, se pose un problème de conscience sur le plan religieux. M'évader, c'est en quelque sorte douter que Dieu me donnera ce que je lui demande en priant. M'évader signifie également prendre des risques supplémentaires.

Dieu dit : « Aide-toi, le ciel t'aidera! » Donc je peux m'évader! Cette équation apparaîtrait naïve, enfantine, puérile dans la vie normale, mais dans son contexte, elle prend une importance énorme. Elle me libère de mes préjugés. Il ne faut pas oublier que je suis seul avec moi-même, avec mes souvenirs, avec Dieu et surtout avec mes réflexions.

J'ai découvert, dans un livre d'André Maurois, *L'Accidentite*, une maladie psychologique qui relève de la psychanalyse. Elle touche, à mon avis, beaucoup de Libanais qui prennent des risques, s'amusent avec le danger et adoptent parfois un comportement suicidaire. Je pense être atteint « d'accidentite »! C'est pour cela que j'ai pris des risques inconsidérés, trop de risques, comme beaucoup de Libanais. Est-ce qu'en tentant de m'évader, je continue à prendre ces risques? Suis-je en contradiction avec la philosophie que je voudrais adopter, c'est-à-dire ne plus prendre de risque et mener une vie simple? Mais si je reste détenu pendant des mois, le risque augmente quand même. Pendant plusieurs jours, je pèse le pour et le contre. La décision est difficile à prendre. Dois-je attendre d'être libéré ou de mourir, peut-être au bout de plusieurs années, dans un cachot? Ou bien, dois-je m'évader et prendre le risque de mourir immédiatement? Un matin, au réveil, ma décision est prise : je m'évaderai!

En ce début d'été, ma cellule change d'aspect. Outre la pose du ventilateur, les gardiens ont retiré la moquette qui garde la chaleur. Ils m'ont donné des vêtements d'été (short et tee-shirt) et changé la housse du matelas qui tient trop chaud. Autant de signes qui montrent qu'ils ont l'intention de me garder tout l'été. En juillet et août, la vie politique en

France est quasiment paralysée. Conséquence : les négociations restent au point mort. Si je ne m'évade pas dans les jours qui viennent, je risque de passer tout l'été ici en attendant la rentrée et la reprise des négociations, fin septembre ou début octobre.

Par quel moyen vais-je pouvoir m'évader? Par le trou du ventilateur? C'est trop petit. De plus, ils sont venus limer les pas de vis qui le maintiennent, pour éviter que je ne les desserre avec ma cuillère en fer. Ce n'est pas suffisant, car au moment où je regarde de plus près le trou, des gardiens entrent brusquement.

– On te prévient, disent-ils, si tu tentes de t'échapper par là, des grenades exploseront. On a piégé le ventilateur à l'extérieur!

– Je ne compte pas m'évader. Le ventilateur est trop petit. Mais, je ne crois pas à vos grenades.

– Tu ne nous crois pas? Attends!

Ils sont trois gardiens dans ma chambre. L'un se fait appeler Sami. Il parle correctement l'anglais et paraît avoir une certaine autorité sur les autres. A mon avis, c'est un Libanais. D'habitude, il est assez sympa avec moi. Il branche l'eau chaude quand je prends une douche. Je l'entends aller dans leur « salle de garde », tandis que, face à moi, les deux autres restent debout. Assis en tailleur sur mon matelas, je me demande quelle mouche a piqué Sami. En ne voulant pas le croire, je l'ai peut-être vexé! Il revient et me lance entre les jambes deux objets assez lourds. Je baisse les yeux et je découvre avec stupeur une grenade quadrillée et une autre à manche. J'en saisis une machinalement. Aussitôt, ils bondissent pour me les arracher des mains. On ne sait jamais.

– Tu me crois maintenant? crie Sami sur un ton narquois.

Il dévisse le bouchon à l'extrémité du manche et commence à tirer légèrement sur le cordon relié au détonateur. S'il tire trop fort, j'ai à peine quelques secondes pour recommander mon âme à Dieu. Les deux autres gardiens se mettent à hurler en arabe : « Mais tu es fou, qu'est-ce que tu fais? Arrête, arrête! » Et ils s'enfuient de la chambre, de peur que la grenade n'explose. Sami rit aux éclats. Il fait joujou avec la mort. J'ai le cœur qui bat la chamade. Dans ma tête, tout s'embrouille. Il est « fêlé ». Il est capable de me faire sauter!

– OK, je te crois, c'est une grenade. A présent, c'est mieux si tu la ranges.

J'ai la gorge serrée et les mots ont du mal à sortir. Il faudra que je me méfie. Sami est fou. Comme les autres. Il revisse tout de même la grenade et les deux autres gardiens reviennent dans la chambre. Malgré cette démonstration, je reste convaincu que le ventilateur n'est pas piégé. Je le verrais. A plusieurs reprises j'essaie de l'enlever, mais c'est impossible. De toute manière, un enfant pourrait passer dans le trou, mais pas un homme.

Trois jours plus tard, Wallid revient. Près de mon matelas en mousse, il perce un trou dans le carrelage et fixe un piton.

– Qu'est-ce que c'est?

– Je ne sais pas.

– Tu ne sais pas? Moi je sais! C'est pour mettre une chaîne.

– Non, ce n'est pas pour mettre une chaîne.

Il s'en va et un autre gardien, celui que j'appelle Fada, arrive. Je lui demande pourquoi ce piton.

– Je ne sais pas, dit-il, et il se met à rire.

– Je sais, moi, c'est pour une chaîne!

– Oui, peut-être, c'est pour une chaîne.

– Pourquoi tu veux mettre une chaîne, je ne suis pas un animal?

– Bien sûr, que tu n'es pas un animal. Nous ne pensons pas que tu es un animal. Tu n'es pas un chien. Il ne faut pas que tu dises cela.

Je sens qu'il est vexé.

– En France, on met des chaînes aux chiens, pas aux hommes.

– Ce n'est pas moi qui donne les ordres. Tu n'es pas un chien, tu n'es pas un animal. Il ne faut pas dire ça, répète-t-il.

Fada s'en va. Je suis inquiet, car je suis persuadé que d'un jour à l'autre on va m'enchaîner. Ils ont mis en fait deux pitons : un près du lit dans le carrelage, et un au niveau de la tête dans le mur. Une chaîne au pied, une chaîne au poignet. Je suis angoissé à l'idée d'être enchaîné comme un galérien. Il faut que je trouve vite le moyen de m'évader. Sinon, une fois enchaîné, plus rien ne sera possible. Je passe en revue toutes les possibilités. La porte-fenêtre est composée de trois battants. Un cadenas en relie deux, mais le troisième n'est pas verrouillé. Je ne peux pas ouvrir la fenêtre, mais en tournant légèrement la poignée du troisième battant, je dois pouvoir le retirer de ses gonds. Le ventilateur électrique, c'est moi qui le branche à ma guise. A la différence de celui que possède l'autre otage, le moteur du mien fait énormément de bruit. A tel point que les gardiens m'interdisent de le faire fonctionner toute la journée. J'ai le droit de le mettre en marche seulement une heure, le matin, après le petit-déjeuner. La nuit c'est interdit, à cause des voisins. Mais surtout, quand je branche le ventilateur, le bruit les gêne quand ils regardent un film au magnétoscope. Les gardiens préfèrent que je crève de chaleur plutôt que de devoir mettre le son plus fort! L'après-midi, au moment de la grosse chaleur, il est hors de question également que je le mette en route. Le bruit les empêche de faire la sieste! C'est pendant l'heure où fonctionne le ventilateur que je me consacre à essayer de retirer le troisième battant de la porte-fenêtre. J'y passe des heures et des heures, en faisant le moins de bruit possible, tout en épiant leurs faits et gestes. Après plusieurs tentatives infructueuses, tout à coup, il me reste entre les mains. Ma joie est de courte durée. J'ai réussi, mais je panique totalement. Je me rends compte que si les gardiens entrent à ce moment précis, tous mes espoirs s'envolent. Je regarde vite quelle est la matière du panneau peint en gris qui se trouve derrière la porte-fenêtre : il est en fer! Pas moyen de limer, ni de mettre le feu... Maintenant il faut à tout prix que je remette le battant à sa place. Je force, je force. Je parviens enfin à le poser sur deux gonds au lieu de trois. Il tient par miracle, mais si on regarde de plus près, on voit qu'en haut, il est décalé. J'arrête le ventilateur et j'attends, anxieux. Vont-ils s'en apercevoir? Pour éviter tout problème, la meilleure solution est de leur signaler qu'une des trois équipes avait remarqué que le battant était légèrement décalé. Un gardien a voulu le refermer. En forçant, il l'a remis de travers! C'est un peu « gros », mais je n'ai pas trouvé autre chose. Deux gardiens viennent m'apporter le repas. Je leur raconte ma petite histoire. Un des deux reste méfiant. Pour voir si je mens il pose son doigt sur mon pouls afin de sentir si mon cœur bat plus vite! J'essaie de me contrôler parfaitement.

– Ce n'est pas la peine, je dis la vérité, je n'ai pas peur!

Ouf! Il me croit. Ils passent une demi-heure à essayer de remettre ce maudit battant. Sans succès. « Malech (tant pis), ça sera pour une autre fois! », lance l'un d'eux. Et ils s'en vont. Je sais maintenant qu'aucune évasion n'est possible par la porte-fenêtre.

Mais Dieu va m'aider. Ils vont commettre une erreur...

Il fait de plus en plus chaud et les gardiens prennent souvent l'air sur la terrasse. Ils s'installent sur le canapé qui masque en partie le trou du ventilateur. À travers les pales, je vois leurs pieds nus chaussés de sandales en plastique. Je les entends discuter. Je ne comprends pas tout, mais je saisis quelques phrases. Ils parlent des amis, qu'untel a décidé de se marier, mais qu'il a des problèmes d'argent avec la famille. Ils n'abordent jamais des sujets politiques. En fait, ils ont les mêmes sujets de préoccupation que tous les jeunes arabes du Liban : le mariage, trouver une maison et mener une vie normale. Parfois, ils écoutent la radio. J'entends les flashs en arabe. Ils énoncent les mesures prises par les leaders libanais, mais rien sur les otages.

Pendant plusieurs jours, j'entends un enfant d'une dizaine d'années jouer sur une terrasse. Il prend l'habitude de dire bonjour à mes gardiens. Dans un premier temps, je le situe à l'étage inférieur. Un matin, un gardien, qui se trouve dehors, appelle l'enfant : « Viens chez nous » dit-il en arabe. Le gosse se met à hurler. Je devine que le gardien a attrapé le gamin par le bras et qu'il essaie de le faire passer d'une terrasse à l'autre. Un parapet, ou un muret, sépare donc simplement les terrasses entre les deux appartements. Le gosse hurle toujours et l'autre gardien dit à son copain : « Laisse-le tranquille, lâche-le. » Il finit par le lâcher et tout rentre dans l'ordre.

Pour moi, c'est une information primordiale. Si j'arrive à sortir de ma chambre, que ce soit par la porte, la porte-fenêtre ou même le ventilateur, et accéder à la terrasse, je peux passer chez les voisins et descendre ensuite normalement par la cage d'escalier.

A travers le ventilateur, j'observe tout. C'est le printemps et je sens l'odeur des arbres et des fleurs. Je parviens même à percevoir les effluves du parfum que porte la femme qui habite à l'étage inférieur. Pour moi ce sont des parfums de liberté. Parmi les livres que j'ai, se trouve un récit de Guy de Maupassant sur le printemps. J'ai une folle envie de me retrouver dans un bois, de humer l'odeur de la terre après que la pluie soit tombée. J'ai envie d'être avec Marlène et de me balader à travers champs. Quand pourrai-je revoir le ciel et la mer, sentir l'odeur des arbres et des fleurs?

Durant ce mois de mai, la « catastrophe » que je

craignais se produit. Un gardien pénètre dans ma chambre avec une chaîne légère, aux maillons peu épais, d'à peu près un mètre de long. Il me la pose autour de la cheville. Elle est assez longue pour me permettre de me tenir debout et de faire un pas de chaque côté. La chaîne est fermée par un cadenas enfilé dans les maillons. Je leur demande de ne pas trop serrer. Le frottement du fer contre la peau risque de m'irriter et provoquer des lésions. Au lieu de onze maillons autour de ma cheville, je leur demande de m'en mettre treize ou quatorze. Au bout de deux jours, ils acceptent. Je suis désormais prisonnier de cette chaîne tant redoutée. Enchaîné comme un chien, j'ai l'impression d'être doublement captif. Mon corps, mais aussi mon âme, sont privés de liberté. Sur le plan psychologique, cette chaîne m'agresse en effet davantage que le fait d'être attaché à un mur. Ma gymnastique est réduite à quelques pompes et mouvements de bras. Quand je me déplace, je marche comme un animal. Mais comment font les chiens pour ne pas entortiller leurs maillons? Je ne peux m'empêcher de penser au chien de mon père, attaché à sa niche pendant l'été.

Pendant plusieurs jours, je tente de convaincre Omar et Fada de me détacher le matin pour ma gymnastique quotidienne. Finalement, ils acceptent. Mais me demandent de remettre la chaîne dès que ma gymnastique est finie. Les premiers jours, j'obéis. Puis, je passe outre. Lorsque les gardiens m'apportent à manger, ils ne disent rien. Ils ont, bien entendu, remarqué que je ne suis pas attaché, mais ils acceptent implicitement. Dès que la nuit tombe, ils exigent cependant que, moi-même, je la remette et ferme le cadenas.

Il faut que je m'évade avant qu'on ne me change de lieu de détention ou qu'un responsable m'oblige à garder la chaîne nuit et jour.

Dans les trois équipes de deux gardiens, un changement se produit. Un gardien est remplacé par un autre. Ce dernier, visiblement, n'a pas l'habitude de garder des otages. Il semble même avoir peur de discuter avec moi. Il semble moins « con » et plus « sympa » que les autres. Quand passe le marchand de « boussa » (glace), l'après-midi, il descend en chercher pour tous : gardiens et otages. Distrait, il laisse la clef dans la serrure, après avoir fermé la porte de ma chambre, au lieu de la pendre au clou. C'est l'occasion que j'attendais.

CHAPITRE XI

Nous sommes au début de juin. Il fait très chaud. C'est insupportable. A tel point que lorsque je suis allongé sur le matelas, sans bouger, je suis couvert de sueur. Comment vais-je supporter l'été dans ces conditions? Le matelas est mouillé par ma transpiration. La douche est cassée. Je m'arrose à l'aide d'une bouteille d'eau que j'ai remplie au robinet. Un litre et demi d'eau est insuffisant par cette chaleur. Mais ils ne veulent pas m'en donner plus. L'unique fois où je fais le plein de ma bouteille, c'est quand ils m'emmènent à la douche. Impossible d'aller aux toilettes quand je le désire. Je suis obligé de faire mes besoins dans la poubelle. Par cette chaleur, ce n'est pas conseillé à cause des microbes. Quand je réclame un peu plus d'eau, ils répondent : « Oui, tout à l'heure. » Ce tout à l'heure nous amène quelquefois six heures plus tard.

L'eau des toilettes n'est pas bonne. Elle a un goût de terre, mais je suis bien obligé de la boire. Dans les appartements à Beyrouth, il y a deux robinets dans la cuisine : un d'eau potable, l'autre non. Quand les gardiens m'en donnent, ils prennent dans la cuisine. Lorsque je réclame, ils me disent d'en prendre dans la salle de bain, me jurant qu'elle est potable, alors que je sais qu'elle ne l'est pas. Ils me certifient le contraire : « Nous la buvons et nous ne sommes pas malades », affirment-ils. J'ai beau discuter, ça ne sert à rien. De toute façon, je n'ai pas le choix, j'ai besoin d'eau. La peur de tomber malade à cause de cette eau me reprend.

L'électricité est coupée deux fois six heures dans la journée, donc pratiquement tout le jour. Il n'y a que la nuit, où elle n'est pas interrompue. Les gardiens attendent qu'elle revienne pour nous emmener à la salle de bain. Ce n'est donc jamais à heure fixe. Heureusement, grâce à l'ouverture du ventilateur, le soleil éclaire ma chambre et je n'utilise pratiquement plus la lumière électrique. Psychologiquement, ça me fait du bien, tout comme l'air frais qui pénètre par le trou le matin très tôt. Je plains le troisième otage qui se trouve dans le salon aménagé en chambre. Lui n'a pas de ventilateur. Il doit avoir très chaud, ce doit être terrible!

Malgré ce ventilateur, les conditions me semblent plus mauvaises qu'avant. La nourriture ne s'améliore pas et ils ne m'emmènent aux toilettes qu'une fois par jour. De plus, c'est le Ramadan. Ils vivent la nuit et dorment le jour. Dans la journée, ils ne nous apportent plus à manger, ni à boire. Ils nous amènent de quoi nous restaurer quand le soleil est couché. Eux mangent à nouveau vers quatre heures du matin, mais pas les otages. Pendant le Ramadan, nous n'avons donc qu'un repas par 24 heures, celui du soir. Impossible de dormir le jour à cause de la chaleur. Idem la nuit, car ils regardent la vidéo en montant le son très fort. Je ne dors plus qu'une heure par jour. Cette fois-ci, j'ai vraiment l'impression de devenir fou. J'entends le magnétoscope, je les écoute manger, je sens l'odeur de la viande... Parfois un des gardiens nous amènent un sandwich avec du thé... à cinq heures du matin, après qu'ils aient mangé.

Malgré ces conditions, je n'ai qu'une idée en tête : observer si le nouveau gardien laisse toujours la clef dans la serrure. Lorsque l'électricité est coupée, automatiquement, les gardiens restent sur la terrasse, assis sur le canapé en face de mon ventilateur. C'est à ce moment-là que je dois ouvrir la porte. En retirant quatre morceaux de fil de fer du grillage du ventilateur, je construis un rectangle que je glisse à l'intérieur d'un de mes tee-shirts. La tactique de l'évasion me prend encore des jours de réflexion. Pourtant, mon plan est simple. Je glisse le tee-shirt sous la porte et, avec un coton-tige, je fais tomber la clef sur le tee-shirt, que je retire de mon côté. Mais la clef peut rebondir et il faut ne pas faire du bruit, car lorsque l'électricité est coupée, on entendrait une mouche voler dans la maison. Mon but est de récupérer la clef, d'ouvrir la porte et descendre les escaliers jusqu'à la porte d'entrée. Je suis convaincu qu'il n'y a pas de gardien dans l'immeuble. Si c'était le cas, je suis sûr qu'il viendrait prendre le café de temps en temps avec les autres. Une fois dans la rue, j'ai deux solutions. Il ne faut pas oublier que je suis en pyjama, pas rasé, hirsute. Ou bien je trouve tout de suite un taxi et je fonce, non pas à l'ambassade – ils peuvent prévenir des collègues sur la route par talkie-walkie –, pas plus chez moi, ni dans une agence de presse, mais chez un ami qui habite Beyrouth-Ouest. De là, j'appellerai l'ambassade de France. Si je ne trouve pas de taxi, je fais semblant d'être malade en me tenant le ventre à deux mains et j'arrête la première voiture qui passe pour qu'elle me conduise à l'hôpital. De là, j'appelle l'ambassade ou l'Agence France Presse.

J'ai décidé de garder le bandeau en permanence sur le front, pour que, si je tombe sur eux dans le couloir, je puisse tout de suite le rabattre pour ne pas voir leur visage. Dans ce cas, ils peuvent me mettre la chaîne, me frapper, mais ils ne me tueront pas. J'ai remarqué qu'ils avaient souvent à la main une arme munie d'un silencieux. Une fois hors de ma chambre, j'envisage de chercher ce revolver et de les tuer tous les deux. Je suis décidé, si c'est le seul moyen de m'en sortir. J'imagine ce que je dois faire, armé du 38, face à eux. Dois-je leur demander de lever les mains, les enfermer dans ma chambre et libérer les autres otages? Il faut que je libère les autres otages, je ne peux pas partir tout seul. L'inconvénient, c'est que mes gardiens sont des combattants, habitués à risquer leur vie. Ce n'est pas le genre, comme dans les films, à mettre les mains en l'air. Je suis convaincu que même si je les menace, ils vont essayer de me sauter dessus. Il faut donc que je tire immédiatement sur eux. Sans discuter. Dans un calibre 38, il y a cinq ou six balles. C'est suffisant. Pour avoir le courage de les abattre de sang-froid, je m'oblige à nouveau à les haïr, à me répéter qu'ils me privent de ma liberté, qu'ils portent atteinte à ma santé, à ma vie, qu'ils rendent malheureuses Marlène et ma famille. Je m'énerve tout seul et parviens à me motiver pour les tuer au cas où...

Et si je n'arrive pas à ouvrir la porte de l'appartement et que les gardiens me surprennent? Je serai obligé de tirer, et je ne pourrai pas libérer les autres otages. Les coups de feu alerteront les voisins. Il faudra que je fuie immédiatement si je veux garder une chance de m'en sortir. Pour libérer les deux autres otages, la seule solution est de tuer les deux gardiens avec un silencieux. Mais que ferai-je si je ne trouve pas d'arme de poing, mais un Kalachnikov. Dans ce cas, je laisse tomber. Je sais bien me servir d'un revolver, mais pas suffisamment d'un pistolet-mitrailleur. Je ne peux prendre le risque d'être surpris avec une arme sans savoir tirer à l'instinct. Impossible de bien viser avec une telle arme, si on n'a pas l'habitude. Si je les manque, eux ne me manqueront pas. Surtout qu'ils doivent avoir, sur la terrasse, une arme à portée de la main.

La nuit commence à tomber. Je suis allongé par terre. Le carrelage est sale, cela fait plusieurs jours que je n'ai pas nettoyé ma chambre. Je suis couvert de sueur. Je guette le moindre bruit. Je sais que l'électricité peut revenir d'une minute à l'autre. Même si elle est souvent coupée plusieurs heures, elle peut tout aussi bien revenir au bout de vingt minutes. Je les entends parler sur la terrasse. Il me semble qu'ils écoutent ma respiration haletante et les battements de mon cœur accélérés par la trouille.

Lentement, je glisse le tee-shirt sous la porte côté serrure. Je pousse la clef avec le coton-tige. Une fois, deux fois. Il glisse sur le fer de la clef. Je m'énerve. Que faire? Le dentifrice! Je prends le tube et mets de la pâte sur le coton-tige. Je colle le coton-tige à la clef. Ça marche, elle bouge. Je pousse. Elle ne tombe pas. Elle pend dans le vide. Le bout est resté accroché à la serrure! J'ai les mains qui tremblent. Il faut que je reprenne courage. Le Seigneur m'a déjà aidé. Les gardiens sont sur la terrasse, l'électricité est coupée. Toutes les conditions sont réunies. C'est un signe de Dieu, et moi je merde! Je suis hypertendu, j'ai peur. Je pousse le coton-tige d'un coup sec et la clef tombe... à côté du tee-shirt. J'entends le bruit métallique sur le carrelage. Elle rebondit deux fois, deux secondes qui me paraissent des heures, avant de rebondir une troisième fois sur le tee-shirt. Je devine que l'otage anglais a dû entendre le bruit et doit regarder en face par le trou de la serrure de sa porte.

J'arrête de respirer. Je guette le moindre bruit. Les gardiens n'ont rien entendu. Ils continuent de parler entre eux. La clef est tombée. Maintenant, il faut que j'aille jusqu'au bout. Ma tentative d'évasion a commencé, je ne peux plus reculer. Ma peur est montée d'un cran. Il faut que je fasse un effort pour trouver encore la force de continuer.

J'ai déjà eu peur quand je courais sous les bombardements dans le camp palestinien de Maddouchieh. Rien à voir cependant avec la Peur (avec un grand « P ») qui me saisit maintenant.

Je tire le tee-shirt. Cette clef qui apparaît est un miracle. Elle ressemble à un bijou dans son écrin.

Quand je la serre dans ma main, elle me donne un sentiment de liberté. Il faut à présent la faire tourner dans la serrure. Je n'y arrive pas, mes mains tremblent! Roger contrôle-toi! Je mets lentement la clef devant la serrure, mais je rate encore le trou. Je tremble comme un malade. Je pousse et elle entre d'un coup. Je l'entends cogner entre les parois. Je tourne doucement, en essayant de la retenir, car je veux éviter le bruit du ressort. J'ai l'impression que tout le monde entend le bruit. Clac, un tour. Clac, deux tours... La porte s'ouvre. Il fait tellement chaud dans la chambre que cette ouverture provoque un courant d'air. Il règne dans le couloir une odeur différente qui n'est pas la mienne. L'appartement est plus frais, puisque la fenêtre de la chambre des gardiens est ouverte. Je me rends vraiment compte à quel point il fait chaud dans la mienne. Mon premier geste est de retirer la clef de l'intérieur pour la replacer dans la serrure, à l'extérieur de la porte.

Un nouveau pas, et je me retrouve face à la porte de la salle de bain. Un pas de plus. Là, je vois enfin le couloir. Première surprise, l'appartement n'est pas du tout comme je l'imaginais. Il est plus grand. L'entrée est loin de ma chambre. Pourtant, j'entendais distinctement les verrous de la porte quand des gens venaient voir les gardiens. Je n'imaginais pas un couloir aussi long. Sur le côté se trouve une chambre, aux portes vitrées opaques, celle du troisième otage. La cuisine est là, sur la gauche après cette chambre, juste avant la porte d'entrée. A droite, c'est le salon utilisé par les gardiens qui poursuivent leur discussion, à quelques mètres sur la terrasse.

Je n'ai ni lentilles, ni lunettes et je suis myope. Je ne distingue pas très bien la porte d'entrée, mais je perçois tout de suite quelque chose d'anormal. L'obscurité commence à envahir l'appartement. Ils ont disposé une bougie dans la cuisine et dans le salon. Dans la pénombre, il me semble distinguer aux quatre coins de la porte un appareillage qui m'apparaît, avec la distance, très flou. Il faut que j'y aille.

De peur, mon cœur cogne dans ma poitrine. Je suis pieds nus, mais je suis prêt. J'ai enfilé mon pantalon de pyjama par-dessus mon caleçon. J'ai posé mon tee-shirt sur mes épaules, sans l'enfiler. J'ai le bandeau sur le front. Mais pour accéder à la porte de sortie, il faut que je passe devant celle, ouverte, du salon. Comment revenir, dans le cas où ça n'irait pas? S'ils quittent la terrasse, les gardiens me verront automatiquement. Je me rends compte à quel point c'est risqué. Je fais deux nouveaux pas. Des secondes interminables s'écoulent. En me penchant, je vois dans le salon-chambre à coucher des gardiens deux lits d'une personne, disposés à chaque extrémité de la pièce, et une télévision. Je regarde sur les lits, cherchant le revolver. Mais rien. Je m'approche encore et je découvre, à travers la porte-fenêtre ouverte, la terrasse et trois immeubles situés en face. La nuit étant tombée, je ne distingue que les lumières des appartements. En revanche, impossible de voir les gardiens, assis sur le canapé. Ils sont trop à droite de la terrasse.

Je cherche toujours le revolver. Je me mets à quatre pattes pour regarder sous le lit. Rien. J'aperçois de chaque côté de la porte-fenêtre un Kalachnikov posé contre le mur. Je ne veux pas. C'est le revolver que je veux. Toujours rien. Un gardien doit l'avoir sur lui. Merde! Je laisse tomber. Je cours jusqu'à la porte. En y arrivant, je vois trois verrous. J'ai écouté pendant des semaines pour savoir s'ils se servaient de clefs. Ils n'en avaient pas. J'ai toujours eu l'impression qu'ils tournaient un verrou, puisque j'entendais le ressort. Surprise deux verrous n'ont pas de bouton. Ce sont deux boîtes placées sur le battant de la porte, avec une targette. Je tourne la targette, je fais glisser le pêne. C'est bon. Mais au milieu de la porte, il y a une grosse boîte avec un simple bouton. Je ne sais pas comment on ouvre ce type de verrous. Je me souviens d'en avoir vu une fois. Mais je n'ai jamais ouvert une porte avec ça!

Les secondes s'écoulent. J'ai le trac. Je dois être rouge écarlate. Il faut que je revienne jusqu'à la chambre pour voir, en passant, s'ils restent sur la terrasse. Mon plan, c'est un aller-retour pour chaque verrou. Il faut faire vite. Premier retour. En revenant vers le fond du couloir, je regarde dans la cuisine s'il existe un moyen de passer sur la terrasse. Pas de chance, la fenêtre donne dans le vide! Si les gardiens viennent, je ne peux même pas me cacher sur la terrasse. Second aller vers la porte : j'essaie de tourner la molette de la grosse boîte. Sans résultat. Retour vers la chambre. P... de merde! C'est impossible que je ne puisse pas ouvrir cette porte! La liberté est là, derrière elle. Nouveau saut jusqu'à l'entrée. Je force de gauche à droite, ça ne marche pas. Je retourne une troisième fois devant la porte de ma chambre. De droite à gauche, ça ne marche pas. Je tremble comme une feuille mais j'arrive à réfléchir. Quatre tiges de fer de chaque côté de la grosse boîte... Ça y est! Lorsqu'on ouvre le verrou, les quatre tiges de fer bougent, avec un bruit sec : « Clac! » Ce « clac » que j'entendais de ma chambre, ce n'était pas le verrou qu'on ouvrait et fermait, c'était ces quatre tiges d'acier qui blindent la porte. Je n'ai pas dû assez forcer. L'angoisse monte de plus en plus. Je suis en nage et je tremble littéralement de peur. Il faut que j'y retourne. Je cours. « Clac! » Je suis effrayé moi-même et je force avec tous les muscles de mon bras droit... Elle est ouverte. Je n'ai qu'à tirer la poignée pour sortir sur le palier et m'enfuir. Mais ça fait tellement de vacarme que je suis persuadé qu'ils ont entendu. Je reviens vers ma chambre. Trop tard. A ce moment-là, les gardiens entrent dans le salon. Ils n'ont pas entendu le bruit du verrou. Ils ont quitté la terrasse pour faire du thé! Ils vont dans la cuisine et n'en bougent plus. C'est foutu!... Pour cette fois.

Je ferme la porte de ma chambre. Je retourne m'asseoir sur mon matelas. La clef est restée sur la serrure extérieure. Je ne pouvais pas refermer de l'intérieur et glisser la clef sous la porte. Ils auraient tout de suite compris que c'est moi qui l'ai fait tomber pour m'en saisir et m'évader. Je veux leur faire croire que ce sont eux qui ont oublié de fermer la porte à clef...

J'attends, dix, quinze minutes. Je me morfonds. Je m'arrache les cheveux. J'en viens même à me culpabiliser. Quand les pênes sont sortis des gâches, je n'aurais pas dû m'arrêter à cause du bruit. Il fallait que je file. Vingt minutes, une demi-heure s'écoule. Ils boivent leur thé. L'électricité revient. L'appartement est éclairé comme en plein jour. Je ferme le cadenas de ma chaîne. Un peu plus tard, un gardien vient m'apporter à manger. Le type essaie de tourner la clef pour ouvrir la porte. Il force et rien ne bouge. Soudain, il comprend que la porte n'est pas fermée. Il ouvre brusquement et – oh stupeur! – il me voit bien sagement sur mon lit. Je le sens soulagé. Ils viennent tous les deux dans la chambre et ne me disent rien. Ils sont persuadés que c'est l'un d'eux qui a mal fermé la porte. Ça passe. Je pousse un « ouf » de soulagement.

Ils ne se rendent pas compte, non plus, qu'un des trois verrous de la porte d'entrée est ouvert. Je me fais encore un tas de reproches. Pourquoi Dieu ne m'a-t-il pas aidé? Il m'a aidé, mais c'est ma faute, si je n'ai pas réussi. Il faut que je sois patient, l'occasion va se représenter. Ils retourneront sur la terrasse, il y aura une nouvelle coupure de courant et, cette fois, je réussirai!

Nous sommes le 11 juin. Demain, c'est l'anniversaire d'un de mes frères. Ce serait un beau cadeau si je m'évadais. Cette fois-ci, j'ai peut-être vendu la peau de l'ours avant de l'avoir tué. Je pensais que le problème était de sortir de la chambre. Je n'avais pas prévu les verrous. C'est l'obstacle imprévu.

Depuis quelques jours, un gardien m'apporte, pour quelques moments, une télévision noir et blanc. Je suis enchaîné, mais j'ai enlevé mon bandeau. Lui reste derrière moi et s'amuse avec son revolver. Ce soir, LBC diffuse un film, *les Spécialistes,* avec Gérard Lanvin et Bernard Giraudeau, l'histoire de deux gars qui s'évadent! Eux au moins sont plus malins que moi, ils réussissent. Le gardien me donne des cacahuètes et du Pepsi. Ils ont reçu l'ordre de nous faire regarder la télé, mais par paresse ils ne l'emmènent que de temps en temps. J'ai envie de me moquer de ce salopard et je lui dis :

– Il n'y a que dans les films qu'on s'évade!

– Oui, il n'y a que dans les films...

En moi-même je pense : « Mais moi, je vais m'évader et tu ne comprendras pas comment. »

Les jours s'écoulent et aucune autre occasion ne se présente. Un soir, un des gardiens veut regarder la télévision qui se trouve dans le salon, à partir de la terrasse. Il déplace le canapé qui me masque l'horizon et oublie, après le film, de remettre le meuble en place. Le matin, quand le jour se lève, je découvre entre les pales du ventilateur, deux immeubles de six ou sept étages construits en face de celui où je me trouve. Aux fenêtres, des femmes pendent du linge. Je vois le ciel pour la première fois depuis six mois. Malheureusement, ce jour-là le temps est gris. C'est pourtant rare au Liban. Je situe un peu l'endroit. Grâce à la circulation et au bruit des avions. J'estime être à proximité de l'aéroport, derrière la grande mosquée, en bordure de Borj el Brajneh. Je reconnais, entre les immeubles, le camp palestinien. Je connais bien ce camp. J'y suis allé plusieurs fois en reportage.

En guise de poubelle, ils m'ont donné un sac plastique qui sert habituellement à emballer les galettes de pain libanais. Ils ne savent pas que je lis l'arabe. Le nom de la boulangerie est inscrit dessus : « Farna » (boulangerie) Ahmed Kadischt. A ma libération, je saurai que cette boulangerie se situe à la limite de Borj el Brajneh et de Bir el Abed, le fief du Hezbollah, en bordure de la route de l'aéroport, et à côté du camp palestinien. Quand un gardien descend chercher du pain, il s'absente une minute. La boulangerie est donc très proche. A plusieurs reprises, ils m'ont donné des gâteaux libanais en laissant le papier d'emballage. Là encore, je peux lire en arabe : « Sandrella ». L'inscription est en français, anglais et arabe. C'est une pâtisserie qui se trouve dans le quartier de Bir el Abed, en pleine banlieue sud de Beyrouth. J'ai entre les mains, un autre jour, un plastique marqué « Saroula », un magasin de vêtements, dans la banlieue sud. Je situais déjà à peu près l'endroit où j'étais, mais maintenant j'en suis sûr.

17 juin. Le lendemain, c'est l'anniversaire de ma mère et j'ai envie de lui faire le cadeau de ma liberté. Les jours précédents, j'ai demandé à Dieu de m'aider à m'évader. Comme par miracle, les mêmes circonstances que lors de ma précédente tentative d'évasion sont, ce 17 juin, réunies à la même heure. La nuit tombe, il fait très chaud, l'électricité est coupée. Les gardiens, qui ne sont pas les mêmes que la dernière fois, « prennent le frais » sur la terrasse. Avec mon coton tige enduit de dentifrice, je recommence les mêmes gestes que la première fois. J'ai encore plus peur que la fois précédente, parce que je sais ce qui m'attend : la porte est loin et les verrous ne sont pas faciles à ouvrir. Je sais le risque que je prends si les gardiens entrent dans le salon au moment où je me trouve dans l'entrée. Je m'arme de courage et je pousse. La clef tombe et rebondit encore deux fois pour finir sa course sur le tee-shirt! J'ouvre la porte et je la remets dans la serrure à l'extérieur. J'ai vraiment beaucoup plus peur qu'au premier coup. Je cours jusqu'à l'entrée, j'ouvre un verrou. Premier aller-retour. Nouvel aller : j'ouvre le deuxième verrou qui fait du bruit. Retour. Les geôliers n'ont pas

entendu. Plus qu'un verrou et c'est gagné. Je m'apprête à repartir vers l'entrée, quand les gardiens entrent dans la cuisine...

A force de vouloir limiter les risques et rester le minimum de temps devant la porte d'entrée, j'ai tout raté! Paniqué, je reviens dans la chambre, je ferme la porte et je mets la chaîne. Je suis fou. Ce n'est pas possible! Etre si près de la liberté et échouer! Dieu m'abandonnerait-il?

L'appartement est encore dans le noir. Un des gardiens m'apporte à manger, muni d'une bougie. Il ouvre la porte et pousse un hurlement! Il croit que je me suis évadé! Il court chercher son copain. Ils sont tous les deux paniqués. Sur mon matelas, j'éclate de rire. Ils viennent dans la chambre et, découvrant que je suis toujours là, ils se mettent à rire de soulagement. Dans le couloir, je les entends se disputer. Ils doivent se reprocher mutuellement de n'avoir pas fermé la porte à clef. Sur mon matelas, je fulmine de rage. Ils ne laisseront plus la clef sur la porte. C'était trop beau. Mais j'attends quand même la troisième occasion. Celle-là, il ne faudra pas que je la rate. Aussi, je change de tactique. Je décide de ne plus sortir par la porte d'entrée. C'est vraiment trop compliqué. Mais par la terrasse. Je vais attendre qu'ils soient dans la cuisine pour tenter le coup.

Mais, cette fois-ci, l'équipe a changé. C'est la plus dure, celle composée de Omar et Fada, les deux dingues. Ils sont très vigilants. Malgré tout, Fada laisse la clef sur la porte... Dans sa tête, c'est simple. Il a vu la clef sur la porte quand il a pris son tour de garde et, par paresse, il fait de même.

Pendant deux jours, je me prépare. Un problème, cependant, me trotte dans la tête. Que faire des deux autres otages? J'avais pensé, au début, essayer de les libérer. Mais s'ils sont enchaînés, comment vais-je les détacher? Autre problème : et s'ils refusent de s'évader? Une fois dans leur chambre, je n'aurai pas le temps de leur expliquer quoi que ce soit. Je ne peux pas leur faire confiance. Je ne les connais pas. Un incident conforte ma certitude.

Un jour, alors que l'otage anglais n'avait pas obtenu sa bouteille pour uriner, il frappe à la porte pour la réclamer. Je me mets de la partie, pour aller aux toilettes. Personne ne vient. L'un et l'autre renouvelons nos coups. Un gardien ouvre soudain la porte d'en face et commence à l'engueuler. L'otage ne trouve rien de mieux que d'affirmer que ce n'est pas lui, mais moi qui frappe sur la porte. Dans ma cellule, je fulmine de rage. Il est stupide. Il est censé non seulement ne pas savoir qu'il y a d'autres otages dans l'appartement, mais en plus il me dénonce. Après cette attitude, puis-je lui faire confiance? Puis-je avoir confiance en quelqu'un qui rigole pendant deux semaines avec les gardiens et qui met ensuite autant de temps à se rendre compte que son enlèvement est sérieux? Comment puis-je savoir si cet homme est sûr, s'il a gardé une force de caractère suffisante pour tenter de s'évader à partir du moment, par exemple, où il n'ose pas demander pendant quinze jours une bouteille pour pouvoir uriner? Si c'est, comme je l'ai vu, Terry Waite, je suis étonné par son attitude. Floué par ses interlocuteurs, cet homme, déjà d'un certain âge, touche peut-être le fond du désespoir. Considérablement amaigri par sa détention, il a certainement « craqué ». Si je l'emmène, il risque de tout faire échouer. Et lui, comme moi, en paierons chèrement les conséquences. Quant à l'autre otage, je ne sais rien de lui. Je nc peux, en fait, compter que sur moi.

Troisième tentative : les gardiens sont dans la cuisine et préparent à manger pour le soir. L'électricité est coupée. Ils rient, se racontent des histoires. Je vide mes poumons et j'aspire un grand bol d'oxygène, comme si je plongeais. OK, j'y vais! Coton-tige, pâte dentifrice, je pousse et la clef tombe. J'ai très peur, plus que d'habitude. Au fond de moi, je sais que je n'ai pas droit à l'erreur, sinon... La clef tombe à nouveau à côté, mais rebondit trois ou quatre fois. C'est foutu! Elle n'a pas rebondi sur le tee-shirt. Je tire mon carré de tissu à l'intérieur. Si! Elle est là. C'est un signe du destin. Je ne peux pas, cette fois-ci, ne pas réussir. J'ouvre la porte et je remets la clef à l'extérieur. Je suis au bord du couloir. Ils sont toujours dans la cuisine. Je n'ai matériellement pas le temps de revenir dans la chambre, s'ils sortent dans le couloir. C'est impossible. Je prends mon courage à deux mains. Je devine que l'autre otage est aux aguets et qu'il a tout entendu. Il doit se demander si je vais réussir.

Je cours et rentre sur la pointe des pieds dans le salon. Il faut que j'atteigne la terrasse, que je passe le parapet, saute sur la terrasse voisine pour rejoindre l'escalier de l'immeuble. Deux pas de couloir, trois pas de salon, encore un pas et je suis sur la terrasse. Hourra!

Je n'ai toujours vu la terrasse qu'en partie. Dans mon esprit, elle est grande, parce que je ne l'ai toujours vue que de bas en haut, à travers les pales du ventilateur. Ma référence était la terrasse, immense, de mon appartement à Beyrouth. En arrivant à l'air libre, je suis surpris de voir qu'elle est toute petite. En revanche, le mur de séparation existe bien. Il mesure deux mètres de haut et ne me permet pas de voir la terrasse de l'appartement voisin. Il suffit cependant que j'enjambe le parapet, que je contourne le muret et que j'enjambe à nouveau le parapet de l'autre appartement, pour me retrouver chez les voisins. C'est en fait une terrasse commune aux deux appartements séparés par un mur en béton.

La nuit est tombée. Ces constatations, à propos d'une terrasse plus petite que prévu, mon cerveau les a enregistrées en quelques secondes. Quelques secondes suffisantes pour que le muret me saute au visage. En plein élan, je m'immobilise d'un coup, comme pris de vertige. Les yeux écarquillés, la bouche ouverte, j'ai la tête qui tourne. Il se produit en moi une réaction que je n'avais pas prévue. Six mois de captivité ont modifié mon comportement. Je crois avoir conservé une certaine assurance, mais, en fait, elle n'existe que dans mes rêves. Pendant cet instant d'immobilité sur la terrasse, je perds pied, je panique complètement et ne sais plus ce que je dois faire, et ce qu'il faut faire. Le mur de séparation, qui n'arrêterait pas un enfant, m'apparaît soudain comme une paroi infranchissable.

Le conditionnement de la captivité reprend le dessus : j'ai envie de retourner dans ma chambre, parce que je m'y trouve davantage en sécurité que sur cette terrasse à l'air libre. Au lieu de franchir les deux pas qui me séparent de la liberté, je fais deux pas en arrière pour me retrouver dans la chambre des geôliers. Je m'arrête parce que je me rends compte que je fais une folie. J'hésite, malgré moi. Je me ressaisis et m'apprête à retourner sur la terrasse. Trop tard! A ce moment-là, un des deux gardiens sort de la cuisine, traverse le couloir et entre dans la pièce où je suis. Pendant quelques secondes, il ne réagit pas. Face à lui, je reste complètement paralysé. La chambre est plongée dans l'obscurité. Je fais bien deux têtes de plus que lui et il doit se demander à qui il a affaire. Il est effaré et ne bouge pas. Pendant trois secondes, je crois qu'il a aussi peur que moi. Soudain, il pousse un hurlement. Il appelle son copain et me saute à la gorge. Je suis tellement affaibli, que je tombe à la renverse sur le lit. Mais j'ai le réflexe, dans l'obscurité, de remettre mon bandeau sur les yeux. L'autre gardien arrive et arme son Kalachnikov. C'est fini pour moi. Je vais mourir. Mais celui qui m'a bousculé, me relève et me pousse dans le couloir, jusque dans ma chambre. Il ferme la porte et s'en va. Je l'entends parler dans un talkie-walkie (je ne savais pas qu'ils en possédaient). L'électricité revient. J'angoisse, mais paradoxalement je suis soulagé de me retrouver dans ma chambre. Je suis en colère contre moi-même d'avoir échoué. Mais, curieusement, dans ma cellule, je me sens en sécurité. Vont-ils à présent me tuer? Non, je n'ai pas vu leur visage!

Un des « masroul » vient. Il parle anglais. Il entre dans ma chambre, s'assied devant moi. Il a du papier et un crayon.

– Pourquoi as-tu essayé de t'évader?

– Je n'ai pas essayé de m'évader!

– Comment appelles-tu ce qui est arrivé?

– J'étais en train de dormir... La porte était ouverte... Vous aviez oublié de la fermer. Je ne sais pas ce qui m'a pris. J'ai ouvert la porte pour voir ce qui se passait, tout en gardant le bandeau sur les yeux. J'étais à moitié endormi, j'ai marché au hasard dans l'appartement.

– Voilà du papier et un crayon. Je veux que tu m'écrives exactement ce qui s'est passé.

Je rédige en anglais une histoire extraordinaire où je raconte que je dormais profondément, que la porte, qui n'était pas fermée à double tour, battait sur le chambranle à cause d'un courant d'air. A cause du bruit, je me suis levé, à moitié endormi. Je ne réalisais pas ce que je faisais, j'avais le bandeau sur les yeux. J'ai ouvert la porte et j'ai erré dans le couloir en marchant à tâtons. Je me suis retrouvé dans une pièce au hasard. J'ai entendu à ce moment-là un homme qui s'est mis à hurler et m'a sauté dessus. C'est tout ce dont je me souviens.

– Lève-toi. Tu vas répéter exactement les pas que tu as fait.

Reconstitution du crime! Je me lève et me dirige vers la porte.

– Je ne comprends pas, la porte était ouverte ou fermée? demande le chef sur un ton agacé.

– Elle n'était pas fermée à clef, mais ouverte et avec le vent...

Il ne comprend pas.

– Qui est le dernier gardien qui t'a apporté à manger?

– D'après la voix, dis-moi?

– Non, je ne veux pas qu'il soit puni parce qu'il a oublié la clef dans la serrure.

– Montre-moi les pas que tu as faits.

Ils sont trois ou quatre avec moi. Un silence de mort règne dans l'appartement. L'atmosphère est très tendue. En calculant chaque pas pour donner le change, je marche, j'avance au hasard, je tâtonne. Puis j'entre, de biais, lentement dans le salon.

– Tu es allé sur la terrasse?

– Non, non.

– Dis-nous. Si tu es allé sur la terrasse et que des voisins t'ont vu, on va être obligé de te changer de lieu de détention. Si tu ne nous dis pas la vérité, et que quelque chose est tenté contre nous, on fait tout sauter. Nous, nous sommes sûrs d'aller au Paradis. On n'hésitera pas à te faire sauter avec nous.

– Non, je ne suis pas allé sur la terrasse, je n'ai fait qu'un pas dans cette pièce...

– Ce n'est pas vrai. Tu mens.

– Je n'ai fait qu'un pas.

Il s'en va. Plusieurs jours s'écoulent. Omar et un autre gardien sont en colère. Omar vient me voir :

– Je croyais que tu étais gentil. Je t'ai laissé voir la télévision. Je ne t'ai pas mis la chaîne pendant la journée. Pourquoi as-tu fait ça?

– Ce n'était pas contre toi. La porte était ouverte. J'ai erré. Je suis désolé que ça te cause des problèmes.

– Tu n'es pas content ici, pourquoi veux-tu t'évader?

– Je ne veux pas m'évader. Mais j'aimerais rentrer chez moi.

– C'est bien ici, c'est comme à l'hôtel, tu es nourri, t'es logé, tu ne travailles pas, on te donne des livres, tu peux voir la télévision...

Après ma tentative d'évasion, ils avaient le choix

entre deux solutions : durcir mes conditions de détention ou les radoucir. Ils choisissent la deuxième solution. Pendant les jours suivants, la nourriture s'améliore. Mais Omar et l'autre gardien sont déplacés, accusés d'avoir laissé la porte ouverte. A la place du riz et des haricots, je mange maintenant des aubergines farcies de morceaux de viande, des frites, des fruits. Ils m'amènent la télévision deux fois. Je regarde un film de kung-fu et un autre sur la vie d'un prisonnier de guerre au Viêt-nam.

Je suis, en revanche, enchaîné jour et nuit. Je ne pourrai plus tenter de m'évader. Pourquoi Dieu ne m'a-t-il pas aidé jusqu'au bout?

Il ne faut plus que je tente de m'évader. Je dois prier Dieu et ne plus douter qu'il va agir pour que je sois libéré. Tenter de s'évader, c'est douter de Dieu.

Quelques jours plus tard, le « masroul » revient :

– Peut-être vas-tu encore tenter de t'évader. Alors peut-être va-t-on te tuer. As-tu peur de la mort? me demande-t-il.

– Je n'ai pas peur de mourir. Mais ma femme a besoin de moi et c'est pour cela que je vis.

Je devine qu'il sourit.

– Tu sais très bien qu'on ne va pas te tuer. On a besoin de toi. Pour ce qu'on demande à la France, on doit te garder en vie et faire en sorte que tu sois en bonne santé pour pouvoir t'échanger. Alors, n'essaie plus de t'évader. Que veux-tu? Des livres en plus. On va t'apporter des livres.

– Je veux écrire à nouveau à ma femme.

– Apporte-lui du papier et un crayon, dit-il à un autre gardien.

J'écris alors une autre lettre à Marlène où, à nouveau, je lui adresse des paroles d'encouragement.

– Que veux-tu encore?

– Je veux qu'on me coupe les cheveux.

– On va te couper les cheveux. On va te donner de nouveaux vêtements pour l'été.

– Y a-t-il des nouvelles au sujet des négociations?

– Je n'ai aucune nouvelle. Je ne sais rien.

Il s'opère maintenant un changement d'attitude chez eux. Avant, ils me mentaient. Maintenant, ils n'en prennent plus la peine.

Juillet. Il fait de plus en plus chaud. Les deux nouveaux gardiens sont plus intelligents et moins paresseux. Ils démontent le ventilateur, nettoient les pales. Le moteur, à présent, ne fait plus de bruit et j'ai l'autorisation de le faire tourner toute la journée. Les coupures de courant sont moins fréquentes et ils m'offrent même un deuxième ventilateur. Pour avoir moins chaud, je les fais tourner toute la journée. La nuit, je n'en garde qu'un. C'est suffisant pour conserver un peu de fraîcheur dans la chambre, ce qui permet de mieux dormir. En revanche, si la nourriture s'est améliorée pendant une semaine, l'ancien régime est revenu très vite. Ils ne m'emmènent aux toilettes toujours qu'une fois par jour.

Ils me remettent d'autres livres. Des polars américains, passionnants, écrits il y a une trentaine d'années, mais aussi, *Les Châtiments* de Victor Hugo, et *Guerre et Paix* de Tolstoï. Avant mon enlèvement, Jean-Paul Kauffmann avait écrit à sa femme qu'il avait lu plusieurs fois *Les Confessions* et *Guerre et paix*. Un élément de plus qui confirme que je suis bien détenu par les mêmes gens que les autres otages français.

A plusieurs reprises, dans le lot de livres que le gardien amène, se trouve un gros volume qu'il ne me donne pas. Je soupçonne qu'il contient un message, ou un nom, que je ne dois pas voir. Mais un après-midi, l'autre gardien ne fait pas attention, et me le remet par mégarde. Le titre est *Les sales boulots de la CIA en Afrique,* tome II, écrit en anglais par des Américains qui dénoncent, avec multitude de détails, les missions du SDECE français (l'ancienne DGSE) et de la CIA. Des articles décrivent la présence de mercenaires français en Afrique du Sud et en Rodhésie. A la fin du livre, je trouve une liste de diplomates américains en poste à l'étranger, qui sont chefs de bureau de la CIA dans les ambassades. Dans leur biographie, je lis leur date de naissance, les études qu'ils ont suivies, leur grade au sein de la CIA et, enfin, leur fonction année par année. Les noms des diplomates américains qui ont été en poste en Iran et au Liban sont entourés au stylo à bille. Encore un indice qui confirme que le groupe qui me détient dépend de l'Iran. Je ne crois plus aux « simples » Libanais qui voudraient m'échanger contre un trafiquant de drogue. Le fait que d'autres otages soient détenus avec moi, ne peut que confirmer cette opinion.

Un autre jour, un gardien vient me demander quelle est la nationalité de ma femme. Je lui réponds « syrienne ». J'entends alors le deuxième lui dire tout bas : « Mais pourquoi les Français épousent-ils toujours des Syriennes? » Et l'autre de répondre : « Tais-toi, ne dis rien. » Je suis surpris par leurs réflexions, car je sais que Marcel Carton et Michel Seurat sont mariés à des femmes d'origine syrienne. Ce sont tout de même des coïncidences troublantes.

Pour passer le temps, je demande parfois à mes geôliers de me donner des informations sur le monde extérieur. J'apprends ainsi que Dalida s'est suicidée; que Platini a décidé d'arrêter sa carrière professionnelle et aussi la mort de Camille Chamoun. Lorsque j'écris à Marlène, je lui demande de me répondre en faisant publier un message dans *Le Safir,* parce que je sais qu'ils lisent ce journal de la gauche libanaise.

– Si vous voyez un message, pourrez-vous me le faire lire?

– Il faudra demander au chef, répondent-ils.

Quand le « masroul » vient, je lui pose la même question.

– Je n'ai pas lu de message, dit-il dans un premier temps. Puis il s'embrouille : ou plutôt, ce n'était pas un message de ta femme, mais de ton père.

– Mais je n'ai jamais demandé à mon père d'écrire un message!

– Alors, je me trompe, c'est un message de ta femme. Je ne suis pas sûr. Il faut que je demande.

Ils me mentent encore. Je ne comprends pas pourquoi. Ou plutôt si. Dans leur tête, ils croient m'aider à tenir le coup en me donnant de fausses nouvelles de mes proches.

– En raison de la journée de deuil pour la mort de Camille Chamoun, les journaux ne paraissent pas, ajoute le « masroul ». Ensuite, ils me parlent d'une grève générale pendant laquelle il n'y a ni journaux, ni pain, ni essence... La livre libanaise dégringole. C'est la seule vraie information que j'aie de l'extérieur.

Le mois de juillet s'écoule. Je prie beaucoup. Je lis la Bible très souvent. J'essaie de suivre les principes de la parole de Dieu : ne pas douter, avoir confiance...

C'est l'été. Il fait très chaud et je ne peux m'empêcher de penser à la plage. C'est l'époque où, lorsque l'actualité était creuse, je déjeunais à l'hôtel Summerland, un complexe balnéaire avec deux piscines au bord de la mer, où vient se faire bronzer la bourgeoisie libanaise – en majorité musulmane – de Beyrouth-Ouest. On y trouve de très jolies filles de toutes les confessions, qui portent les derniers maillots de bains à la mode à Saint-Tropez.

Allongé sur mon matelas, je me laisse bercer par des souvenirs agréables. A Beyrouth, j'ai connu plusieurs libanaises. J'en garde un très bon souvenir. Je me surprends même à sourire en pensant à quelques situations cocasses. Au *Back Street,* un bar-restaurant qui ferme tard, près de la rue Hamra, j'avais rencontré May une très belle druze aux yeux verts. Son copain, un responsable de la Sécurité du quartier, l'avait mal pris. Quand la fille me donnait rendez-vous chez elle, je restais sur mes gardes. Le prétendant m'avait transmis un message par des intermédiaires : « Laisse tomber May, ou je te tue. » Au Liban, on tue pour moins que ça. Je connaissais aussi une très belle chiite, issue d'une grande famille du Sud-Liban chiite qui avait fait fortune en Afrique. Elle était splendide et blonde comme les blés. Un souvenir, racontait-elle avec humour, des Croisés du château de Beaufort.

Au fond de mon trou, des images défilent dans ma tête. Je repense aux bons moments que j'ai passés avec mes copains envoyés spéciaux qui déboulaient de Paris, quand la situation se dégradait à Beyrouth. Je pense à Bertolino, à « Pépé » Luizet, à Hoche, à Serrat, à Comiti, mais aussi à Gilles, à Samy, à Sorj, à tous ceux avec qui je rigolais le soir, quand on rentrait de reportage pendant la guerre du Chouf, des camps palestiniens ou du siège de Tripoli. Au restaurant du Cavalier, on décompressait autour d'un « mezzé » arrosé d'un Ksara 1968.

Pendant que je suis dans le noir, le gardien bronze en se prélassant sur la terrasse. Quand il revient pour m'apporter le repas, je ne peux m'empêcher de lui faire remarquer que j'aimerais être à sa place. Il me répond : « D'accord, demain je t'emmène. Pas sur la terrasse, mais à la plage! » Et il se met à rire. Il trouve la plaisanterie bonne et je vais dans son sens. Je plaisante aussi. Je n'ai pas le cœur à rire, mais il faut bien maintenir des rapports « humains » avec ces barbares. Ce sont des hommes, et moi, j'ai envie de parler pour ne pas rester seul.

Généralement, il ne passe que deux ou trois minutes à mes côtés. On discute de tout et de rien, du temps qu'il fait dehors, des femmes en France, des livres que je suis en train de lire. Certains me demandent la traduction de certains mots en français qu'ils ont entendus à la télévision libanaise lors d'une publicité. La liberté me manque atrocement. Il y a maintenant près de deux cents traits gravés sur le mur. Le fait de marquer une barre chaque jour me démoralise, mais je tiens à conserver la notion du temps.

L'après-midi du 2 août, le « masroul » pénètre dans ma chambre. Il me dit :

– Ce soir, on va mettre un prisonnier avec toi. N'essaie pas de faire quoi que ce soit. Pas de tentative d'évasion. Sinon...

J'attends avec impatience ce prisonnier, car je suis seul depuis presque sept mois. J'espère qu'il ne parle pas qu'arabe. Au milieu de la nuit, j'entends la porte d'entrée qui s'ouvre. Les gardiens pénètrent dans ma cellule et installent un matelas à l'autre extrémité. Ils changent de place le piton qui maintient ma chaîne et le plantent à côté du ventilateur mural. Ils apportent une autre chaîne et amène l'inconnu.

– Couche-toi, dors et ne dis rien, lui disent-ils.

Et ils éteignent la lumière. A travers les pales du ventilateur, le clair de lune laisse filtrer une faible lumière qui éclaire seulement le côté de la chambre où je suis. Mes yeux s'habituent à l'obscurité et je distingue quelqu'un assis. Il ne bouge pas, ne fait pas un bruit. Je m'approche doucement.

– Parles-tu l'anglais?

– Oui.

– Je m'appelle Roger Auque, je suis français et je suis détenu ici depuis presque sept mois.

– Depuis un an et six mois?

– Non, depuis un peu plus de six mois.

– Non, depuis un an et six mois!

– Non, non, depuis six mois.

– Ce n'est pas possible.

– Pourquoi?

– Parce que lorsque j'ai été enlevé en janvier 1986, il y avait quatre otages français. Donc tu es détenu depuis plus longtemps.

– Je ne fais pas partie de ces quatre otages. J'ai été enlevé après, en janvier 87.

– Quoi? Des otages ont encore été enlevés après moi?

– Qui es-tu?

– Je m'appelle Chae Sueng Do. Je suis diplomate coréen.

– Mais oui, je me souviens quand tu as été enlevé. On n'a plus eu de nouvelles de toi. Je ne savais pas que tu étais détenu par le même groupe que moi. Cela fait un an et demi...

– Oui.

– Tu n'as jamais eu de nouvelles de ta famille? Sais-tu par qui tu es détenu?

– Non, je ne sais pas.

Je sens une réticence de sa part. Je ne vois pas son visage à cause de l'obscurité. Mais je devine qu'il est petit, avec un visage rond. Il semble avoir peur de me parler. Peut-être s'imagine-t-il que je ne suis pas un véritable otage.

– Tu ne resteras peut-être ici que pour la nuit. Il faut qu'on se mette d'accord : le premier de nous deux qui est libéré, donne des nouvelles à la famille de l'autre. Ma femme s'appelle Marlène, elle est syrienne. Tu peux lui donner des nouvelles par l'intermédiaire de l'agence Reuter à Beyrouth. Tu lui dis que je l'aime, qu'elle m'attende, qu'elle ne perde pas espoir et que je vais bien. Je ferai la même chose pour ta famille.

– D'accord. Tu contactes l'ambassade de Corée du Sud, ça suffit.

– Maintenant on va dormir. On parlera davantage demain matin.

Lorsque je me réveille, il est déjà assis contre le mur. Il porte un maillot de corps et un short blanc, sale. Il a les cheveux coupés très court, puisqu'on est « passé chez le coiffeur » au mois de juillet. Il est imberbe et affiche une triste mine. Il devait être bien portant, car même en ayant perdu du poids, il lui reste encore quelques kilos... Je mets le ventilateur intérieur en marche, puis celui du mur, lorsque j'entends que les gardiens sont réveillés.

– Quand t'ont-ils amené?

– J'ai toujours été dans l'appartement. C'est moi le troisième otage.

– Ils ont donc mis un autre otage à ta place.

– Oui, j'ai entendu qu'ils installaient quelqu'un d'autre.

– Nous sommes donc quatre dans l'appartement. As-tu une idée de la nationalité de l'autre otage?

– Non, je ne sais pas.

Nous parlons de l'otage qui se trouve près de la salle de bain. Il est d'accord avec moi : il doit être anglais, mais il ne sait pas de qui il s'agit. Ayant été enlevé un an après lui, je lui donne des nouvelles « fraîches »... qui datent de six mois. Aussi, pendant les jours qui vont suivre, il me pose des dizaines et des dizaines de questions, souvent les mêmes. Je vais lui apprendre que d'autres otages, français, américains, britanniques, allemands, ont été enlevés depuis qu'il est détenu, que certains ont été libérés après négociations. Je lui apprends que Terry Waite a été enlevé également et que des otages ont été tués. Mais j'essaie surtout de lui remonter le moral, car il pense que le gouvernement sud-coréen ne négocie pas pour lui. « Il s'en fiche, dit-il. Des diplomates coréens, il y en a plein dans le monde. » Il ne comprend pas pourquoi ils l'ont enlevé, lui, alors que la Corée du Sud n'exerce aucune influence au Proche-Orient. Il est complètement paumé. Un asiatique otage au Liban. C'est comme s'il était sur Mars. Je lui explique ce que je pense :

– A mon avis, ils t'ont enlevé, car la Corée du Sud est un allié des Etats-Unis. Il faut que tu comprennes que tu es dans le même cas que les otages américains. Que ceux qui négocient pour les otages anglo-saxons, négocient probablement pour toi aussi. S'ils te gardent en vie, c'est qu'il y a des négociations en cours. S'il n'y en avait pas, s'ils ne voulaient pas t'échanger, ils t'auraient déjà tué. Garde le moral. Après un an et demi, tu vas bientôt être libéré.

Il me parle de lui, me dit qu'il a trente-trois ans. Beyrouth est son premier poste. Au bout de trois jours, il m'avoue cependant qu'il a dix ans de plus, qu'il a été plusieurs années en poste dans un Etat américain, les îles Hawaï. Il l'a caché à ses ravisseurs, qui sont d'ailleurs persuadés qu'il ne parle pas l'anglais. Il a décidé de les haïr dès le premier jour et refuse de communiquer avec eux. « Ils ont essayé de me donner des cours d'anglais, m'explique-t-il. J'avais envie d'éclater de rire en faisant exprès de ne pas comprendre et de mal prononcer les mots. » J'apprends qu'ils lui ont dicté au bout d'un an une lettre en anglais, pour sa femme, à Noël 1986. Il me raconte son enlèvement qui a eu lieu à quelques mètres d'un barrage de l'armée libanaise. Les soldats ont tout vu, mais ils ne sont pas intervenus. Un collègue de l'ambassade était venu le prendre en voiture. Il a conduit d'abord son enfant à l'école. Soudain, avant d'arriver sur le bord de mer, une voiture leur a barré le chemin, après une queue de poisson. Trois hommes sont sortis du véhicule et l'ont braqué avec un revolver. Il s'est débattu, il a crié et gesticulé comme un beau diable. Ils ont alors tiré plusieurs coups de feu en l'air pour couvrir le son de sa voix. Les ravisseurs ont fini par réussir à l'embarquer de force et à l'allonger sur le plancher de la voiture. Comme il ne se taisait pas, ils l'ont aspergé d'un jet de bombe insecticide au moment où il ouvrait la bouche. Les premiers jours, il continuait encore à se débattre. Alors, ils l'ont frappé. Puis, ils lui ont mis des menottes aux poignets, qui se resserraient inexorablement lorsqu'il remuait. Il a toujours été enchaîné depuis le premier jour. Au fil des heures, il me donne des détails. On échange nos informations et, après recoupements, on en déduit que nous étions dans le même lieu de détention, un lieu où il a été transféré déjà deux fois. Moi, je ne suis resté, juste après mon enlèvement, qu'un mois à Ouzaï, sur le bord de mer, dans la banlieue sud. J'étais au premier sous-sol. Il y avait quatre cellules, et j'en ai occupé deux successivement. Lui me dit qu'il a été détenu dans le premier sous-sol parce qu'il entendait aussi le bruit de la mer sur le sable.

Lorsqu'on l'a transféré une deuxième fois dans ce même lieu de détention, il était au deuxième sous-sol. Il me confirme ainsi qu'il y avait bien un deuxième sous-sol, où le régime était plus dur que le premier. Là, il a compté sept cellules. Il a écouté les voix des voisins et il est persuadé que des otages américains, anglais et français étaient détenus au même sous-sol que lui. Il a entendu parler anglais avec l'accent américain, et il a bien entendu parler français. Il m'affirme qu'il a aperçu certains de ses voisins. Un homme très vieux, avec une barbe blanche, qui parlait français. Je suppose que ce devait être Camille Sontag. Il a même entendu un jour les ravisseurs dicter une lettre à un otage américain pour demander, parmi d'autres exigences, le retrait des forces israéliennes du Sud-Liban.

Selon lui, il y a davantage de Libanais que de Palestiniens parmi les ravisseurs. Il a réussi comme moi à identifier les gardiens et à les reconnaître par la voix. En comparant nos informations, on finit par compter une bonne trentaine de gardiens, c'est-à-dire que ses gardiens sont les mêmes que les miens. En fait, nous sommes tous détenus par le même groupe dirigé par les mêmes chefs!

Il dit être sûr que parmi ces gardiens « certains, ont refusé de donner une Bible à un Américain qui la demandait. » Il me donne d'autres détails. Il a entendu un otage français demander un livre scolaire pour apprendre l'arabe.

Mais il y avait aussi une femme, qui parlait anglais, et qui hurlait à longueur de journée : « Pourquoi me gardez-vous? Pourquoi ne me laissez-vous pas partir? » Et le gardien répondait : « Tais-toi, ne fais pas de bruit, sinon on va te frapper! » Je suis étonné. C'est la première fois que j'entends dire qu'une femme est otage au Liban. Mais lui m'assure que c'est vrai. Il est certain d'avoir bien entendu une voix féminine. Il y avait donc une femme occidentale détenue à Beyrouth pendant l'hiver 86-87 à Ouzaï. Je pense que c'est une occidentale. Si elle était libanaise, elle aurait parlé l'arabe et n'aurait pas crié en anglais.

Il me raconte aussi qu'il a été transféré une fois avec trois autres otages anglais et américains dans le même minibus Volkswagen. Le véhicule roulait sur une route de montagne qui, selon les précisions qu'il me donne, doit être la montagne du Chouf, contrôlée par les druzes de Jumblatt. Il sentait que le minibus montait avec peine et tournait souvent dans des virages en épingle. Une fois arrivé, il a été transféré dans un sous-sol où l'attendaient des cellules déjà aménagées. Tout était prêt : matelas, assiette, fourchette en plastique... En passant, il a pu compter quatre ou cinq cellules ouvertes, avant d'être poussé dans la sienne.

Je compte que mon compagnon d'infortune a été transféré à cinq ou six reprises en un an et demi, entre la banlieue sud et la montagne du Chouf. C'est en effet la seule montagne où des gardiens musulmans peuvent transférer les otages.

Chae Sueng Do connaît peu, apparemment, la géographie du Liban. Il me demande s'il n'était pas dans la Bekaa, ou en Syrie. Je ne pense pas, car la plaine de la Bekaa se trouve à plus de deux heures de voiture de Beyrouth. Or, son transfert n'a duré qu'une demi-heure. Il était donc bien dans la montagne du Chouf.

Dans ce lieu de détention, il a vu un otage qui semblait être anglais ou irlandais, en tout cas pas américain. Cet homme, à l'accent britannique, était très jeune, très timide et pleurait souvent. Il avait les cheveux roux.

CHAPITRE XII

DEPUIS un an et demi qu'il est seul, le malheureux brûle d'envie de parler. Au fil des jours, il me parle de la Corée du Sud et de sa famille. Il est marié, père de deux enfants. Il est inquiet parce que sa femme n'a pas d'argent pour vivre. Il est persuadé que son gouvernement ne va pas nourrir sa famille. Je lui dis : « Mais ce n'est pas possible, tu es diplomate! » « Chez moi, ce n'est pas la même chose qu'en Europe, me répond-il. J'espère que les miens ne meurent pas de faim. Tu sais, en Corée il y a beaucoup de gens sans travail, qui meurent de faim. » Un matin, il me demande : « S'ils ne me tuent pas et si je suis un jour libéré, je ne sais même pas ce que je vais faire. Je ne pourrai plus travailler au ministère. Ils vont me congédier. Crois-tu que je pourrais trouver du travail à Paris? Je pourrais peut-être être chauffeur de taxi. Est-ce dur d'être chauffeur de taxi en France? » Il est persuadé, en effet, que le gouvernement de Corée du Sud va lui reprocher d'avoir été enlevé! Il en arrive à la conclusion qu'il a été enlevé par sa faute, parce qu'il n'a pas su entretenir de bonnes relations avec les différentes factions libanaises. Il a commis, en quelque sorte, une faute professionnelle! Il va donc être licencié du ministère des Affaires étrangères. C'est pour cela qu'il envisage de travailler en France. Je m'aperçois qu'au bout de dix-huit mois, le conditionnement, chez lui, est plus important que chez moi. L'angoisse et la solitude lui ont fait perdre la notion des valeurs. Je lui dis :

– Quand tu seras libéré, va à l'ambassade de France ou des Etats-Unis directement. L'ambassade de Corée du Sud est fermée à Beyrouth-Ouest. Après ton enlèvement, les diplomates sud-coréens ont déménagé. Mais peut-être vas-tu être libéré à Damas. Certains otages libérés ont en effet déjà été remis aux forces de Hafez el Assad au Liban pour transiter ensuite par la capitale syrienne.

– Non, je ne veux pas aller à Damas, rétorque-t-il. Mon pays n'a pas de relations diplomatiques avec la Syrie. C'est seulement la Corée du Nord qui a des relations avec eux. Les Coréens du Nord nous haïssent. Ils sont capables de m'enlever. Je ne veux pas être transféré à Damas, répète-t-il l'air apeuré.

– De toute façon, tu n'auras pas le choix. Mais ne t'inquiète pas. Le lieu de libération est un détail. Ce qui compte, c'est d'être libéré!

Depuis que Chae Sueng Do est avec moi, je revis. Je suis toujours entre quatre murs, sans voir la lumière du jour, mais je ne suis plus seul. Parfois, je me marre. On parle de cuisine et pendant des heures il m'explique comment il faut faire cuire le riz. Les gardiens le font cuire en tapant comme des sourds sur le bord de la marmite pour qu'il ne colle pas. Moi, ça m'horrifie de les entendre taper midi et soir. Lui, ça le fait rire parce qu'il dit qu'ils n'y connaissent rien à la manière de faire cuire le riz. C'est simple : quand il n'y a plus d'eau dans la casserole, le riz est cuit. Question de dosage! Il m'explique également la recette de la soupe coréenne. A mon tour, je lui donne des recettes de cuisine française, tout au moins ce que j'en sais. On parle aussi de cinéma, de politique intérieure française, de géo-stratégie. On parle de différents écrivains, des livres qu'on a lus en captivité, puisqu'on nous a donné les mêmes bouquins. Il se débrouille un peu en français, pas très bien, mais il arrive à comprendre. Il parle mieux l'anglais. Curieusement, quand les gardiens lui demandent s'il veut quelque chose, il dit toujours non.

– Tu veux regarder la télé?

– Non.

– Tu veux un livre?

– Non.

Il refuse catégoriquement de communiquer avec eux. Il les ignore. Ceux-ci avaient entassé tous les livres qu'ils prêtent aux otages dans sa précédente chambre. Il les lisait à leur insu. Aussi, se raconte-t-on parfois des histoires d'Hitchcock. On en rit, et en même temps, elles nous font peur! Il est très sympa et on s'entend bien.

Tous les jours, je poursuis ma gymnastique malgré ma chaîne, et je lui demande pourquoi il ne m'imite pas.

– Je n'ai pas envie, me dit-il.

Mais à force de me voir faire, il commence à ébaucher quelques mouvements. Sinon, on marche de long en large. Je sens que ces exercices lui font du bien. On a délimité notre territoire. Lui s'est mis d'un côté de la chambre, moi de l'autre; Notre chaîne, longue d'un mètre, nous permet de nous rapprocher et de parler ensemble. Et on parle beaucoup.

De Dieu et de la religion. « J'étais croyant, dit-il, mais je ne le suis plus. » Pourtant, sa femme est catholique. Il suit une religion coréenne, mais je n'arrive pas très bien à savoir de quoi il s'agit. Il essaie de m'expliquer, et je crois comprendre que c'est une secte qui ressemble à la religion bouddhiste. Depuis qu'il est détenu, il n'a plus la foi. Il considère que son Dieu l'a trahi puisqu'il ne vient pas à son secours. Quand je fais ma prière, il se retourne et s'abstient de parler. Il respecte mes convictions religieuses.

Je lui prête quelques livres. « Je n'ai pas envie de lire », dit-il. En fin de compte, au bout de quelques heures, il finit par lire comme moi. Le soir, il refuse de manger parce qu'il a peur de grossir. Il a pris en effet du ventre. Mais j'ai beau lui dire que ce n'est pas à cause de la nourriture, mais parce qu'on est privé de mouvement, rien à faire. Il s'obstine. Me voir manger lui donne faim et je lui offre la moitié de mon sandwich. Les gardiens ne lui amènent plus de sandwich parce qu'ils savent qu'il ne mange pas le soir. De toute manière, il ne veut rien leur demander. Pendant quelques jours, je lui donne la moitié de ma part. Mais, déjà qu'on n'a pas assez à manger, on ne tiendra pas longtemps à ce rythme! Un soir, je me décide à demander aux gardiens, en arabe, qu'ils apportent désormais un sandwich pour lui. Il est content et il mange avec moi. Chacun sa part. Je lui raconte mes tentatives d'évasion. Il a tout entendu. Il écoutait derrière la porte quand ils m'ont rattrapé. Il dit : « Tu es brave, mais c'était risqué. »

– Attention! Si tu es libéré avant moi, surtout ne raconte pas à la presse que j'ai tenté de m'évader. Sinon les gardiens le sauront.

– D'accord. Mais tant que je ne suis pas sorti, fais-en autant pour moi et ne dis pas que j'ai entendu d'autres otages, dont une femme qui criait... Ce serait mauvais pour moi.

En poste depuis six mois au moment de son enlèvement, il n'aime pas le Liban. Il dit que les gens qui nous détiennent sont des singes, des imbéciles, des fous, des ânes, des sauvages. Il rit tout seul de ses propres paroles.

C'est vrai qu'ici tout est absurde. Le comportement des gardiens, le fait de nous faire attendre pour du dentifrice ou aller aux toilettes, de mentir, mal, comme des enfants qui essaient de tromper leurs parents. Le comportement oriental est parfaitement illogique. La tournure d'esprit de l'Orient n'a rien de cartésien. Ils pensent, parlent, réfléchissent suivant un raisonnement qui n'est pas le nôtre. On les prend pour des fous. On attrape des fous rires parce qu'on s'amuse à les piéger. Ils ont voulu améliorer nos conditions de détention. Pour qu'on soit heureux et que nous ayons envie de rester, ils ont d'abord repeint toute la chambre! Assis tous les deux sur un matelas, on pouffe de rire de les voir suer avec leurs rouleaux. On plaisante : « Ça va être beau. On va avoir une belle chambre! Peut-être va-t-on prolonger la location dans cet hôtel! »

Puis ils nous offrent des shorts bleu et vert, avec des tee-shirts propres et neufs, qu'ils sont allés chercher dans une boutique. La peinture claire nous donne l'impression d'avoir davantage de luminosité dans la chambre. Les gardiens rient de nous voir essayer notre nouvelle « garde-robe ». Ils s'amusent avec nous, comme des enfants au cirque. On est des clowns, mais on se moque d'eux en même temps.

Toujours pour améliorer nos « conditions de vie », le chef leur a donné l'ordre d'aller acheter une chaîne hi-fi. Et pendant plusieurs jours, pendant dix minutes, ils nous installent la platine dans la chambre « La musique, c'est bien pour l'esprit », nous disent-ils. Nous, on rigole. Ils croient que, parce qu'ils nous font écouter de la musique, on va être contents d'être ici. Dans leur tête, ils nous emmènent au concert. Ils sont complètement cons! Le gardien branche l'appareil et on entend la mélopée lancinante et interminable d'une musique arabe. Les gardiens laissent la porte ouverte pour en profiter et nous obligent à garder le bandeau sur les yeux. Aveugles et enchaînés, on attend chaque jour l'heure du « supplice ». Do finit par craquer.

– C'est pas possible. Je ne supporte pas la musique arabe. Ils n'ont pas autre chose?

Moi, j'aime bien. Mais pas tous les jours à heure fixe. Quand le gardien revient, je lui demande s'il n'a pas autre chose :

– Oui, j'ai d'autres cassettes. Une s'appelle Betho, Bethové... quelque chose comme ça.

– Apporte, on verra bien...

Et c'est une cassette de Beethoven ! Dans le lot, il y a même d'autres compositeurs classiques. Assis sur mon matelas, je crois être dans un fauteuil de la Salle Pleyel. Dix minutes chaque jour, j'écoute Beethoven, Chopin, Mozart. Bientôt, on en a assez. J'apprécie la musique classique, mais, dans ces conditions, elle ne me calme pas. Au contraire, elle m'agace et finit par me donner le cafard.

Après cet épisode, les gardiens jouent à Sherlock Holmes. Quand Do est aux toilettes, ils me demandent :

– T'a-t-il dit quelque chose ? Te parle-t-il, l'autre prisonnier ?

– Non. On ne se comprend pas bien. Il ne parle pas anglais.

– Sais-tu de quel pays il vient ?

– Je crois qu'il est chinois.

– Et le « Chinois », il t'a dit quelque chose ? insiste avec obstination le gardien.

– Non, il dit rien. Il m'a parlé de sa famille, mais c'est tout. Il parle pas.

– C'est faux, je vous ai entendu parler.

– Non, il parle peu.

– Mais il s'entend bien avec toi, il ne te pose pas de problèmes ?

– Non, non, il est gentil.

Et pendant que je vais, à mon tour, dans la salle de bain, ils posent les mêmes questions au Coréen :

– L'autre est-il gentil avec toi ?

– Oui.

– De quoi te parle-t-il ?

– De rien.

– Tu veux pas nous dire ?

– Non.

Pendant quatorze jours, on passe notre temps à

parler de football, de cinéma, de chansons. Tous les sujets y passent. On se remonte le moral mutuellement. Je prie beaucoup, et je dis à Do : « On va bientôt sortir, j'ai demandé à Dieu. Je ne doute pas, je me bats pour ne pas douter, pour respecter la parole du Christ. »

Ces quatorze jours, seront les meilleurs, en tout cas les moins durs, de toute ma détention. Il y a bien sûr des temps morts. A certaines heures, on retourne chacun dans notre coin. Je prends un livre. Lui aussi. Au bout d'un moment, je remarque qu'il ne lit plus. Il regarde le mur et secoue la tête en soupirant. Je comprends son désarroi. Moi, ça fait sept mois que je suis là. Mais lui, ça fait un an et sept mois. Physiquement, il a l'air de tenir le coup. Mais dans sa tête, ce doit être très dur. Car il ne sait pas si son gouvernement va négocier. Parfois, il est effondré. Paradoxalement, lui parler, l'encourager me réconforte :

– Ne t'en fais pas, on va bientôt sortir, j'en suis sûr.

– Tu vas sortir avant moi, dit-il, parce que tu as plus de valeur.

Il s'arrête à des détails qui n'ont aucune importance.

– Ils t'ont laissé tes vêtements. Moi ils me les ont pris. Le jour de mon enlèvement, j'avais acheté un costume parce que j'avais un cocktail à l'ambassade de France, explique-t-il. Et ce costume, ils me l'ont pris. Un jour ils m'ont donné un balai, un seau et une serpillière pour nettoyer la chambre. La serpillière était un morceau de veste! Je suis sûr qu'ils ont porté mon caleçon et ma chemise. Toi ils t'ont laissé tes vêtements. Tu sortiras avant moi, répète-t-il.

Comme pour exorciser son malheur, il me raconte les angoisses qu'il a vécues. Dans un de ses nombreux lieux de détention, enfermé au premier soussol, il entend les bruits de la rue. Il n'y a pas de gardien. Il est enchaîné, les poignets et les chevilles liés. Une porte ferme sa cellule. Le gardien vient une fois par jour à 5 heures du matin pour lui donner à manger, à boire et l'emmener dans la salle de bain. C'est tout. « C'était très dur », m'avoue-t-il. Il n'a même pas de bouteille pour uriner. Il a tellement pris l'habitude de se retenir qu'il n'urine plus qu'une fois par jour, quasiment rien. Il boit et mange très peu. Un jour il entend des enfants jouer dans la rue. « Puisque je les entends, eux peuvent m'entendre », se dit-il. Alors il décide de crier en anglais : son prénom, son nom et les mots « ambassade de Corée du Sud ». Il hurle. Les gardiens ne sont pas là. Les enfants entendent et répètent après lui. Il espère. Ces gosses ont compris le message. Ils vont prévenir à tous les coups l'ambassade de Corée du Sud, ou la police. En tout cas, ils vont parler autour d'eux. Il sera libéré! Le lendemain, les enfants reviennent. Ils ont composé une chanson avec les mots de Do auxquels ils ont ajouté des paroles en arabe. Et tous les jours, à haute voix, ils reviennent chanter la même mélodie : « Do Chae Sueng, la la la la, South-Corean Embassy, la la la la... » Ils ont bien deviné qu'il s'agit d'un prisonnier, d'un otage emprisonné dans un sous-sol. Ils l'ont certainement dit à leurs parents. Mais les parents ne vont pas prendre le risque de prévenir les autorités. Ils ont trop peur des représailles. Et puis, ils s'en moquent. C'est l'indifférence libanaise!

Dans ce quartier populaire de Beyrouth, les commerçants ne manquent pas. Un vendeur de fruits et légumes passe tous les jours avec une camionnette munie d'un haut-parleur. Afin d'appâter le client, il chante une mélodie pour vendre ses tomates et ses oranges. Il remarque des mots inconnus dans le chant des gosses. Les enfants répètent « Do Chae Sueng », « South-Corean Embassy » et expliquent qu'un prisonnier, là, à un mètre sous terre, leur a crié cette phrase. Et eux, pour s'amuser, ont composé une chanson avec ces jolis mots. Alors, chose incroyable, le vendeur va se mettre aussi à chanter la chanson des enfants en hurlant dans son haut-parleur, dans tout le quartier : « Do Chae Sueng, la la la la, South-Corean Embassy, la la la la. » Tous les matins, à la même heure, il recommence l'aubade. Ni lui ni personne ne préviendra une quelconque autorité. Aucun voisin ne cherchera jamais à entrer en contact avec l'otage. Dans son cachot, Do s'arrache les cheveux! La situation est à la fois dramatique et tellement absurde, qu'il parvient, par dépit, à la trouver drôle.

Les premiers jours de sa captivité, quand Do hurle et se débat avec les gardiens, il reste quatre jours sans manger ni boire. Personne ne vient le voir. C'est le régime qu'ils ont choisi pour l'affaiblir, le casser. Au bout de quatre jours, ils reviennent en lui disant :

– Tu as faim, tu as soif, tu vois, maintenant tu ne cries plus!

« Quand ils m'ont dit ça, raconte Do, j'ai trouvé encore la force de crier et j'ai continué de leur mener la vie impossible. Mais ils m'ont eu à l'usure. »

En dix-neuf mois, le malheureux a tenté, une seule fois, de s'évader.

– Au cours d'un transfert, dans le coffre d'une voiture, j'ai réussi à me libérer de mes liens, me dit-il. Mais je ne suis pas parvenu à ouvrir le coffre. Je ne pensais pas que c'était si difficile. Je n'ai jamais pu recommencer parce que j'étais toujours enchaîné, avec quelquefois des menottes aux poignets en plus. Je parlais souvent tout seul à haute voix, ajoute-t-il.

– Mais que dis-tu quand tu parles?

– Je parle à mes enfants, à ma femme. Je pense à ma jeunesse.

En fait, il réagit comme moi. Il survit grâce à ses souvenirs.

– Je crois que si je suis détenu, explique-t-il, c'est parce que j'ai dû faire quelque chose de mal dans une autre vie. Mon père disait que c'était possible. Et je crois que c'est ce qui m'arrive.

Do est également démoralisé, à cause de son âge.

– J'ai 43 ans et ce sont des années importantes que je suis en train de perdre en restant ici. Je suis emprisonné depuis un an et sept mois et je ne serai peut-être pas libéré avant plusieurs mois, un an peut-être. Quand je vais sortir, je serai vieux. Je suis triste, parce que je n'ai pas assez profité de la vie.

Il se reproche le comportement qu'il a eu dans le passé. « Si j'avais mieux travaillé à l'Université, j'aurais obtenu un poste plus important, dit-il. Je ne me serais peut-être pas retrouvé à Beyrouth. A cause de mes notes, on ne m'a pas laissé le choix. »

Do est déçu par le Liban. Avant de quitter Séoul, des amis diplomates lui avaient tracé un portrait dithyrambique du pays et de sa tradition d'hospitalité. Enlevé quelques mois après son arrivée, il avoue qu'il gardera une image horrible du Liban.

Parmi les livres, j'en trouve un, écrit en anglais par une Libanaise qui s'intitule : *Du printemps à l'été*. C'est le très beau récit d'un amour entre deux jeunes gens dans le Liban d'avant-guerre. A travers ce roman, on découvre une image du Liban totalement différente de celle d'aujourd'hui. Aussi, je lui conseille de lire ce livre.

– Non, dit-il, il parle du Liban et je suis « malade » quand je pense à ce pays.

Je n'ai plus que deux autres livres à lire à ce moment-là : *Le Vieil homme et la mer* d'Hemingway, et un livre en anglais très intéressant sur les partis politiques américains. Je lis ces deux livres très vite. Pour m'occuper, je ne peux même plus inscrire les jours sur le mur depuis qu'ils ont repeint. Ils avaient remarqué ces traits et m'en ont demandé la signification. J'ai été obligé de leur dire. Depuis, ils ne veulent plus que je trace de traits. Malgré ce manque de repères, je continue à savoir quel jour nous sommes. Le Coréen, bien qu'il n'ait jamais inscrit les jours, le sait parfaitement aussi. En un an et sept mois, il n'avait jamais perdu la notion du temps.

Je me demande d'ailleurs comment il pouvait remplir ses journées. Dans un livre, on trouve des émotions, l'évasion, des valeurs qui parfois sont les nôtres. Lui n'avait rien de tout ça, et je suis même surpris qu'il n'ait pas perdu la tête. Aux environs du 13 août, on se doute qu'on ne va plus rester très longtemps ensemble. Mais pourquoi nous ont-ils mis dans la même cellule? Est-ce parce qu'ils vont bientôt nous libérer? S'ils libèrent l'un de nous, espèrent-ils qu'il racontera qu'il était avec d'autres otages? On ne comprend pas très bien.

En échangeant avec lui les informations que j'avais, j'ai acquis la certitude que je suis détenu par le même groupe pro-iranien qui détient les autres otages français, anglais, américains, allemands. Lorsque Do a été enlevé, l'OJR n'existait pas encore. Il a été enlevé en janvier 1986, et l'OJR, dans les communiqués, a fait son apparition en mars 1986, pour revendiquer l'enlèvement de l'équipe d'Antenne 2. Ce qui prouve bien, une fois de plus que l'OJR et le Jihad Islamique, c'est un seul et même groupe, et que Do, moi et tous les autres otages, sont détenus par un seul et même groupe pro-iranien.

Le 16 août au matin, le « capitaine » arrive avec plusieurs hommes chaussés de mocassins, armés de Kalachnikov. Ils nous réveillent et nous demandent de nous habiller. Ils me rendent mes vêtements. Ils n'en donnent pas à Do, puisqu'il n'en avait pas. Il reste en pyjama. Ils acceptent que je me lave. J'en profite pour boire un peu d'eau pour la route. J'ai compris qu'ils vont me transférer. Ils collent sur mon bandeau qui entoure ma tête du ruban adhésif. Même chose pour le visage : ils posent des Kleenex sous le nez, des autres sur la bouche et collent également du chatterton par-dessus. Avec le ruban adhésif, ils serrent mes poignets. Si ça continue, je vais ressembler à une momie. Puis ils me demandent de ne plus bouger. Do a été ligoté et bâillonné de la même manière. Ils quittent la chambre trois minutes et je parviens légèrement à écarter le bâillon, mais Do, lui, ne peut pas. J'arrive à lui murmurer : « On va nous transférer ensemble, ne t'inquiète pas. J'espère qu'on restera ensuite tous les deux dans la prochaine cellule. » On se serre ensuite les mains, ou plutôt le bout des doigts. Les gardiens reviennent et nous emmènent dans une chambre qui n'est pas fermée à clef. C'est la chambre de Do, dans laquelle il y avait, en principe, un quatrième otage. Or il n'est plus là. Cela veut dire que le quatrième otage qui avait été emmené dans l'appartement a été retiré, probablement la veille, sans qu'on s'en rende compte. A l'intérieur d'un canapé-lit de trois places dont on a ôté les coussins, un coffre en bois a été aménagé. Ils soulèvent le couvercle de la boîte et me font monter dedans. Puis ils me demandent de me coucher à l'intérieur. J'ai emporté avec moi ma Bible et mon shampooing Ultrex que j'ai eu tant de mal à obtenir. « Ne t'inquiète pas, disent-ils, tes affaires vont suivre. » Je n'ai pas confiance et je préfère garder ces deux objets avec moi. Ils acceptent. Je m'allonge. Mais c'est tellement exigu qu'ils ne parviennent pas à refermer le couvercle à cause de mes bras ligotés sur le devant. Avec un grand couteau, ils coupent les liens et m'attachent les bras le long du corps. J'arrive à m'allonger mais c'est si étroit, que je suis obligé de garder la tête sur le côté pour qu'ils puissent rabattre le couvercle. Je leur demande de laisser la planche légèrement soulevée pour que je puisse respirer. Quand ils se sont penchés sur moi, j'ai vu un instant leurs visages. Celui que j'appelle Fada a la tête d'un hezbollahi : grande barbe, regard fou, cheveux drus coupés court. Il est âgé d'environ vingt-cinq ans, grand, mince, à peu près de ma taille. L'autre a exactement la tête du jeune combattant palestinien : une vingtaine d'années, cheveux courts, lisses, petite moustache. Il porte une ceinture en travers du torse, avec des poches en toile contenant des chargeurs. Dans sa main, il serre un Kalachnikov. Comment va-t-il sortir de l'immeuble avec ces chargeurs sur la poitrine? Il va se faire repérer!

Quand ils sont prêts, ils referment le couvercle. Je ne suis pas claustrophobe, mais là, j'ai l'impression que je vais étouffer. Il fait très chaud. Je ne peux absolument pas bouger, et j'ai énormément de difficulté à respirer. Je panique. Je fais un effort pour garder mon sang-froid, mais j'ai du mal, car tout à coup, je pense à Michel Seurat. Michel Seurat est probablement mort accidentellement étouffé, lors d'un transfert. On ne sait pas exactement. A l'intérieur de ma boîte, je me dis : « Je ne vais tout de même pas crever comme ce malheureux. » Je fais un effort immense pour me maîtriser. Si je panique, je vais respirer plus souvent, suivant les principes de la plongée sous-marine. En Floride, j'avais suivi des cours et obtenu un diplôme de plongée. La règle de base est de se maîtriser, d'éviter de paniquer pour ne pas consommer trop d'air et de respirer d'une manière lente et régulière. C'est ce que je m'oblige à faire. Je prie Dieu, et je fais un effort pour garder mon calme. Mais c'est horrible. Dans ma « malle de fakir », j'ai l'impression que je vais m'asphyxier. Soudain, je sens que deux gardiens emportent le canapé. Mais il est tellement lourd, qu'ils doivent s'arrêter à chaque palier. Pendant six étages, ces imbéciles me descendent tête la première! Le nez et une partie de la joue collés contre la paroi, je crois ma dernière heure arrivée. J'ai le sang qui me monte à la tête et je ne peux rien faire. J'essaie bien de soulever doucement le couvercle avec mon épaule, mais ils le rabaissent. J'entends qu'ils soufflent comme des bœufs. Au rez-de-chaussée, des enfants, probablement les gosses des voisins, posent des questions : « Où allez-vous? Pourquoi descendez-vous le canapé? » Mes gardiens sont ennuyés. « On doit partir et on déménage », répondent-ils évasivement. Enfin, ils glissent le canapé dans ce qui doit être une camionnette, ou un minibus. Un des gardiens reste là, et l'autre monte. Probablement pour descendre le Coréen, dans un autre canapé.

Un enfant reste là, planté devant le véhicule, et continue à parler avec le gardien. A l'intérieur, je n'en peux plus. Je suis recroquevillé comme un pantin désarticulé. J'essaie de soulever le couvercle, mon geôlier s'en aperçoit et s'assoit dessus, tout en continuant à discuter avec l'enfant comme si de rien n'était. Je me doute qu'il doit paniquer à l'idée que le gosse se rende compte que le canapé contient un homme. Si j'arrivais à faire un signe, peut-être que l'enfant en parlera autour de lui et qu'à l'ambassade, ils sauront où je me trouve. J'essaie de faire dépasser un doigt à travers le tissu déchiré du dossier. Tout en faisant semblant de rien, le gardien refoule avec sa main le bout d'index qui dépasse. Si ma vie n'était pas en jeu, la scène pourrait être cocasse.

J'entends qu'ils descendent Do, puis une troisième personne, probablement l'Anglais. Il y a maintenant trois canapés à l'arrière de la camionnette. Le véhicule démarre. C'est le milieu de la matinée, il fait chaud. J'entends la cacophonie des klaxons, le bruit des moteurs. La circulation est dense et la camionnette roule doucement. J'entends un gardien qui donne des indications au chauffeur : « Va doucement, un peu plus à gauche, attention... » Le transfert dure environ cinq minutes. On reste donc dans le quartier. La voiture descend une rampe d'accès et s'arrête. Il était temps. Je n'aurais pas pu tenir davantage. A cause de la chaleur, du manque d'air, je suis proche de l'évanouissement.

Je devine qu'on est dans un sous-sol, peut-être un parking souterrain. Ils ont descendu d'abord les deux autres, puis moi. Je me relève dans ma boîte. Ils me tiennent par le bras pour que je mette le pied sur le sol, puis ils me guident dans un couloir jonché de papiers sales, plongé dans une sorte de semi-obscurité et je passe une porte en fer, qui donne sur une petite pièce, au sol bétonné, éclairée par une faible ampoule électrique. Ils me poussent ensuite dans une deuxième pièce, très sale, recouverte de poussière. Il fait froid, humide. Deux matelas en mousse peu ragoûtants traînent sur le sol en terre battue. Ils me font asseoir. Le responsable enlève le bâillon, les liens et me dit :

– Excuse-moi, mais on est obligé de faire comme ça. Maintenant ça va aller mieux. Tu vas rester là deux jours et ensuite on te mettra ailleurs. Il faut que tu sois patient. Veux-tu boire?

– Oui.

Il va me chercher de l'eau, me donne une bouteille de Sohat et un sandwich au poulet. Je mords dedans volontiers, car je n'ai pas mangé de viande depuis longtemps.

Je devine que les deux autres otages ne sont pas loin. Un est près de moi. Ils lui parlent en anglais. L'autre semble plus éloigné. La porte se ferme. Une ampoule éclaire la pièce voisine et un peu la mienne à travers des barreaux au-dessus de la porte. J'enlève le bandeau et je découvre que c'est Do qui est dans la même pièce que moi. On est contents d'être ensemble. On se raconte comment on a vécu ce transfert, lui et moi. On réalise qu'on est dans une cave, avec des murs en brique. Ce doit être un parking parce qu'on entend distinctement des voitures se garer. C'est très sale. Des moustiques volent autour de nous et des souris courent sur le sol. Je devine que l'Anglais est dans la pièce à côté, que j'ai traversée pour arriver ici. Les gardiens sont restés à l'extérieur. Ils claquent les portières plusieurs fois et je suppose que la camionnette est garée devant la cave.

J'entends, dans une mosquée, l'appel à la prière du muezzin. Elle est reprise à haute voix par beaucoup de fidèles. J'écoute un mollah tenir un prêche très enflammé au-dessus de nous. J'en déduis que le parking et nos caves se trouvent sous la mosquée. L'escalier doit être juste au-dessus car on entend les gens descendre à toute vitesse pour aller chercher leur voiture.

Une mosquée, au-dessus d'un parking, c'est assez rare et donc facile à localiser. Mais je ne vois pas de quelle mosquée de la banlieue sud il s'agit. Le soir, tard, ils nous emmènent aux toilettes, au son des grillons. Je réalise qu'il doit y avoir des ouvertures dans le parking, au niveau du sol. En sortant de la cave, mon gardien ne remarque pas que mon bandeau est mal placé et je vois, garé devant la porte, le véhicule qui nous a amenés jusqu'ici. C'est bien une camionnette de couleur bleue, de marque japonaise ou américaine, bâchée et utilisée souvent à Beyrouth par les marchands de fruits et légumes. En passant, je mémorise machinalement le numéro de la plaque « 709330 ». Je le confierai tout à l'heure à Do. Et le premier qui sort le communiquera immédiatement à l'ambassade de l'autre.

Deux cents mètres au moins séparent la cave des toilettes dans le parking. Un gardien me tient d'une main par un bras et serre un revolver dans l'autre. Une précaution prise, je suppose, pour le cas où quelqu'un viendrait nous surprendre, plus que pour prévenir une tentative d'évasion de ma part. Si je me mettais à courir, où pourrais-je bien aller? Comment pourrais-je trouver la sortie? Ce n'est pas possible! Pourtant, j'y pense à cette évasion! En levant le bandeau, je me rends compte qu'il y a six toilettes. Des toilettes publiques, en dessous, donc, de la mosquée. A 10 heures du soir, la mosquée est probablement fermée. Les W.-C. publics à la turque sont très mal tenus. Pendant les trois jours que nous resterons là, on ne pourra jamais se laver les dents, ni toucher un morceau de savon...

CHAPITRE XIII

TROIS gardiens nous surveillent. Parmi eux, je retrouve Christophe que je n'ai pas revu depuis longtemps.

– Me reconnais-tu? me demande-t-il.

– Oui.

– A quoi?

– A ta voix et à ton odeur. Tu as une eau de toilette spéciale.

– Es-tu content de me voir?

– Oui. Ils m'ont dit que tu étais mort.

– Ah bon, ils t'ont dit ça!

– Tu as des nouvelles pour moi, sur le plan des négociations?

Il se met à rire. Je poursuis :

– Tu m'avais pourtant assuré que j'allais être bientôt libéré parce que j'avais été enlevé par erreur.

– On répond toujours ça, dit-il. Quand on enlève quelqu'un, on lui fait toujours croire que c'est une erreur. On lui dit toujours qu'il va être bientôt libéré. C'est normal. C'est pour qu'il garde le moral et reste calme.

– Mais maintenant, ça fait bientôt huit mois que je suis détenu.

– Tu seras libéré un jour. Je te l'ai dit : tu seras

libéré et tu sortiras sain et sauf. Je ne sais pas quand, mais ne t'en fais pas, tu ne seras pas tué.

– Qu'est-ce qui me prouve que tu ne vas pas me tuer?

– Si je dois te tuer, je te le dirai.

Et il se met à rire, puis il sort un superbe revolver, colt 45. « Le meilleur qui existe », me dit-il. Il me montre les balles, des balles magnum. « Les meilleures qui existent », dit-il encore.

Manifestement, il est content. Il a ce qu'il y a de mieux. Il me montre le revolver en détail. Le colt 45 est si grand que je me demande comment il peut tenir dans sa poche.

Dans notre cachot, on passe la nuit à tuer les moustiques. « J'en ai eu encore un! » annonce Do à chaque fois qu'il écrase un insecte. Dans le livre sur les partis politiques américains, on a lu l'expression « monkey business » : affaires de singes. On a oublié le sens originel, mais pendant toute notre captivité on ne cesse de répéter en riant « monkey business » et la nuit on tue les moustiques en essayant de dormir. J'ai retiré mon jean et je me suis mis dans la housse destinée au matelas, pour essayer de me protéger des piqûres qui me rendent fou. La deuxième nuit, ils nous donnent des « spirales » vertes antimoustiques, qui se consument lentement. Au bout d'une heure, on est enfumé comme des rats dans notre réduit. Les yeux sont irrités, la gorge aussi, mais les « escadrilles ennemies » volent bas.

En inspectant les parois de notre cachot, Do et moi nous apercevons qu'une brique est descellée dans le mur qui sépare notre cellule de celle de l'Anglais. En une minute, la brique nous reste entre les mains. Et dans la « lucarne », on voit l'otage voisin assis sur son matelas. Bien que l'ampoule soit allumée, que sa porte soit fermée et qu'il soit seul dans la pièce, l'otage garde son bandeau sur les yeux. Do, en anglais lui dit : « On est des otages, moi je suis coréen, et lui est français. » L'Anglais sursaute.

Il nous entend. Mais ne dit rien. Do insiste : « Réponds-nous! Pourquoi ne parles-tu pas? » A mon tour, je lui demande : « Parles-tu français, réponds-nous! » Il bouge la tête, mais il n'ose pas nous répondre. On insiste : « Pourquoi gardes-tu ton bandeau? » Je lui demande s'il comprend l'allemand. Mais rien n'y fait. On se demande pourquoi il ne répond pas. Il a été enlevé après nous, il possède peut-être des informations sur les négociations. On a envie de savoir! Il a les cheveux coupés très court et une barbe grise sur un visage maigre. Il est vêtu d'un pyjama et d'un maillot de marin blanc avec des lignes bleues, qui vraisemblablement lui appartient. Je repense évidemment à Terry Waite... Christophe avait été surpris et inquiet que je sache que l'émissaire de l'archevêque de Canterbury avait été enlevé. Il était soulagé quand je lui ai dit que je l'avais appris par la radio des gardiens. A travers le trou je reconnais bien l'homme d'une cinquantaine d'années que j'avais déjà vu dans l'appartement. Lui qui, au début, plaisantait avec les gardiens, est visiblement abattu et complètement effondré sur son matelas. Cette attitude nous énerve, Do et moi. Mais peut-être ne comprend-il pas que nous sommes de vrais otages! Mais s'il se méfie, il n'a qu'à nous regarder! Il est à trois mètres de nous et ne bouge pas. Il est tout seul, il garde son bandeau et il ne veut pas nous parler... « Eh l'Anglais, parle-nous! Mais parle-nous! » On ne comprend pas et on finit par pouffer de rire.

Au petit matin de la deuxième nuit, une voiture vient le chercher. Il disparaît sans que nous ayons pu lui tirer un seul mot et le réconforter. Nous espérons qu'ils vont nous transférer, à notre tour, et dans un appartement plutôt que dans un sous-sol!

La troisième nuit, un gardien nous réveille en plein sommeil. C'est peut-être la dernière fois qu'on se voit et, pendant qu'ils garent leur voiture, je lui dis : « On se reverra dehors quand on sera libres. Je viendrai te voir, ou bien le contraire, mais on se reverra, libres. » Je suis ému et lui aussi. J'ai presque envie de pleurer. Je lui dis encore : « Je te souhaite d'avoir du courage et de garder l'espoir. Tu verras, on se reverra, j'en suis sûr. J'ai été heureux des jours qu'on a passés ensemble. » « Moi aussi, ça m'a fait du bien, me répond-il. Je te souhaite bonne chance. »

A ce moment, on ouvre la porte et nous mettons le bandeau. J'enfile mon jean, mais ils me disent de ne pas mettre mes mocassins. Puis ils me donnent un tissu brun, étrange. « Passe la tête par là » ajoutent-ils. J'ai compris. C'est un tchador, le vêtement qui recouvre la femme musulmane intégriste de la tête aux pieds. Ils me demandent ensuite de chausser des sandales en plastique et ils éclatent de rire parce que nous sommes habillés comme des femmes.

Devant la cave, nous montons dans la Volvo, dans laquelle j'ai été enlevé. On est tous les deux à l'arrière. Do à ma gauche, moi au milieu avec à ma droite un gardien armé d'un Kalachnikov. J'ai les yeux bandés, recouverts par le masque du tchador. Deux personnes occupent les places avant. Le chauffeur est celui qui parle anglais avec une voix efféminée. Wallid est à côté. D'autres hommes sont dans la camionnette qui nous suit. Ils ouvrent la grille qui ferme le parking souterrain et on démarre. Ils parlent en arabe dans un talkie-walkie. Je comprends qu'ils demandent à la camionnette de rouler moins près, à d'autres moments, de se rapprocher un peu. Wallid dit au chauffeur : « Ralentis! Ralentis! Attends-les! » Ils restent en liaison permanente et je sens que le gardien qui est à côté de moi, armé de son Kalachnikov, a la trouille. Il prie tout bas et visiblement il a peur de tomber sur un barrage. On roule en ligne droite, pendant environ cinq minutes. Je pense qu'on est toujours à proximité de l'aéroport et de la ligne de démarcation de Beyrouth. J'entends des échanges de coups de feu. Ce n'est pas le camp palestinien, parce qu'on est trop près de l'aéroport, à tel point que j'entends les réacteurs des avions qui roulent sur la piste.

On emprunte ensuite des routes cahoteuses, en terre battue, qui grimpent légèrement. La voiture s'arrête. On me fait descendre. La portière claque derrière moi et Do reste dans la Volvo. Je comprends que nous ne nous verrons plus. Deux gardiens m'entraînent sous un porche, puis dans un escalier en béton, sans carrelage ni rampe. Il y a le vide à gauche et à droite. Je devine que c'est un immeuble inachevé. Au deuxième étage, une double porte ouvre sur un appartement. Je traverse un vestibule et pénètre dans une chambre. Ils me font asseoir, m'enchaînent à la cheville et referment la porte. Silence. Je retire le tchador. La chambre est éclairée. Elle mesure 2,50 m sur 2,50 m. Les murs sont mal peints en jaune clair. Le sol, carrelé, est à moitié recouvert d'une natte en plastique. Aucun meuble, si ce n'est un matelas de mousse, deux couvertures, un panier avec une assiette en plastique. Ma chaîne mesure au moins deux mètres et me permet d'atteindre l'autre bout de la pièce. La fenêtre n'est pas condamnée. Elle comporte deux battants, avec un verre opaque. J'ouvre un battant fermé par un crochet. La vue est obstruée par un panneau en bois qui ressemble à un moucharabieh. Mais à travers les croisillons, j'aperçois dans la nuit de petits immeubles comme on en voit dans la banlieue sud. Soudain, la porte s'ouvre brusquement. J'ai le temps de remettre mon bandeau, mais pas de fermer le battant que j'ai ouvert. « Il ne faut pas y toucher », dit l'homme qui est entré en refermant la fenêtre. J'ai commis une faute, alors il me punit en raccourcissant la chaîne pour que je ne puisse plus atteindre la fenêtre. Elle ne mesure désormais plus que 50 centimètres et me permet à peine de me mettre debout.

Le lendemain, avec des plaques de fer et une lampe à souder, Wallid et le « Fada » arrivent. Wallid fixe les plaques sur la fenêtre et soude un bloc de métal sous la poignée, de manière que je ne puisse plus l'abaisser. En quelques minutes, la chambre est devenue un coffre-fort.

Je remarque toutefois que les murs sont excessivement fins, et je devine aux bruits que je perçois que des gens habitent aux étages au-dessus et au-dessous. L'immeuble ne doit comporter que trois étages. En face de la porte de ma chambre, des fenêtres opaques permettent à la lumière de pénétrer dans le couloir. Pour aller dans la salle de bain, je dois tourner à droite, longer le couloir sur quelques mètres et traverser ensuite une pièce cuisine à moitié masquée par un rideau. Je remarque toutefois que c'est une vraie cuisine aménagée, avec gazinière, évier, casseroles... La salle de bain est propre. Les toilettes sont à la turque, mais la douche est spacieuse. Une machine à laver trône dans un coin sous une petite fenêtre condamnée par une plaque de fer.

L'unique gardien, le Fada, dort à côté de ma chambre dans un grand vestibule. Ma chaîne passe à travers le mur et par le trou, j'arrive à voir le bas de son lit et le drap qui le recouvre. Une porte vitrée sépare le vestibule du salon-salle à manger, où dorment Wallid et sa femme, Najjat. C'est elle qui fait la cuisine, je l'entends marcher, parler avec Wallid et leur enfant, Aïda, qui, le soir venu, disparaît pour aller dormir dans un immeuble voisin. L'enfant est un garçon d'une dizaine d'années. Par le trou de la serrure, je peux le voir. Il a les cheveux courts et un visage oriental aux traits réguliers. Parfois, il nettoie le couloir avec une serpillière. Il n'ouvre jamais la porte de ma chambre. Mais je suis sûr qu'il sait que je suis là. Elle aussi le sait parfaitement.

Le lendemain, le Fada, de son vrai nom Hassan, m'apporte un sac en plastique contenant mes vêtements. Avant de quitter mon jean, pour enfiler mon pyjama, je cherche dans mes poches la médaille de saint Christophe qui ne me quitte jamais. En la récupérant, je tombe également sur une médaille en plastique à l'effigie du Christ et de saint Charbel, un saint chrétien maronite libanais. C'est un gardien qui m'a surveillé quelques jours au mois de février-mars et qui me l'a donnée en souvenir de lui. Il m'affirmait être chrétien. « Je suis heureux, disait-il, parce que je vais me marier avec une libanaise chrétienne. Quelques semaines après la cérémonie, nous quitterons le Liban pour rejoindre un parent qui vit à Boston. » Il espérait suivre des études aux Etats-Unis. Il tenait à laisser un présent. Il n'avait rien sur lui. Alors, il m'a donné cette effigie en plastique. Si c'est un chrétien, ce ne pouvait être qu'un Palestinien, car je ne pense pas qu'un chrétien libanais puisse détenir un otage occidental, en pleine banlieue musulmane. Il est revenu après le mariage, encore plus excité qu'avant. Il m'a raconté ses prouesses. « J'ai fait l'amour à ma femme sept fois la première nuit. Je suis comblé de bonheur, mais aussi très fatigué. Ma femme est très belle. Elle a des yeux verts, de jolis cheveux bruns, mais j'ai peur de l'avenir. Je suis sans travail et j'espère que ma famille aux Etats-Unis va m'aider. » Il était apparemment un combattant et « travaillait » comme gardien par « intérim ». Le soir, il m'a donné des gâteaux de mariage libanais et, en me quittant, il m'a dit qu'il ne me reverrait probablement plus.

En voyant cette médaille de pacotille à l'effigie du Christ, je repense à lui, qui me parlait comme si j'étais un ami. Il ne se rendait même pas compte que j'étais un homme désespéré entre quatre murs.

Dans mon nouveau lieu de détention, mes conditions de vie s'améliorent. Ils me donnent à manger trois fois par jour. Hassan, que Wallid appelle « Hadj » (celui qui a fait le pèlerinage de La Mecque) et que je surnomme Fada, laisse la porte ouverte pour aérer et me donne un ventilateur. Wallid part le matin travailler pour – j'imagine – aménager une autre cellule. Il rentre fatigué le soir, avec sa caisse à outils. Toute la journée, je demeure avec Hassan et Najjat qui ne vient jamais me voir. Je l'entends seulement parler à son fils, qui reste là une ou deux heures par jour. Najjat parle et rit beaucoup avec Hassan. Après le départ de Wallid, ils prennent leur petit déjeuner ensemble le matin. Hassan la drague plus ou moins, à la libanaise. Ils blaguent ensemble, il la fait rire, il la taquine, lui court après à travers l'appartement...

Najjat fait très bien la cuisine. Des plats typiquement libanais avec du riz et des légumes farcis. Je mange exactement comme eux.

Quand je veux boire, je dois demander au Hadj, le Fada. « Je t'en apporte tout à l'heure », dit-il. En fin de compte, il revient plusieurs heures après. Je reste parfois une journée complète sans eau. C'est la fin de l'été, fin août début septembre, et il fait encore très chaud dans l'appartement. Je m'engueule avec lui. Il me raconte n'importe quoi. « Il n'y avait pas d'eau, explique-t-il. Il a fallu aller la chercher. Ça prend du temps. » Il ment. Il ne manque pas d'eau, puisque j'entends qu'il s'en sert pour faire son thé. Quand je le lui dis, il se vexe. Je n'insiste pas, mais je sens qu'il n'est pas content. Je crève de soif, alors qu'il y a de l'eau dans la pièce à côté. Ça me met hors de moi. Quand il ouvre la porte, je demande à cet imbécile si l'eau, dans la salle de bain, était bonne à boire.

– Non, elle n'est pas bonne, dit-il. Et il se met à rire.

– Mais pourquoi m'as-tu laissé la boire? Est-ce que toi aussi tu bois cette eau?

– Mais non. On achetait des bouteilles de Sohat (l'eau minérale libanaise).

– Mais tu es fou! J'aurais pu être malade! Pendant toute ma détention tu m'as fait boire de l'eau du robinet, alors que toi tu buvais de l'eau minérale! Ça fait six mois que ça dure!

Et il rit de plus belle.

– De toute manière, tu n'as pas été malade. Et maintenant tu as de l'eau potable.

Que puis-je répondre à ça? Effectivement, je n'ai pas été malade. Il y a des jours où je ne peux aller aux toilettes de tout l'après-midi, parce qu'ils reçoivent la visite des voisines. Najjat boit le thé et mange des petits gâteaux avec les voisines qui ne se doutent de rien. Hassan vient me voir et me dit : « Surtout, ne fais pas de bruit et met le ventilateur sur la petite vitesse, en position un. » Il craint que les voisines suspectent ma présence. Lui reste dans l'appartement sans se cacher. A mon avis, ils doivent faire passer Hassan pour un cousin de Wallid, ici pour quelque temps. Je comprends mieux pourquoi je n'assiste plus aux rotations de gardiens.

C'est à se taper la tête contre les murs. J'entends ces femmes qui racontent leurs petits potins, qui parlent des parents, des enfants, des voisins, de tout et de rien, en sirotant leur thé et en mangeant des gâteaux pendant que moi, à moins de trois mètres, je reste enchaîné comme un chien dans une pièce plongée dans l'obscurité. Cette absurdité me révolte et mon moral tombe au plus bas.

Depuis que Do m'a quitté, des idées noires recommencent à se bousculer dans ma tête. Je suis dans mon troisième lieu de détention. Quand vais-je en sortir? Pour abréger mes souffrances, je ne vois qu'une solution. Et l'idée de l'évasion renaît, une fois de plus, dans mon esprit.

Après la dernière tentative, je m'étais promis de ne plus recommencer. Il fallait que j'attende que Dieu me libère. Mais je ne peux tout de même pas rester à croupir ici en attendant un hypothétique secours. Dieu doit quand même comprendre ça!

Etant le seul otage, Hassan n'amène plus une marmite pour me servir à la louche, mais une assiette garnie et une cuillère en fer. Sur la fenêtre, j'ai repéré que la poignée tient grâce à deux vis. Avec ma fourchette, je me dis qu'il existe une idée à trouver.

Mais il faut que je patiente et que j'observe attentivement comment est organisée la vie dans cet appartement et quelles sont les habitudes de Hassan. Peu à peu, je me prépare.

Je lui répète d'abord sans cesse que je dois aller au minimum deux fois par jour aux toilettes, à heures fixes. Je m'engueule avec lui, car il affirme que c'est impossible à cause du manque d'électricité... Je sais pertinemment que c'est un faux prétexte. Il a tout simplement peur que des gens nous surprennent au moment où je suis dans le couloir. Il préfère attendre que Wallid rentre pour m'emmener à la salle de bain. Le reste du temps, il dort! Entre la nuit et la journée, il dort au minimum quinze heures! Quand le courant est coupé, il dort et lorsqu'il revient, il branche son magnétoscope. Il regarde des films arabes, égyptiens pour la plupart. Ensuite, il pense, enfin, à m'emmener aux toilettes ou à m'apporter à manger.

Au bout de quatre jours de discussion avec Wallid, je parviens à le convaincre d'une part, de me laisser, non pas cinquante centimètres, mais un mètre de chaîne, et, d'autre part, d'augmenter de onze à treize le nombre de maillons qui enserrent ma cheville. Grâce à ce « rayon d'action » supplémentaire, je lutte beaucoup mieux contre les cafards qui m'envahissent.

Ils nettoient le couloir presque tous les jours, mais dans ma chambre, le carrelage reste tellement sale qu'ils ne veulent même plus entrer. A plusieurs reprises, je demande à Hassan de me donner une serpillière pour que je décrasse cette pièce. « Oui, demain », dit-il toujours. Les jours passent et la chambre ressemble de plus en plus à une porcherie. Attirés par les grains de riz, les miettes ou la nourriture que le gardien ne manque pas de renverser à chaque repas, des colonies de fourmis et des escadrons de gros cafards pénètrent dans la pièce. J'en tue un maximum. La nuit, je les entends autour de moi, mais je ne peux pas les écraser puisque je ne les vois pas. Il y a des moments où je deviens obsédé par ces maudits insectes qui se glissent insidieusement jusque sur mon matelas. J'arrive tout de même à obtenir une serpillière et à laver. Une fois tous les dix ou quinze jours. C'est déjà une grande victoire. Prévenant, Hassan pose désormais un papier journal devant le seuil de ma porte, pour glisser l'assiette dessus. Il s'accroupit dans l'encadrement de la porte et pose l'assiette. A moi de m'allonger et l'attraper, comme un chien qui tire sur sa chaîne pour atteindre l'écuelle que le maître a posée un poil trop loin. Pour me détacher, il aligne deux papiers journal par terre, et marche dessus... pour ne pas salir le reste de l'appartement.

Pour un musulman qui a effectué le voyage de La Mecque, paradoxalement, Hassan prie à peine une fois ou deux par jour. Alors que Wallid prie davantage. Je les entends se laver les mains, les pieds, avant que commence le murmure rapide et mélodieux des paroles rituelles. Au fur et à mesure que les semaines passent, je deviens de plus en plus nerveux. Tout m'irrite, même leur prière. Mais ce qui me rend fou, c'est le bruit continuel qui se dégage de la cuisine. Ils passent leur journée dans cette pièce, qui jouxte la mienne. Pour se laver les mains, pour cracher, pour se moucher sous le robinet, ou pour nettoyer la vaisselle. Ils manipulent des dizaines de sous-tasses et des dizaines de cuillères pour le thé, des dizaines d'assiettes pour manger. Survivre dans ce bruit de vaisselle du matin au soir, me tape sur les nerfs. J'ai vraiment peur de devenir fou.

Ma détention est interminable. Les jours défilent et je ne sais rien. Cela fait trois mois que je n'ai rien appris me concernant. Ils ne me disent plus rien. Je ne sais même pas si mes lettres sont arrivées. A partir du mois de septembre, je commence à avoir beaucoup de difficultés à dormir. Je me réveille au milieu de la nuit avec une boule de nerfs dans l'estomac. Je laisse tourner le ventilateur, même si j'ai légèrement froid, pour que le moteur couvre les bruits de l'appartement et de cet immeuble qui me paraît être construit en papier mâché. J'entends chacun des pas de l'homme qui habite au-dessous et qui se lève à cinq heures du matin pour aller travailler. Tout comme j'entends Hassan ou Wallid se lever, manger, aller aux W.-C. Je n'en peux plus.

Mon seul plaisir, c'est quand le « masroul » m'apporte quelques bouquins. Je choisis de commencer par un livre en anglais, sur la vie de Martin Luther King, qui s'intitule : *Laisse sonner les trompettes*. Je le trouve génial. La passion de Dieu et des hommes du pasteur noir me réchauffe le cœur et m'encourage à garder un espoir qui a tendance à s'amenuiser de jour en jour. Je suis passionné par *Le Matin des magiciens*, écrit dans les années 60 par Louis Pauwels et Jacques Bergier. Un livre fabuleux où se mélangent la science-fiction, les sciences occultes, l'ésotérisme et la religion. Ce livre parvient à établir des corrélations entre la religion et la science. Il explique la destruction de Sodome et Gomorrhe par une explosion atomique. Mais il ne renie pas Dieu pour autant. Dieu c'est l'univers, mais aussi la science. Cette combinaison me permet de combattre le doute, d'allier le matériel au spirituel et la science à la religion.

Le 13 septembre, un dimanche, un homme que je n'avais encore jamais vu, ou entendu, entre dans ma chambre. Je devine que c'est un responsable. Il porte des chaussures de ville, et Hassan s'est respectueusement écarté en silence après l'avoir laissé entrer. L'inconnu s'agenouille près de moi et me dit en anglais :

– Comment ça va?

– Ça va.

Il laisse passer quelques secondes, puis il ajoute :

– J'ai des nouvelles pour toi. Nous avons pris la décision de te libérer.

Il laisse encore s'écouler quelques secondes, comme s'il voulait que je récupère mes esprits.

– Je ne peux pas te donner de date, dit-il. Je ne peux pas, car je ne sais pas. Peut-être seras-tu libéré dans une semaine, peut-être dans un mois, peut-être dans trois mois. Je n'en sais rien. Mais c'est une bonne nouvelle : on a décidé de te libérer. Voilà, je ne peux pas t'en dire plus. C'est la vérité, mais je ne peux pas te donner de délai. C'est bien. Crois-moi.

Je ne réponds pas. Ils m'ont raconté tellement de mensonges que je suis devenu méfiant. Aussi m'irrite-t-il et je n'ai pas envie de poser de question.

Il poursuit :

– Est-ce que tu as besoin de quelque chose?

– Je voudrais écrire une lettre à ma femme.

C'est tout, je ne lui demande rien d'autre, puisque j'ai des livres.

– O.K. Je vais demander qu'on te donne du papier et de quoi écrire. Mais fais attention à ce que tu écris. De toute manière, je lirai ta lettre. Tu veux autre chose?

– Non, ça va.

Il s'en va. Après son départ, je réfléchis. Je n'avais jamais vu cet homme et il n'est pas venu dans le but de me rassurer. Je le sens. Il n'a pas essayé de me donner des détails, ou de fausses informations, comme le faisait Christophe. Il ne m'a pas posé de questions. J'ai senti qu'il était venu exprès pour me transmettre un message important. Il paraissait même content de m'annoncer la bonne nouvelle. C'était sa mission et il n'a pas prononcé un mot de trop. Il ne m'a rien dit de plus. Même sa manière de parler, le ton qu'il a employé étaient différents de ceux des autres qui, jusqu'ici m'avaient raconté n'importe quoi. J'y crois... J'ébauche un sourire.

Certes, un doute persiste. Mais comment ne pas croire un homme qui vient vous annoncer après huit mois de captivité que vous allez être bientôt libre?

Après son départ, j'essaie de comprendre. L'Iran a

donné l'ordre de libérer un otage et ils attendent le feu vert. Ou bien ils viennent de relâcher un otage et ils ont déjà sélectionné le prochain, c'est-à-dire moi. Dans ce cas, il ne me reste plus qu'à attendre la fin des négociations, dans une semaine ou dans trois mois. Je prends cette visite pour un signe divin. Quelque chose s'est passé. C'est sûr!

Nous sommes en septembre. Noël est dans trois mois. Je vais être libéré pour cette occasion. Tout comme Aurel Cornéa en 1986, et comme ont failli l'être d'autres otages le Noël précédent.

Je dois patienter, mais le doute est toujours présent. Je reste partagé. Et si cette visite n'était qu'un simulacre? Ils en sont bien capables. Dans le cas contraire, peut-être aussi que les négociations vont échouer? Et l'idée de l'évasion revient. Il faut que je sorte de là. Non, ça suffit! J'en ai marre. Je vais devenir fou à ressasser toujours les mêmes choses.

L'erreur est humaine. Fada commettra bien une erreur et je vais en profiter. J'étudie de plus près ce panneau, cette fenêtre qui est condamnée et je vois où Wallid a commis une erreur. Un des deux morceaux de métal est bien fixé et empêche d'actionner la poignée pour ouvrir. Par contre, l'autre morceau est légèrement décalé vers le bas. Si je parviens à enlever les deux vis qui tiennent la poignée, je pourrai peut-être le faire passer au-dessus du bloc de métal et ouvrir ainsi la fenêtre; Mais après, comment faire? Comment enlever le volet? Je n'en sais rien. De toute manière, tant que je n'aurai pas dévissé la poignée, je ne pourrai pas le savoir.

En revanche, comment sortir de l'immeuble par la fenêtre? Je ne pourrai pas sauter, on est au deuxième étage. Du plancher au plafond de la chambre, il y a trois mètres cinquante; je calcule que je devrai sauter d'une hauteur de sept mètres. Si je déchire la housse de mon matelas dans le sens de la longueur, pour en faire une corde, j'arrive à quatre mètres. Moi, je mesure 1,80 mètre, j'arrive donc à 5,80 mètres. Mais avec le nœud, je perds un peu de hauteur. Résultat : je peux compter sur cinq mètres. Mes pieds seront à deux mètres du sol. Je peux sauter. Pendant ma gym, il faut que je travaille davantage les jambes, pour protéger mes genoux.

Mais d'abord comment enlever cette chaîne? Je réfléchis pendant des jours. J'observe Hassan qui, de plus en plus paresseux, me laisse mettre ma chaîne moi-même quand je reviens des toilettes. Jour et nuit, je cherche, je cogite sans cesse. M'évader? Mais si j'étais libéré dans une semaine, ou même à Noël! Le jeu en vaut-il la chandelle? Mais dois-je attendre Noël avant de prendre une décision et risquer ensuite d'être changé de lieu de détention et n'avoir peut-être plus la possibilité de m'évader? Commençons d'abord par trouver le moyen d'enlever ma chaîne. Après j'aurai tout le temps de décider. J'essaie d'abord de limer avec la cuillère. Sans résultat. Pas moyen non plus d'enlever le cadenas. Mais, comme Hassan ne me met plus la chaîne lui-même, je dois en profiter pour lui faire croire qu'elle est bien mise autour de ma cheville. Seul handicap. Quand je ferme le cadenas, il entend le bruit de ressort et, malgré le bandeau, je devine qu'il me regarde. Par sécurité, il me demande parfois de compter les treize maillons pour vérifier si je n'ai pas mis le cadenas trois ou quatre maillons plus loin. C'est même devenu un jeu et on fait des paris :

– Il n'y a pas treize maillons, me dit-il.

– Il y en a treize.

– Combien tu paries?

Et on parie tous les deux. On parie une livre, deux livres. La plupart du temps, il perd et je range les livres libanaises qui ne valent rien à côté de ma bouteille d'eau de Cologne.

Dans ma chambre, une deuxième chaîne rouillée est également scellée dans le mur. Je suppose qu'elle est là au cas où un deuxième otage serait emprisonné. Pour moi, elle est très utile. Je m'en sers en effet de chaîne « d'entraînement ». Je calcule qu'en mettant dix-sept maillons autour de ma cheville, je peux l'enlever en la faisant glisser par le talon. Il faut à tout prix trouver le moyen d'économiser quatre maillons...Et je trouve : à l'aide d'un fil de laine tiré de ma couverture, je fabrique un nœud coulant autour de quatre maillons. Je m'entraîne pendant plusieurs jours pour trouver les gestes précis. En prenant la chaîne de la main droite, je tire sur le nœud coulant avec ma main gauche. Hassan ne peut pas voir qu'il n'y a pas treize maillons autour de ma cheville, puisque les quatre maillons de trop sont noués derrière mon pied. Autre détail : pour que le coup réussisse, il faut que l'électricité soit coupée. Dernier point : et s'il me demande de compter? Pendant des heures, je m'entraîne à compter les treize maillons, en sautant les quatre qui sont serrés et échappent à son regard. Ni vu ni connu. Le tour de prestidigitation est parfait.

Le soir même, je tente le coup et ça marche! Hassan ne s'aperçoit de rien. Reste la poignée de la fenêtre à dévisser et le problème du volet à résoudre. Avec le manche de ma cuillère, j'arrive à retirer une vis. Mais pour l'autre, pas moyen! Pourtant, j'essaie plusieurs fois. C'est très dur et je crains de faire du bruit. Je dois donc m'attaquer à la deuxième vis dans la journée, quand il y a de l'électricité, quand le ventilateur marche et, de préférence, quand Hassan regarde la vidéo.

Plusieurs jours s'écoulent avant que les conditions soient à nouveau réunies, mais je me heurte toujours au même écueil. Wallid a bloqué la vis à fond et, sans tournevis, je n'arrive pas à la faire bouger d'un millimètre.

Nous sommes fin octobre et un événement imprévu se produit avec la présence d'un nouveau gardien. Ils sont maintenant deux dans l'appartement. Hassan, paresseux, bien qu'il continue à m'apporter à manger, s'arrange toujours pour que ce soit l'autre qui m'emmène aux toilettes. Le nouveau gardien est un « intellectuel ». Il est, dit-il, en terminale de philo. Il parle assez bien le français et vient parfois me demander des explications sur, par exemple, le mythe de la caverne de Platon. Chaque jour, je parle avec lui de Platon, mais aussi de Descartes, de Hegel, de Kant... C'est génial et en même temps, c'est absurde.

Je suis enchaîné, entre mes quatre murs, comme un animal, et je parle de Platon et de Socrate avec mon gardien!

Hassan, lui, aime que je lui donne des cours de français. Une fois je lui ai expliqué les tables de conjugaisons. Il est venu avec un papier et un crayon et notait comme un bon élève les règles du futur, du passé simple et du passé composé! Il désire aussi des précisions sur le sens de certains mots. Un jour, il a fallu que j'explique la différence entre un revolver et un pistolet. Du coup, Hassan a couru chercher son arme pour me demander si c'était un revolver ou un pistolet. C'était un revolver. Maintenant, je sais qu'il possède un calibre 38, mais sans silencieux.

Les « cours » durent environ vingt minutes par jour. Ils sont interrompus par Najjat qui revient avec des provisions, ou Wallid qui rentre du « travail ». Quand ce n'est pas l'électricité qui fait tout à coup défaut. J'apprécie ce rendez-vous quotidien. Parler avec un être humain me fait un bien fou, même si c'est mon « bourreau ». Je me prends « au jeu » et je me surprends à mettre de la bonne volonté à corriger leurs erreurs. Tous deux font des progrès et j'en suis ravi. Si ça continue, je vais leur donner des devoirs!

Ils parlent aussi de religion. Ils veulent savoir la différence entre l'islam et le christianisme. Je leur dis que la chrétienté et la religion juive existaient avant l'islam. Ils me disent que non. J'insiste, mais ils ne me croient pas. Je précise la spécificité de plusieurs mots. Un prêtre pour les catholiques, un pasteur pour les anglicans, une église pour les chrétiens, une mosquée pour les musulmans, un rabbin et une synagogue pour les juifs. Je compare la Thora, la Bible par rapport au Coran. Je réussis à aborder le vocabulaire des religions, sans qu'ils soient choqués. J'essaie d'orienter la discussion à un autre niveau, par exemple sur la philosophie de l'islam. Mais ils ne suivent pas. Je demande à Hassan s'il est sunnite ou chiite et j'apprends qu'il est sunnite, alors que je le croyais chiite.

Le nouveau gardien semble plus éduqué. Plus prudent aussi dans ses propos. Je ne sais pas s'il est chiite ou sunnite. Il affirme qu'il a gardé Paul Marchand et semble bien le connaître. Un soir, il vient avec Wallid. Hassan n'est pas là. Wallid me dit qu'ils ont libéré Marchand fin octobre, il y a donc deux semaines puisque nous sommes à la mi-novembre. Je saurai à ma libération que c'est Do, le Coréen, qui a été libéré à cette date, et que Paul Marchand n'a jamais été enlevé. Mais, visiblement, ils le connaissent bien et me donnent des détails sur lui. « Il est grand et on lui a coupé ses longs cheveux, disent-ils. Il gesticulait beaucoup. Il était insupportable. »

CHAPITRE XIV

A VOIR vivre mes geôliers aussi tranquillement, je réalise qu'ils sont complètement insouciants et indifférents au fait que je me meurs à petit feu. Je ne sens chez eux aucune pitié, aucune générosité envers moi. A croire que je n'existe pas. Pourtant, mes conditions de détention sont pires que celles des prisonniers dans les pays occidentaux. Même dans les QHS, les anciens quartiers de haute sécurité, il y avait au moins la lumière du jour. Les gens qui sont en prison peuvent travailler, faire des promenades d'une demi-heure, faire du sport, recevoir des lettres, regarder la télévision, parler avec d'autres détenus, recevoir la visite de leur femme ou de leur famille. Pour moi, tout ça n'existe pas. De plus, les « vrais » prisonniers savent quand ils vont sortir. Moi, je sais qu'il n'y aura jamais de procès et j'ignore même si je sortirai vivant de cet enfer. Ici, ma vie dépend entièrement de mes gardiens. Dans une centrale, le prisonnier a certains droits. Un gardien à Fleury-Mérogis ne peut pas tuer un détenu. Ici, s'ils ont décidé de m'exécuter, personne ne peut les en empêcher. Ils savent que ce crime restera impuni. Dans ma « prison », il n'y a pas d'infirmerie, et si je suis malade on n'ira pas chercher un médecin avant une, deux ou trois semaines. Ils attendront la dernière minute et ce sera peut-être trop tard.

Au bout de ces dix mois de détention, je me rends compte que je commence à « déraper ». J'ai des trous de mémoire sur mon passé et je perds beaucoup la notion des valeurs. Je suis sur une frontière et il suffit de peu pour que je bascule de l'autre côté, dans la folie. Quant à ma condition physique, elle s'étiole de jour en jour. J'ai à peine la force, et le goût, de faire quelques mouvements de gymnastique. J'ai des douleurs cardiaques et des pincements au cœur plusieurs minutes par jour. Sans nécessairement bouger. Pourtant, je n'ai jamais eu de problème au cœur. J'ai aussi en permanence la gorge irritée. Peut-être est-ce parce que ma chambre n'est pas suffisamment propre? A cause de ma chaîne, je vis au ras du sol, comme une limace, allongé toute la journée sur un matelas. Même si, de temps en temps, j'obtiens de l'eau et du savon pour nettoyer, il me manque toujours l'aération. En insistant, j'arrive à convaincre le gardien d'ouvrir la porte dix à quinze minutes par jour après le petit déjeuner.

Hassan n'ouvre pas la porte pour adoucir mon calvaire. Il a tout simplement envie de me parler, ou de me demander quelques cours de français. Il se montre gentil pour que je l'aide. Je profite de ces instants où nous entretenons des rapports presque « normaux » pour lui demander ce dont j'ai besoin. J'essaie toujours de garder un ton conciliant et de ne pas m'énerver. Pourtant, Dieu sait que j'ai envie de lui mettre mon poing sur la figure, mais je me maîtrise. Je lui parle en suivant la méthode orientale, c'est-à-dire en avançant à petits pas par des chemins détournés.

– Hassan, ça fait deux semaines que je n'ai pas pu nettoyer la chambre. Je sais bien qu'il n'y a pas beaucoup d'eau dans l'appartement, je sais bien que tu as beaucoup d'autres occupations. Tu as peut-être oublié, mais ce serait quand même bien si tu pouvais me donner de l'eau.

– D'accord, je vais te donner de l'eau.

– Mais quand tu vas me la donner? Demain?
– Demain ou aujourd'hui.
– Aujourd'hui, c'est promis? Aujourd'hui, tu me donnes de l'eau. C'est promis?
– C'est promis.

Je sais que même lorsqu'il promet, il y a une chance sur trois pour qu'il me donne de l'eau aujourd'hui, une chance sur deux pour qu'il me l'apporte demain. Sur le plan psychologique, ce combat de tous les instants m'épuise et me sape le moral. Cependant, il est nécessaire car, au bout de plusieurs mois, je suis parvenu à cerner la psychologie des gardiens. Je sais qu'il faut insister, insister jusqu'au moment où il faut savoir arrêter et ne plus rien demander. Le gardien est fier. C'est lui qui détient le pouvoir. Il ne peut donc pas satisfaire ma demande tout de suite. Je dois doser ma « pression », aménager des « blancs » et, en général, deux ou trois jours après, il vient de lui-même m'apporter le dentifrice, l'eau ou le livre qui me manquent. J'ai mis des mois à comprendre leur psychologie, qu'ils soient intégristes ou non, libanais ou palestiniens. Ils ont tous la mentalité orientale, agrémentée d'un zeste de folie. Ils ne gesticulent pas, ne crient pas, mais ils sont fous dans le sens où ils sont incapables d'agir et de se comporter d'une manière cohérente. La logique chez eux ça n'existe pas. Il ne faut donc pas pousser le « bouchon » trop loin et éviter de les vexer. Je dispose de peu de temps pour me laver. Pourtant, la salle de bain est munie d'une douche où coule de l'eau chaude. Mais je ne suis pas autorisé à l'utiliser bien qu'elle soit là, en face de moi, parce que la « loi », la règle, stipule que je ne dois pas me doucher plus d'une fois tous les quatre jours.

Idem pour les vêtements. Je n'ai le droit de les laver que tous les trois jours. Et encore, en insistant. Soit parce que Hassan a peur de manquer d'eau, soit parce qu'il a un film à regarder à la télévision. Ou bien, par paresse, par fainéantise, il ne veut pas rester devant la porte de la salle de bain, qui ne ferme pas à clef, plus de quatre minutes.

– Mais pourquoi tu ne veux pas rester cinq minutes de plus? Tu n'as rien à faire! Pourquoi?

– Parce que.

– Parce que quoi?

– Parce que moi je suis libre et toi tu n'es pas libre.

Quel argument opposer à une telle réponse?

Dans la journée, il semble pourtant regretter ses paroles. Peut-être voit-il qu'elles me font mal? Alors, il revient et essaie de réchauffer nos rapports.

– Comment ça va? Tu n'es pas content? Tu es en colère? Bon, demain tu laves tes vêtements, d'accord?

– OK.

– Ça va? Tu es content? Tu veux autre chose? Tu veux une tasse de thé en plus?

– Oui.

Et il va me chercher une tasse de thé.

Si mon régime est toujours aussi dur, il s'améliore sur certains points. Ce n'est pas sans raison que le gardien vient me voir plus souvent et m'offre une tasse de thé supplémentaire, parfois même un gâteau. Et, à cause de ce léger changement de régime, et d'attitude du gardien, j'accorde une certaine crédibilité à ce qu'a dit le responsable venu me voir le 13 septembre. Nous sommes début novembre et je dois tenir jusqu'à Noël. Si les autres otages survivent, certains depuis deux ans et demi, je n'ai pas le droit de craquer.

Je repense aux déportés des camps de concentration nazis qui, par chance et grâce à leur volonté, s'en sont sortis. Par rapport à eux, ma détention est une partie de plaisir. Aussi, vis-à-vis de ces malheureux, de ma famille, du gouvernement et de mes amis qui m'attendent et qui font des démarches pour moi je n'ai pas le droit de craquer, de penser au suicide.

Cependant, ma santé ne s'améliore pas. En plus des douleurs dans la poitrine qui me coupent parfois la respiration, j'ai attrapé une otite, probablement à la suite d'un rhume. Je souffre d'un mal à l'oreille qui provoque des épanchements de pus. Je demande des gouttes et des coton-tiges à Hassan. Comme je ne connais pas le nom exact du médicament, c'est trop compliqué pour lui. Il n'a pas envie de poser la question dans une pharmacie. J'ai aussi des boutons sur les avant-bras et le ventre. J'avais déjà remarqué que Do souffrait du même mal. La cause? Le manque d'air, la sueur qui favorisent le développement des micoses. Dans ma dérive psychologique, j'ai l'impression que de véritables champignons vont bientôt éclore de dessous ma peau.

Il n'y a rien de pire que de se voir dépérir à petit feu sans rien pouvoir faire. Je suis de plus en plus maigre, j'ai conscience d'avoir perdu une dizaine de kilos et je perds mes cheveux. Depuis quatre mois, on ne me les a pas coupés, pas plus que la barbe et la moustache.

La dernière fois, pour s'amuser, ils ont décidé de me la laisser. Je leur ai demandé de la couper, mais ils ont rigolé :

– Non, tu es très beau comme ça. Nous, ça nous plaît. On aime bien te voir avec la moustache. Un jour, pour s'amuser, ils m'avaient fait un côté de moustache plus court que l'autre. Maintenant je porte une moustache digne d'un Gaulois qui me gêne quand je mange. Je veux qu'ils me tondent la tête à zéro, comme ils l'avaient fait en juillet. A l'époque, ils m'avaient surnommé « le Marine », en pensant sûrement aux Marines américains. J'avais vraiment la boule à zéro. Mais ça m'avait fait du bien au cuir chevelu. J'insiste pour qu'ils recommencent.

– Nous n'avons pas de tondeuse ici. Il faut que je demande au chef de me l'apporter, affirme Hassan.

Je demande à Wallid.

– La tondeuse? Elle est là, me dit-il.

– Mais alors, pourquoi ton ami me dit qu'elle n'est pas là?

– Parce qu'il est fainéant. Il est paresseux. Je vais lui dire de te tondre les cheveux.

Ils se renvoient la balle plusieurs jours. Mais c'est trop compliqué pour Hassan, trop fatigant. A la fin, Wallid, qui est pourtant son supérieur, baisse les bras.

– Hassan n'a pas envie de te couper les cheveux. Tant pis. Tu demanderas au « masroul ».

Le « capitaine » depuis trois semaines n'est pas venu. Alors, systématiquement, j'emmerde Hassan pour qu'il me coupe les cheveux.

– Je sais que la tondeuse est là.

– Oui, il l'a ramenée hier, dit-il.

– Alors demain tu vas me couper les cheveux?

– Oui, demain. Iza fit caraba (s'il y a du courant électrique).

Le lendemain, miracle, il vient avec la tondeuse. Manque de bol, la tondeuse fonctionne sur du 110 alors que l'appartement est branché sur du 220. Le gardien panique : il a peur de griller la machine et de s'électrocuter. « Il faut que je trouve un transformateur », dit-il. Ce n'est pas demain que j'aurai la « boule à zéro ». Je redemande à Wallid, qui accompagne parfois Hassan quand il m'apporte à manger. En général, il essaie d'être sympa. Ce qui ne veut pas dire qu'il l'est. A mon avis, c'est même un des plus durs de la bande. C'est lui qui supervise les enlèvements, et le Coréen m'avait expliqué qu'il l'avait frappé à plusieurs reprises. Do disait que Wallid était un salaud, et je pense que c'est vrai.

Le dimanche, c'est lui qui me garde. Quand je lui demande de quoi nettoyer ma chambre, il me donne tout de suite l'eau, le balai et la serpillière. Je suis autorisé à enlever le bandeau pour travailler. Lui reste assis sur un tabouret dans le couloir à me surveiller face à la porte ouverte. En regardant de côté, je vois de temps en temps son visage. Il a toujours les cheveux courts, ni moustache ni barbe, et une tête de tyran, assez laide, d'un homme de quarante ans environ. Pour avoir la paix, il finit par me dire à propos de mes cheveux :

– Il y a un transformateur pour la télévision. Demande-le à Hassan.

Quand l'autre arrive, je reviens à la charge :

– Je sais qu'il y a un transformateur sur la télévision.

– Comment tu sais?

– Wallid me l'a dit.

– Ah bon. Je vais te couper les cheveux, mais demain. Pas aujourd'hui.

C'est reparti!

Nous sommes mi-novembre. J'hésite. Dois-je tenter de m'évader, au risque de tout compromettre en cas d'échec? Ou dois-je attendre Noël, au risque qu'ils me changent de lieu de détention? Je suis indécis. Par ailleurs, j'espère tellement qu'ils vont me libérer à Noël, que je ne demande même plus qu'ils me coupent les cheveux parce que je ne veux pas sortir avec la tête tondue à zéro. Je commence à avoir quelques soucis d'esthétique. Je me dis : « Quelle “ tronche ” je vais avoir quand je vais sortir avec la tête comme une boule de billard. » Alors que là, je suis relativement présentable. Il y a bien la barbe, mais je pourrai me raser à l'ambassade de France.

Je crois totalement que grâce à Dieu je vais être libéré. Dans mes prières, je demande qu'Il fasse en sorte que je sois libre, ou bien, qu'Il me donne au moins les moyens de m'évader sain et sauf. A force de prier sans cesse et de relire la Bible tous les jours, je parviens à éliminer le doute. Vivement Noël!

Mon nouveau gardien me cuisine une omelette au fromage. En soi, ce n'est rien. Mais pour moi c'est un régal. Une fête. Il m'apporte aussi du chocolat et du miel. Mais ce sont de beaux salauds, car je me rends compte que, eux, à côté, ils en ont toujours mangé et qu'ils ne m'en avaient encore jamais donné. Wallid m'apporte du poisson. Je n'en avais mangé que deux fois en dix mois. Et encore, ils étaient tout petits et il n'y avait rien à manger. Là, j'ai droit à deux énormes poissons qui ressemblent à du loup, accompagnés de frites et d'une soupe. Je ne peux même pas tout finir tellement c'est copieux. Mais aussi, parce que mon estomac ne supporte plus de manger beaucoup. Ils viennent me voir plus souvent et plaisantent avec moi.

– Es-tu content? Veux-tu rentrer chez toi? Ta maison, ta femme, ça te manque?

– Oui, bien sûr. Je voudrais rentrer à la maison.

– Il faut attendre. Il faut avoir de la patience.

Savent-ils que je vais être bientôt libéré? Sinon, à quoi ça rime? A moins qu'ils veuillent me mettre « l'eau à la bouche », m'appâter pour après mieux me décevoir. Ils souhaitent peut-être que je devienne une loque, un jouet entre leurs mains.

Cependant, incontestablement, l'ambiance change. La femme de Wallid, qui restait toujours dans le salon quand un gardien m'apportait à manger en laissant la porte ouverte, prend maintenant l'habitude d'aller du salon à la cuisine pour passer devant ma chambre. Elle sait, depuis le début, qu'un otage est emprisonné chez elle. Mais elle avait certainement reçu l'ordre de ne jamais passer devant la porte quand elle était ouverte et surtout de ne pas venir me voir. Maintenant, elle n'y tient plus. Sa curiosité l'emporte sur la prudence.

Elle s'approche du gardien quand il me parle. Elle plaisante avec lui. Je ne comprends pas tout ce qu'elle dit en arabe, mais j'entends qu'elle lui demande :

– De quoi parles-tu en français avec lui?

– Il est en train de m'apprendre le français. On parle de philosophie et de religion. Il m'enseigne des mots de vocabulaire.

– C'est tout ce que tu lui dis?

– Oui, c'est tout.

J'en profite pour dire au gardien en français :

– Est-ce qu'elle est jolie, la fille qui est avec toi?

– Je ne sais pas, répond-il.

Quand les gardiens disent « je ne sais pas », ça signifie qu'ils ne veulent dire ni oui ni non. Alors j'insiste, et il finit par répondre :

– Non, elle n'est pas jolie. Elle est énorme. Elle pèse à peu près 90 kilos.

– Non, je ne te crois pas. Elle ne pèse pas 90 kilos! Sous mon bandeau je vois ses jambes, c'est pas possible.

– Si, je te jure. Vraiment, je te jure, elle n'est pas jolie!

Devant moi, la fille devine qu'on parle d'elle.

– Salópard, qu'est-ce que tu lui racontes sur moi?

– Je lui dis que tu es très gentille, très bonne.

Mais je corrige, en parlant arabe à la fille :

– Ma bterke sah (il ne dit pas la vérité).

Et la fille reprend, en s'adressant à moi cette fois :

– Qu'est-ce qu'il a dit?

Mais, comme je ne peux pas bien m'expliquer en arabe, je lui demande simplement :

– Comment sont tes yeux?

Elle me répond qu'elle a les yeux noirs. Mais comme je ne comprends pas tout, c'est le gardien qui me traduit. Je continue :

– Tu es belle?

– Oui, je suis très jolie.

Ils éclatent de rire tous les deux. J'en profite pour enchaîner :

– J'aime bien les yeux noirs. Moi j'ai les yeux bleus.

– J'aime les yeux bleus, dit-elle.

Le gardien continue à rire, mais en même temps ça l'emmerde que je plaisante avec la femme de Wallid. Durant les quinze derniers jours, elle prend l'habitude de venir derrière le gardien à chaque repas pour écouter ce qu'on dit et se faire traduire.

– De quoi il parle? demande-t-elle toujours.

– Il parle de la France. Il dit que la France lui manque.

– Est-ce qu'il est marié?

– Oui, il est marié. Sa femme est Syrienne.

– Est-ce qu'il a des enfants?

– Pas encore, je lui réponds.

– Mais il faut faire des enfants.

– OK, j'en ferai quand je serai libre.

Le gardien traduit, et je comprends suffisamment pour savoir qu'il traduit correctement. Une autre fois, pendant que le gardien est occupé à prendre sa douche, par trois reprises, la femme s'approche. Je sens que c'est elle parce qu'elle a un pas plus léger que lui. Elle est vêtue d'une jupe assez longue, avec des fleurs. Elle s'approche, mais elle ne s'agenouille pas. Elle me dit en arabe :

– Tiens!

Je tends la main et elle me donne deux mandarines et se sauve en courant sans rien dire d'autre. Un autre jour, le gardien est encore dans la salle de bain, en train de laver son linge, quand elle entre à nouveau dans la chambre :

– Donne-moi ta main, me dit-elle.

Je tends le bras en croyant qu'elle va me donner des fruits. Elle prend ma main avec sa main gauche. Elle serre un objet dans la main droite et j'entends « psssit, psssit ». Lc chuintement d'un atomiseur. C'est du parfum. Elle a la main fraîche, la peau douce et les doigts fins. Elle est jeune, elle doit avoir 25 ans. Je suis troublé. Depuis dix mois, je n'ai pas touché, ni même vu une femme. Pour moi, ce contact c'est la douceur de la civilisation. Puis elle s'approche de moi et me chuchote à l'oreille :

– « Anaïs », Cacharel.

C'est tout ce qu'elle dit. C'est ce qui est écrit sur le flacon. Elle rit doucement, parce qu'elle ne veut pas que le gardien l'entende et elle se sauve en courant. Moi aussi j'ai envie de rire. Je respire, je hume ce parfum. Il me fait un effet incroyable, parce que ce parfum, c'est le parfum de la liberté. J'ai l'impression qu'un coin de ciel bleu s'ouvre dans la fenêtre aveugle de ma chambre. Ce parfum, c'est la liberté mais, en plus, il représente la femme. J'ai un odorat très développé et j'ai toujours accordé une importance énorme aux parfums. Souvent, quand je croise une fille dans la rue ou dans un restaurant, son parfum me rappelle une femme, ou une amie. Presque à chaque fois, j'arrive à mettre un nom sur les parfums que je respire. Sur le coup, « Anaïs » ne me rappelle pas une femme bien précise, mais les femmes en général, la liberté, le bonheur et l'amour. Assis sur mon matelas, je m'imagine, enlacé, dans les bras d'une femme. En dix mois, je n'y ai pas souvent pensé. L'angoisse, la peur du lendemain occupaient mes réflexions. Maintenant, depuis la visite de Najat, j'ai des « idées ». Elle a réveillé mes sens et je bâtis des scénarii qu'on ne voit, malheureusement, qu'au cinéma. Si un jour le gardien s'absentait, elle pourrait venir dans ma chambre. Je lui ferais la cour, je l'embrasserais pour la convaincre de détacher ma chaîne. Mais subitement, je me « réveille ». Jamais elle n'osera me libérer. Le risque est beaucoup trop grand. Elle risquerait de le payer de sa vie. Le moyen le plus simple pour m'évader, c'est encore de maîtriser le gardien – le nouveau, parce qu'il est moins costaud que Hassan. Je pourrais l'assommer, prendre son arme et le tuer. Mais pourrais-je tuer la femme? Et le gosse, s'il est avec elle? Est-ce que je le tuerais? Parfois, je me dis : oui, je les tuerais tous. Parce qu'ils sont tous complices, tous responsables de me tenir enfermé entre ces quatre murs comme un animal. Si je ne les tue pas, ils vont se mettre à crier, à donner l'alerte. Jésus-Christ dit qu'il ne faut pas tuer, mais dans l'Ancien Testament, j'ai compris qu'on a le droit. Ma foi nouvelle me soutient, trace ma ligne de conduite. Je me sens coupable de cette intention. En même temps, je me persuade que Dieu comprendra. Si c'est le seul moyen de sauver ma peau, Il comprendra... J'imagine la scène, moi un revolver à la main, appuyant sur la gâchette pour les abattre tous les trois. C'est de la folie. Ça me fait mal, rien que d'y penser. J'ai déjà vu des enfants sanguinolents, après l'explosion d'une voiture piégée. Ils avaient les yeux hagards, le visage, leur tee-shirt rouges de sang. Ils ressemblaient à des marionnettes désarticulées. Je secoue la tête, comme pour dire non. Ma chaîne, ma cellule me ramènent cependant très vite à la réalité, et je me radicalise : cette femme, de toute manière, elle est terroriste comme eux. C'est la femme d'un terroriste. Et le gosse, c'est un futur terroriste. Voilà ce que j'en arrive même à penser.

C'est moi ou eux, et entre moi et eux, c'est moi que je choisis, évidemment. Je suis prêt à les tuer, mais Dieu, je t'en supplie, fais en sorte que je n'aie pas à les abattre, que je puisse m'évader sans en venir là. Ou bien libère-moi comme je te le demande depuis des mois, afin que je ne sois pas obligé de pécher!

CHAPITRE XV

La fin novembre approche. Dans la nuit du 26 au 27, je ne dors pas. L'électricité a été coupée presque toute la journée, et comme j'ai beaucoup dormi, je relis mes livres pour la énième fois. Après trois psaumes de ma Bible de poche, j'ai repris quelques chapitres que j'aime particulièrement du *Matin des magiciens*, que je connais presque par cœur. Je suis adossé au mur. La chaîne est assez longue pour que je puisse allonger mes jambes tout en restant assis. Pour aérer, j'ai laissé le ventilateur en route. La chambre est éclairée. Malgré la veste que j'ai enfilée par-dessus ma chemise blanche, j'ai toujours froid. Je n'ai pas de chaussettes, mais en m'emmitouflant dans mes couvertures, j'arrive à avoir presque chaud.

Je lis, et en même temps, je suis dans l'attente. Dans l'attente d'être libéré ou de pouvoir m'évader bientôt. Je ne parviens pas à concevoir que je puisse encore être détenu l'année prochaine. Je ne parviens pas à accepter l'idée que je puisse fêter mes 32 ans, le 11 janvier 1988, en captivité. Je ne parviens pas à croire que Marlène va passer le Nouvel An seule et moi détenu entre ces quatre murs. Je suis décidé. Ça passe ou ça casse, mais il faut que je réussisse. Il faut que je sois libéré, ou je m'évade.

Il est deux ou trois heures du matin. L'immeuble

est endormi. Wallid est avec sa femme. Ils dorment dans le salon et Hadj dans la pièce à côté. Il n'y a pas d'autre bruit que le ronronnement de mon ventilateur que je laisse tourner, orienté vers le mur, pour couvrir le bruit de mon hypothétique évasion. J'entends soudain quelqu'un qui frappe à la porte. Deux hommes pénètrent dans le couloir. La clef tourne dans la serrure. Ils entrent. J'ai mis immédiatement le bandeau sur mes yeux. Je me demande pourquoi ils viennent à une heure pareille. Un des deux hommes s'approche. Wallid et Hassan que je devine derrière eux, sont restés dans le couloir. Il commence à me parler et je reconnais tout de suite la voix d'un des trois « capitaines ». Il s'agenouille près de moi et, de sa main, il me caresse la barbe. C'est un signe amical au Liban. On dit que ça porte bonheur. Puis il me dit en anglais : « Do you want to go home? » (Veux-tu rentrer chez toi?). « Do you want to go home? » répète-t-il doucement.

– Why not? (pourquoi pas?).

Cette question m'énerve. Je ne veux pas lui dire oui. Ils le savent très bien que je veux rentrer chez moi! Alors j'essaie de prendre un air détaché, genre « si vous y tenez! »

– Take your clothes (prends tes vêtements).

Il me reste le jean que je n'ai pas pu laver, mais j'ai ma chemise toute propre. Je lui demande :

– Pourquoi?

– Tu vas être libéré.

– Je ne te crois pas. Vous m'avez toujours menti.

Je sens qu'il se vexe.

– Ecoute, je te dis la vérité. Demain tu comprendras que c'est la vérité. Maintenant, c'est un ordre. Lève-toi et habille-toi.

Je m'exécute. Je garde mon pyjama, parce qu'il fait froid dehors et j'enfile mon pantalon par-dessus. Dans ma tête, les pensées s'entrechoquent : vont-ils vraiment me libérer, ou est-ce encore une ruse pour me changer de lieu de détention? Je n'en sais strictement rien. Mais je sens au fond de moi l'espoir qui monte. Une lueur d'espoir. Et le sentiment que c'est vrai. Mais je ne veux pas le leur montrer.

En même temps que je m'habille, je me dis que Wallid ne récupérera pas mon pyjama. C'est bien fait pour sa g... Il me l'avait prêté pour que je puisse laver l'autre. Une fois prêt, je veux prendre ma Bible, le petit médaillon à l'effigie du Christ et mon shampooing Ultrex.

– Qu'est-ce que tu fais? me demande le « masroul ».

– Je prends ça avec moi.

– Mais tu n'as plus besoin de ça. C'est fini, tu vas être libéré. Laisse ça!

Je pose tout, mais je garde l'effigie du Christ, que je mets dans la poche de mon jean. Les livres, ma bouteille d'eau de Cologne, la Bible, le shampooing... C'est tout mon « univers » et je ne veux pas les abandonner.

Il me donne des sandales en plastique, me tend un tchador semblable à celui que je portais lors du dernier transfert.

– Enfile-le et conserve le bandeau sur les yeux.

Dans le couloir, Wallid et Hassan ne disent pas un mot. Les deux hommes me guident. En sortant de l'appartement, je remarque que la porte d'entrée est doublée d'une porte en fer.

Quand le gardien prenait sa douche en laissant la porte ouverte, je pensais à l'éventualité de faire le coup de la chaîne. Il m'aurait peut-être fallu assommer la femme, ou la forcer à venir avec moi. Mais après c'était l'inconnu. Comment était l'escalier? J'avais de vagues souvenirs du jour où ils m'avaient emmené dans cet appartement. En descendant les marches, je m'aperçois qu'il est raide et très étroit. Je réalise que j'aurais eu beaucoup de mal à le descendre en courant.

Soudain, on s'arrête avant la dernière marche.

Celui qui me tient le bras reste immobile, et me demande de ne pas bouger. Pendant trente secondes, ils regardent et écoutent tous les deux en silence, pour voir s'il n'y a pas de danger. Puis celui qui s'est avancé fait certainement un signe à l'autre, qui me pousse. Ils me font asseoir dans une voiture, au milieu de la banquette arrière et ils s'installent chacun d'un côté. Il y a deux autres hommes à l'avant. Nous sommes cinq en tout. Nous roulons sur une sorte de sentier cahoteux. Ils ouvrent une barrière, la ferment derrière eux. Nous avançons pendant environ cinq minutes, pas plus. J'ai toujours les yeux bandés. Je ne vois rien.

La voiture s'arrête sur un sol à nouveau cahoteux. On n'a pas changé de quartier. Ils me font descendre. L'obscurité est totale. Par une petite porte, on pénètre dans une maison. Je traverse une pièce éclairée qui doit être un salon-salle à manger. En baissant la tête, j'arrive à voir sous le bandeau une table basse, des coussins, des poufs. C'est meublé à l'orientale, avec beaucoup de bibelots. Autour de moi, plusieurs personnes me regardent. Ils me font entrer dans une toute petite cuisine. Posé à même le sol, au pied de l'évier, un grand matelas pour deux personnes occupe toute la surface. Ils me demandent de m'asseoir et de ne pas bouger. Cette cuisine se prolonge par une deuxième petite pièce, avec une grande fenêtre aux vitres opaques. Sur la droite, une porte ouverte sur une petite salle de bain. Les gardiens restent dans la salle voisine. Ils parlent à voix basse. L'un d'eux vient me voir. Je ne le connais pas, pas plus que les autres. Ils font du café turc et me demandent si je veux manger quelque chose. Il est plus de 3 heures du matin, et je n'ai pas faim. Soudain ils me disent :

– Tu peux enlever ton bandeau et dormir. Mais ne regarde pas par la porte du salon. Et ne nous regarde pas quand on entre.

Il me parle en arabe. Il enlève le bandeau lui-même. J'évite de regarder son visage et je me couvre de mon tchador. Il s'aperçoit que j'ai froid et deux minutes après, il revient avec une couverture qu'il déplie lui-même sur moi.

Jusqu'à 7 ou 8 heures du matin, ils ne dorment pas. Ils boivent du café et fument cigarette sur cigarette. Ils parlent peu. Le matin, j'en entends deux ou trois qui récitent la prière.

Le jour se lève, et la lumière entre dans la cuisine par les grandes fenêtres aux verres opaques. C'est la première fois que je me retrouve dans un endroit éclairé par la lumière naturelle. Un premier rayon de soleil traverse la vitre et là, seulement, je commence à entrevoir la liberté.

La maison, pauvrement meublée, est habitée car je remarque des vêtements de femme pliés dans un coin de la cuisine. Des bibelots sont alignés sur l'étagère d'une armoire, comme si c'était de superbes objets d'art. L'armoire est en contreplaqué et les statuettes sont particulièrement de mauvais goût. A l'intérieur, des petites tasses à fleurs côtoient des verres très ordinaires. Au mur, des assiettes, des poêles, des casseroles neuves sont accrochées. Cela ressemble à ces petites maisons fragiles, bidonvilles de luxe des camps palestiniens, construites dans certains quartiers de la banlieue sud, entre l'aéoport et la ligne de démarcation.

J'estime être à côté de l'aéroport car j'entends les avions décoller et atterrir. Ce n'est pas nouveau. Dans l'appartement de Wallid, j'écoutais le jour, et même la nuit, jusqu'à 23 heures environ, les avions rouler lentement avant de s'aligner en bout de piste, forcer le régime des moteurs et décoller dans un bruit assourdissant. J'étais donc détenu juste en bordure de la piste du côté où décollent les avions. Je pense que je suis encore dans le même quartier. Mais à quoi bon se poser des questions? Les dés sont jetés et mon sort va se jouer dans quelques heures. Les gardiens s'approchent. Ils connaissent seulement mon nom.

– Quel métier fais-tu?

– Je suis journaliste.

– Depuis combien de temps es-tu prisonnier?

– Depuis dix mois et demi.

Ils me demandent si je suis marié, si j'ai des enfants, si j'habitais le Liban auparavant... Je ne parviens pas à les identifier, à deviner leurs origines. Ce qui me frappe, c'est qu'ils sont très bien habillés. Ils portent des blousons de cuir, des pantalons de flanelle bien coupés, des mocassins de luxe. Leurs vêtements me font penser aux miliciens druzes qui rackettent les magasins d'habillement. En tout cas, ils ont le même « look » que les membres du commando qui m'a capturé. C'est bon signe.

L'un d'eux s'inquiète de savoir si je faisais de la gymnastique le matin en captivité. Je lui dis que oui, et il me demande de continuer. Il est content, parce que, dit-il, je suis en forme. Puis, ils m'apportent à manger, du fromage, des olives, du thé, des fruits, du pain. Un petit déjeuner trop copieux pour moi. Ils me conduisent à la salle de bain pour que je puisse me laver. Je n'ai pas de brosse à dents. Je fais juste un brin de toilette en souriant. Peut-être aurai-je la chance de prendre une bonne douche ce soir? De retour dans la cuisine, un gardien se penche sur moi.

– Sais-tu ce qui va se passer? me dit-il moitié en anglais, moitié en arabe.

– Non, je ne sais pas.

– Peut-être que tu vas être libéré.

Et il me montre une page du *Safir*. Je reconnais tout de suite la photo de Normandin. Il porte le même vêtement que le jour où il a été enlevé, quand les ravisseurs l'avaient pris en photo pour l'envoyer à la presse. Effectivement, en arabe il y a bien écrit dessous « Jean-Louis Normandin », mais je n'arrive pas à comprendre le reste.

– Est-ce que tu le connais? me demande-t-il.
– Oui, c'est Jean-Louis Normandin.
– Qu'est-ce qu'il fait?
– C'est un journaliste de la télévision française.
– Oui. Il va être libéré, avec un autre otage. Est-ce que tu sais qui?
– Non, je n'en sais rien.
– L'autre otage, c'est toi. Est-ce que tu me crois?
– Oui, peut-être.
– Moi, je te dis que c'est toi. Tu es content?
– Oui, je suis content.
– Tu vas être libéré ce soir, quand la nuit sera tombée. Tu es content maintenant?

Les heures s'écoulent, pas assez vite à mon goût. J'attends, mais je n'arrive pas à y croire. Depuis cette nuit, les événements se sont précipités si vite. En fin d'après-midi, avant que le soleil se couche, les langues de mes gardiens se délient. L'un d'eux me dit :

– Normandin, il est bien, il est gentil. Toi tu es bien, tu es gentil aussi. Mais Terry Waite, il n'est pas gentil, c'est un âne!
– Vous avez enlevé Terry Waite?

Je prêche le faux pour savoir le vrai.

Il éclate de rire, met ses doigts devant sa bouche et fait un bruit en soufflant : pfffuiiiit... Il dit :

– Terry Waite enlevé, pfffuiiiit...

Et il refait le même bruit. Comme si le malheureux avait disparu, d'un coup de baguette magique.

– On l'a enlevé. C'est un âne! répète-t-il.
– Pourquoi?
– Il négocie pour les otages américains, dit-il en anglais.
– Négociateur?
– Il n'est pas négociateur. Il est « yessous » (espion)!

Dès lors, je n'ose plus poser de question sur lui. Mais le gardien insiste :

– Terry Waite était pas bien. Charlie Glas, même chose.

– Comment? Vous avez enlevé Charlie Glas?

Je connais Charlie Glas, c'est un journaliste de la télévision américaine.

Je dois paraître surpris, car il éclate de rire.

– C'est un âne aussi, il nous a créé des problèmes. Il était fatigant, on l'a libéré.

Ensuite il me montre un autre journal, le *An Nahar*, un journal libanais plutôt modéré. Il y a la photo d'un type que je ne connais pas, mais je lis en arabe : « John MacArthy. » Je me souviens qu'il a été enlevé au printemps 86. C'est le caméraman anglais de WTN dont on n'a jamais eu de nouvelles sérieuses. « Il va bien. Il est aussi avec nous », me dit-il.

On n'avait pas accordé de crédibilité au communiqué qui avait annoncé son exécution, car aucune authentification par photo n'avait été faite. D'autant que son agence de télévision avait obtenu des informations, selon lesquelles il était vivant au printemps 86.

La manière dont ils me parlent et les précisions qu'ils me donnent, leur attitude vis-à-vis de moi, j'en ai la quasi-certitude : je vais être libéré. Mais je ne le réalise pas encore. Je ne réalise pas parfaitement que c'est certainement ma dernière journée de détention. J'évite de penser à ce qui va se passer quand je serai libre. Le moment émotionnel que cela va être. J'évite parce que, volontairement, je me force à ne pas y croire entièrement, de peur qu'il y ait un retard, ou qu'ils m'aient trompé. En même temps, me retrouver dans cette cuisine éclairée, me fait déjà oublier toutes les semaines et les mois de détention que j'ai supportés. Tout cela ça me semble loin, comme un cauchemar. Je suis entre deux mondes, dans une sorte de no man's land. Je ne suis pas encore libre, mais je ne suis plus totalement détenu. Heureusement que je n'ai pas tenté de m'échapper les jours précédents.

Cela aurait pu compromettre ma libération. Je remercie Dieu pour m'avoir donné ce que je Lui demandais dans mes prières. Si les conditions pour m'évader n'ont pas été réunies durant ce mois de novembre, c'est peut-être parce que Dieu ne le voulait pas.

Aujourd'hui, je n'ai rien à regretter. C'est mieux, si je m'en sors de cette manière.

Au fil des heures, les différents gardiens me confirment à deux ou trois reprises que je vais être libéré le soir.

– Où allez-vous me libérer?

– A Beyrouth, me disent-ils.

– Où, à Beyrouth?

– Je ne sais pas.

– Tu dois bien avoir une idée de l'endroit où tu vas me laisser?

– Peut-être à l'aéroport. Un avion français viendra te chercher.

– Ce n'est pas possible. L'aéroport n'est pas sûr. Ce n'est pas possible que vous me libériez là. Est-ce que ce sera à Beyrouth-Ouest?

– Oui.

– Mais où?

– On ne sait pas encore.

– A l'hôtel Beaurivage? (Quartier général des forces syriennes, où avaient été libérés les précédents otages).

– On ne sait pas où. Peut-être près de l'ambassade de France, à Beyrouth-Ouest, dans le quartier Clémenceau. On ne sait pas encore. Mais tu seras libéré quand la nuit va tomber. Tout à l'heure, on te donnera des précisions. Pour l'instant, on ne le sait pas nous-mêmes.

Le temps me semble long, très long. J'ai l'impression que le temps s'est arrêté. J'attends avec impatience que le soleil se couche. J'attends la fin de cette journée, qui est probablement ma dernière journée de cauchemar. Je commence à imaginer comment va se faire ma libération. Va-t-elle se passer comme les précédentes, auxquelles j'assistais en tant que témoin? Cette fois, je ne suis plus le journaliste, le spectateur. Je suis de l'autre côté de la barrière. L'otage, c'est moi. J'imagine les voitures blindées de l'ambassade de France stationnées à côté de l'endroit où on me libérera. Je vais peut-être retrouver les gardes du corps que je connais, comme Jean-Claude Labourdette, qui dirige les CRS de l'ambassade. Ce scénario, je l'ai vécu tant de fois, que je le connais par cœur. Est-ce lui qui va être là pour me réceptionner? Quel diplomate français va être présent? Les anciens ont probablement dû quitter le Liban depuis que j'ai été enlevé. Je ne connais pas le nouvel ambassadeur. Je pense aussi à mes copains journalistes. Qui va être là? Parmi les journalistes français, y aura-t-il Gilles Delafon, Alain Ménargues, Nadine, Samy Ketz?

Et puis je pense à Marlène. Où est-elle? Elle est probablement en Syrie. Comment va-t-elle être prévenue? Pourra-t-elle me rejoindre à Beyrouth? Ils vont me mettre dans un hélicoptère, puis dans un avion pour me rapatrier en France. Pourra-t-elle arriver à temps. Je refuserai de partir, de quitter le Liban si elle n'est pas avec moi. A l'ambassade, ils se démerderont comme ils voudront.

Je me remémore le numéro de téléphone de mes parents. J'imagine leur joie. D'après le *Safir*, le communiqué sous la photo annonçait la libération de Normandin et d'un « autre otage ». J'imagine l'angoisse et l'impatience des familles de tous les otages français. Personne ne sait que l'autre otage, c'est moi.

A Paris, les familles de Carton, Fontaine, Kauffmann doivent se morfondre. A moins qu'ils aient été libérés. Ce serait magnifique, mais je n'en sais rien.

Quelle déception pour les femmes, les enfants, les parents qui attendent, près du téléphone, l'oreille collée à la radio. Chez moi, ils doivent se poser la même question : « Est-ce que Roger va sortir? » Mais pour eux, je m'inquiète moins. Ils n'ont pas longtemps à attendre avant d'être soulagés.

Lorsque la nuit commence à tomber, les gardiens deviennent plus volubiles. Ils ont envie de parler, de me dire quelque chose. Ils me répètent :

– On aime la France. On déteste les Etats-Unis, on déteste l'Angleterre. Mais les Français, on les aime.

Privés d'électricité, ils ont allumé une petite lampe à pétrole qui crée une ambiance fantomatique dans la maison. A cette lueur, les langues se délient. Un des gardiens me tient un véritable discours en arabe. Il est persuadé que je comprends l'arabe mieux que je ne le comprends en réalité et, à plusieurs reprises, je dois l'interrompre pour que son collègue me traduise certains mots en anglais.

– Tu as vécu quelque chose de très dur. Maintenant, c'est fini. Il faut que tu oublies cela, et tu verras la vie d'une autre manière. La vie te semblera encore plus belle. Et j'espère que tu nous pardonneras. Tu nous pardonneras parce qu'on a des raisons d'agir ainsi. On n'a pas le choix. Sincèrement nous te souhaitons bonne chance, de réussir ta vie et d'être heureux. Sincèrement!

Je sens qu'il le pense effectivement. Qu'il parle avec son cœur. Mais je lui demande :

– Il y a quelque chose que je ne comprends pas. Tu es musulman et le Coran interdit de prendre des gens en otage.

Il tente de me donner une explication que je peux résumer ainsi : « Pour certaines raisons, pour certains buts, on peut déroger, aller à l'encontre de certaines lois, mêmes écrites dans le Coran. » En fait, « la fin justifie les moyens » et le Coran n'est pas aussi strict que l'on peut le penser. Comme tous les livres religieux, on peut l'interpréter comme on veut. Cet homme a visiblement une interprétation du Coran qui lui permet de passer outre l'interdiction de faire souffrir autrui. Et il ajoute, comme pour se justifier :

– Nous sommes la résistance islamique. Notre but, notre combat, c'est la lutte contre Israël. Pour cela, tous les moyens sont bons. Nous sommes avec l'Iran, explique-t-il encore, parce que l'Iran veut imposer une république islamique au Liban.

– Mais je ne pense pas que tu sois un hezbollahi?

Silence, il ne réplique pas. Je poursuis :

– Je ne pense pas que tu sois un intégriste islamique. Or, instaurer la république islamique au Liban, c'est donner la priorité aux musulmans. Quelle va être la situation des Palestiniens qui sont chrétiens?

Je sens que la question l'ennuie.

– C'est vrai que ce sera un problème pour les Palestiniens qui sont chrétiens. Ce sera aussi difficile pour les Libanais qui sont chrétiens, mais c'est secondaire. L'important, c'est la lutte contre Israël. Tous les arabes, chrétiens, musulmans, libanais, palestiniens, tous les arabes, doivent être ensemble dans cette résistance, dans ce combat. Et on doit passer outre certains détails. On essaiera de les résoudre ensuite, car on ne les nie pas. C'est vrai. On n'est pas tous d'accord, mais on est tous ensemble pour aller combattre au Sud-Liban et pour combattre Israël. C'est ça le but. Nous, nous faisons partie de la résistance islamique.

– Mais pourquoi la France? Pourquoi détenir des Français?

– Parce que la France est alliée à Israël.

– Mais la France aide aussi les Arabes, les Palestiniens, les Libanais. Elle l'a montré, à plusieurs reprises.

– C'est vrai. Mais elle aide aussi Israël. Le président Mitterrand est l'ami d'Israël. Donc, on est obligé de se battre aussi contre la France et d'enlever des Français, parce que la France aide Israël, les Etats-Unis aident Israël, la Grande-Bretagne aide

Israël. Voilà pourquoi nous sommes obligés de vous combattre. Mais nous sommes désolés, sincèrement désolés de devoir prendre en otage des Français innocents. Car, je te le dis, nous aimons la France et nous aimons les Français. Simplement, on ne doit pas s'arrêter à ces sentiments. Parce que notre lutte est celle de la résistance islamique et, au-delà, de la résistance arabe contre Israël.

Il dit tant de choses, que celui qui traduit en anglais a du mal à suivre. Comme il a envie de parler, j'essaie de pousser plus loin la discussion.

– Tu me dis que l'Iran t'aide, qu'il est de ton côté. Mais Israël donne des armes à l'Iran, et l'Iran utilise ces armes pour se battre contre l'Irak. L'Irak, ce sont pourtant des arabes et, en fin de compte, l'Iran reçoit le soutien d'Israël.

– C'est vrai. Je sais qu'Israël vend des armes à l'Iran. Je sais que l'Iran combat l'Irak, contre nos frères arabes. Je le sais, mais l'Iran est le pays le plus puissant, le pays qui aide le plus la résistance arabe, la résistance islamique. Alors, on est bien obligé de choisir, d'oublier qu'Israël donne des armes à l'Iran et que l'Iran est en guerre contre l'Irak. On le sait. Je le sais. Mais c'est comme ça. Il faut faire un choix.

Tous les observateurs connaissent l'existence de la « résistance islamique » au Liban, qui se bat contre les forces israéliennes, ou la milice libanaise pro-israélienne au sud-Liban. Cette résistance est, en principe, composée en majorité d'intégristes islamiques libanais. Or, je me souviens de deux choses. Omar, au mois de mars, m'avait demandé si je connaissais le Sud-Liban. Quand je lui avais répondu que j'avais couvert les attaques contre les Casques Bleus français, il avait éclaté de rire. Il m'avait avoué qu'il faisait partie des assaillants et citait même de mémoire les noms de code des postes français. On avait accusé le mouvement Amal et les intégristes islamiques libanais du parti Hezbollah. Mais le leader chiite de Amal, Nabih Berri, avait accusé, lui, les

Palestiniens. Il semble bien que cette résistance islamique ne soit pas composée seulement d'intégristes islamiques hezbollahi, mais aussi des miliciens chiites de Amal, et de Palestiniens. Chez mes ravisseurs, j'ai retrouvé les mêmes origines et les différentes confessions qui composent la résistance islamique.

La nuit est tombée et un gardien consent à me dire :

– Tu vas être libéré soit à l'ambassade de France à Clémenceau, soit à l'hôtel Summerland.

Je suis surpris parce que je connais bien le Summerland. Cet hôtel est contrôlé par la milice du PSP, le Parti Socialiste Progressiste de Wallid Jumblatt. S'ils voulaient me remettre aux forces syriennes, ce devrait être l'hôtel Beaurivage, et s'ils voulaient me remettre directement aux autorités françaises, ils devraient me lâcher devant l'ambassade de France, ou ce qui en reste, puisque ce n'est plus qu'une simple antenne consulaire à Beyrouth-Ouest, dans le quartier Clemenceau.

Plus tard, il ajoute :

– Dans une heure, tu vas être libéré. La nuit est tombée. Patiente encore un peu.

Assis dans la cuisine, je ne tiens plus en place. A l'idée de me retrouver à l'air libre, j'ai le cœur qui commence à battre très vite.

A côté, j'entends soudain du remue-ménage. Des hommes entrent, d'autres sortent. Un gardien s'approche et me dit en arabe :

– Ecoute-moi. Une voiture va venir. Tu vas t'allonger dans le coffre de cette voiture. Ensuite, viendra Jean-Louis Normandin. Tu lui feras de la place. Surtout ne dites rien, évitez de parler. Ça ne va pas durer longtemps. D'accord? Tu as bien compris ce que je t'ai dit?

– J'ai compris.

Il me dit de me lever, de mettre mon bandeau et, à la lueur de la lampe à pétrole, il me guide à travers le salon. J'ai les jambes qui tremblent d'émotion tellement je suis heureux.

Dehors, une voiture de couleur sombre est garée devant la porte. Ils ouvrent le coffre. Je m'allonge. Ils le referment. Une petite ampoule éclaire l'intérieur du coffre. Je monte mon bandeau sur le front. La voiture semble neuve. Le coffre est propre, recouvert d'un tapis et relativement spacieux. Je me cale dans le fond pour réserver une place pour Normandin. Plusieurs personnes montent dans le véhicule, j'entends les portières claquer et on démarre doucement. Empruntant le même chemin cahoteux de terre battue, on roule environ trois minutes. Puis la voiture s'arrête. Ils éteignent les phares car la petite ampoule à l'intérieur du coffre s'éteint aussi. J'entends des bruits de pas. On ouvre le coffre et quelqu'un monte, s'allonge en chien de fusil comme moi. Un des gardiens dit en anglais, à celui qui vient de monter :

– Ne parle pas. Ne fais pas de bruit.

Ils referment à nouveau le coffre. Les portières claquent. Et la voiture redémarre. A l'intérieur, la lumière s'est rallumée. A côté de moi, je vois un homme habillé d'un jean et d'un simple tee-shirt. Il a les cheveux courts, une moustache et un bandeau sur les yeux. Au bout de quelques secondes, je dis tout bas :

– Jean-Louis?

Il se retourne légèrement.

– Oui, tu me connais?

– Oui, je te connais. Je suis Roger Auque, journaliste à RTL. J'ai été enlevé en janvier dernier. Je sais qui tu es puisque j'ai couvert l'affaire des otages. Je crois que maintenant c'est fini. On va être libéré.

Il se retourne vers moi, et me tend la main.

– Enchanté!

Et on se serre la main.

– Oui, dit-il, je crois que maintenant c'est bon, c'est fini.

– Ça va? Tu es en bonne santé?

– Oui, ça va. Pas de problèmes. Et toi?

– Ça va. Est-ce que tu as des nouvelles des autres?

– Je crois que ces derniers mois, ils ont libéré Fontaine, Carton et Kauffmann. C'est du moins ce qu'ils m'ont raconté, m'explique-t-il.

– Je pense qu'il y avait un autre otage français, Paul Marchand, enlevé peu après moi. Et ils m'ont dit l'avoir libéré aussi.

– Nous sommes donc les deux derniers otages libérés.

– On pensait que tu serais libéré pour Noël 86, avec Cornéa.

– Oui, je sais.

– J'ai donc été étonné lorsqu'ils m'ont dit qu'ils te libéraient aujourd'hui, en même temps que moi. Je croyais que tu étais libre depuis longtemps.

La voiture roule maintenant assez vite en ligne droite sur une route goudronnée. Elle ralentit puis elle s'arrête. La lumière s'éteint à nouveau, les portières claquent. J'entends des bruits de pas, puis plus rien. Le silence. A l'intérieur du coffre, il commence à faire chaud, on commence à manquer d'air. « Mais qu'est-ce qu'ils foutent? » me dit Normandin. Des bruits de pas à nouveau. Je remets mon bandeau. On ouvre le coffre de la voiture. Je distingue au clair de lune, deux silhouettes, dont une, plus grande que l'autre, qui nous explique, en arabe, qu'on va devoir s'asseoir dans la voiture, sans rien dire, sans regarder le chauffeur. « On va vous conduire au Summerland », ajoute-t-il. Ils ne sont pas convaincus qu'on a bien compris. L'autre silhouette, plus petite, est un homme âgé, un peu voûté. Il s'exprime dans un français parfait, avec un léger accent libanais :

– Est-ce que vous parlez français?

Normandin répond :

– Bien sûr, puisque nous sommes français!

Il traduit alors ce que l'autre vient de nous dire en arabe :

– Vous allez devoir vous asseoir dans la voiture. Surtout ne regardez pas le visage de la personne qui va vous conduire. Dans quelques minutes, on va vous laisser à environ 200 mètres du Coral Beach.

Le Coral Beach est un hôtel de Beyrouth-Ouest, qui jouxte presque le Summerland au bord de la mer.

– Vous pouvez enlever vos bandeaux, mais ne regardez pas le chauffeur.

Normandin s'assoit à l'avant de la voiture. C'est une 505 Peugeot. Je prends place à droite, sur le siège arrière. La personne qui prend le volant est revêtue d'une tenue camouflage, gris clair et blanc, l'uniforme des FSI (Forces de Sécurité Intérieure), la gendarmerie libanaise. Il est âgé d'à peu près 25 ans, pas de moustache, pas de barbe, les cheveux coupés court. Il ne porte pas d'arme. Il semble complètement paniqué. Visiblement, il a très peur. La voiture démarre. Je localise l'endroit. Nous sommes à Bir Hassan, en face de l'ambassade du Koweit et des camps palestiniens de Sabra et Chatila, à la limite de la banlieue sud et de Beyrouth-Ouest.

CHAPITRE XVI

La voiture roule prudemment. Normandin a la tête baissée. Il cache son visage dans ses mains, il n'ose pas regarder. Pour moi, derrière, c'est plus facile. Je regarde la route, les yeux à demi ouverts. A plusieurs reprises, le chauffeur s'en aperçoit. Il me demande de fermer les yeux. Il panique toujours autant. De toute manière, il ne peut pas fixer le rétroviseur en permanence. Il faut qu'il regarde la route, qu'il surveille les alentours... A sa manière de conduire, je sens qu'il a vraiment peur. J'ai envie de me marrer. Je commence à être très gai. Maintenant je suis sûr à cent pour cent que c'est fini. La circulation est assez dense, on arrive sur le bord de mer, à l'entrée de Ouzaï. Il doit être dix-huit heures environ. La voiture finit par se garer sur le bord de la route, à peu près à trois cents mètres du Summerland et du Coral Beach. Le chauffeur nous intime de descendre. « Vous allez tout droit », dit-il en nous indiquant en arabe la direction à prendre jusqu'à l'hôtel. Je lui réponds que je connais. Nous descendons et la voiture démarre en trombe en faisant un demi-tour sur place. Machinalement, on essaie de voir le numéro d'immatriculation, mais on ne distingue rien, parce qu'il a éteint les feux de la voiture. En fait, je ne suis pas certain qu'il ait même une plaque d'immatriculation. Je suis surpris par la densité de la circulation, même pour un vendredi soir. Quelque chose a dû changer à Beyrouth-Ouest pour qu'il y ait autant de monde ici, à Ramet el Beida, près du Summerland et du Coral Beach. Avant mon enlèvement, c'était un endroit dangereux où il y avait beaucoup de vols de voitures, quand on ne retrouvait pas des cadavres de personnes assassinées sur la plage. Depuis que Beyrouth-Ouest était livré à l'anarchie des milices, le quartier n'était plus très fréquenté. Je suis surpris de le revoir aussi animé, avec autant de voitures. Mais peut-être que la vie est redevenue normale à Beyrouth-Ouest?

J'explique à Normandin que nous sommes presque à l'entrée de Beyrouth-Ouest. On voit au loin les enseignes lumineuses de l'hôtel, où en principe, nous sommes attendus. On marche doucement, sur le côté opposé à la mer. J'ai la tête qui tourne. J'ai l'impression de flotter. Je suis comme soûl, sans doute à cause de l'air, des lumières, du bruit et de l'émotion. Normandin, lui, semble garder son sang-froid. Je commence à peine à réaliser que je suis libre et dans mon euphorie, je vacille comme un homme ivre. Brusquement, on se retrouve nez à nez avec un soldat armé d'un pistolet-mitrailleur. Casqué, en uniforme, l'homme nous barre le passage sans dire un mot. Je suis surpris d'abord de voir un soldat à cet endroit. Puis, je découvre qu'il est syrien. Je ne sais pas en effet que pendant ma détention, huit mille soldats syriens ont investi Beyrouth. Ils avaient déjà des patrouilles auparavant, mais ils n'étaient pas déployés en force. Machinalement, je tourne la tête pour voir s'il n'est pas en train de garder un bâtiment et j'aperçois un immeuble protégé par des fils de fer barbelés et des chicanes. Je suis rassuré, parce que cela signifie que nous ne sommes pas face à un contrôle, mais devant une simple sentinelle. Il a l'air complètement surpris de nous voir.

– Min anta? (Qui tu es?) demande-t-il en arabe.

Je ne réponds pas. Il répète la question et je réponds :

– Nahna Franssawi (Nous sommes des Français).

Il semble ne pas me croire. Il est aussi incrédule que surpris. En même temps, je prends conscience de l'allure que nous avons. Normandin est en jean, tee-shirt, avec des sandales en plastique aux pieds. Il a le front dégarni, mais il a une bonne mine : on lui a coupé les cheveux, il est rasé de près, avec une moustache propre. En revanche, je suis complètement hirsute. J'ai une barbe de plusieurs mois, avec les cheveux gras et en bataille, je suis très amaigri, je flotte dans ma chemise blanche, sale et dans mon jean poussiéreux... C'est sûrement ce qui stupéfie ce soldat, le rend soupçonneux et incrédule. Il ne croit pas que nous sommes français et continue à nous barrer le passage, le doigt sur la détente de son Kalachnikov.

– Donne-moi tes papiers, ordonne-t-il.

J'ai envie de rire. Je n'ai rien sur moi, pas de papiers, pas de montre. Ils m'ont tout pris. Normandin me demande ce qu'il nous veut.

– Il veut ta carte d'identité.

Normandin se met à rire comme moi. C'est pas possible! On a été enlevés, détenus pendant des mois, on vient de nous libérer et il y a ce « Charlot » de soldat qui nous demande nos papiers! Je réponds tout simplement, avec un sourire aux lèvres :

– On n'a pas de papiers.

– Comment? Vous n'avez pas de papiers!

Il m'énerve. Je me tourne vers Normandin et je lui dis : « Viens, on se tire. Y'en a marre. » Je fais deux pas, je dépasse le soldat et j'entends qu'il arme la culasse de son pistolet-mitrailleur et se met à hurler :

– Arrête-toi! Je t'ai dit de montrer tes papiers!

Je m'arrête, me retourne vers lui, les bras en croix.

– Kataf! (Enlevés, kidnappés!) Nous sommes des

otages français. Là-bas, au Summerland il y a des voitures. Ohnik fi siyarrat min safara franssa! (Là-bas il y a des voitures de l'ambassade de France qui nous attendent! »

Sur un ton coléreux et qui se veut autoritaire, la sentinelle demande :

– Mais où sont les voitures? Montre-les-moi! Je ne vois pas de voitures.

Du doigt, je désigne l'hôtel et j'insiste, je lui dis qu'elles sont là-bas, qu'on nous attend. Il se tourne vers Normandin, et lui demande :

– Tu es français, toi?

– Moi français, oui, moi français!

Je lui dis en arabe :

– Il est français comme moi. Nous sommes français tous les deux. Je te dis la vérité.

Pendant quelques secondes qui nous semblent interminables, il nous regarde tour à tour, des pieds à la tête. Il réfléchit. Il est sûrement en train de comprendre que la situation est anormale. Mais visiblement ça le dépasse. Il n'a pas envie de s'emmerder avec ça. Mais il veut garder une certaine dignité. L'autorité, c'est lui. Il a alors le réflexe, que je connais bien, des miliciens ou des soldats libanais, lorsqu'ils contrôlent un journaliste et qu'ils veulent s'en débarrasser sans perdre la face. Le regard dur, le ton autoritaire, à la limite de la colère, il fait un mouvement de tête vers le Summerland et dit :

– Yala rooh! (vas-y, tire-toi).

On ne se le fait pas dire deux fois. On décide cette fois de marcher de l'autre côté de la route, en bordure de mer, pour éviter le risque de nouvelles rencontres. On éclate de rire, et on accélère le pas.

On passe d'abord devant le Coral Beach. Il y a presque un embouteillage sur la route du bord de mer. C'est le week-end. Les gens s'apprêtent à aller dîner.

On s'approche d'un pas rapide et au fur et à mesure que je distingue mieux l'entrée du Summerland, je m'étonne de ne pas voir de voitures blindées ni d'attroupement de journalistes. Ce n'est que lorsque nous parvenons à une cinquantaine de mètres de l'hôtel que j'aperçois un petit groupe de gens dont certains tiennent des appareils photos et des caméras. Je dis à Normandin :

– J'aperçois les journalistes, je pense que les voitures blindées de l'ambassade de France ne doivent pas être loin.

Parmi la demi-douzaine de journalistes, je reconnais tout de suite une amie journaliste libanaise, Nadine Cameltoueg, qui me saute au cou et m'embrasse. Il y a aussi Jean-Marc Stroussy, un cameraman indépendant et une équipe libanaise qui travaille pour une chaîne de télévision américaine. Ils me serrent contre eux... Je demande à Nadine si elle pige pour RTL, la station de radio pour qui je travaille. Elle me dit oui, et d'une main tremblante elle tripote son micro, son magnétophone et me pose la première question :

– Comment vas-tu?

– Maintenant ça va. Ça va beaucoup mieux.

– Sais-tu qui étaient tes ravisseurs?

– Parmi les gardiens, il y avait des musulmans libanais, mais aussi des Palestiniens.

Je n'ai pas le temps de finir ma phrase. C'est la bousculade. Jean-Marc Stroussy et un autre cameraman m'interviewent aussi :

– Présentez-vous devant la caméra.

– Je m'appelle Roger Auque et voici Jean-Louis Normandin. Nous venons tout juste d'être libérés, à quelques dizaines de mètres d'ici. Maintenant ça va.

A ce moment-là, deux civils, des arabes libanais, me prennent par le bras et me disent en français :

– Vite, venez, suivez-nous.

Je me sens agressé. Le fait qu'ils puissent m'attraper et me tirer comme ça m'agace. Je me dégage :

– Laissez-moi, ne me tenez pas. Ça suffit comme ça !

Du coup ils me lâchent et restent à mes côtés. Normandin est derrière, à quelques mètres de moi. D'autres journalistes sont arrivés et lui posent des questions. Je m'avance vers l'entrée du Summerland. J'aperçois beaucoup de monde : des gendarmes libanais, des gardes du corps, le service de sécurité en civil chargé de protéger l'hôtel, armé de pistolets-mitrailleurs. Une petite voiture bâchée, qui sert de navette pour les clients entre la route du bord de mer où se trouve le parking et l'entrée de l'hôtel, attend, quelques dizaines de mètres plus bas.

Un homme me met dans le véhicule. C'est Jean-Claude Labourdette, le chef des gardes du corps de l'ambassade, qui m'embrasse, fou de joie. Parmi les cinq ou six autres gardes du corps français, j'en reconnais certains, habillés en jeans, vêtus de blousons, et armés de fusils M16. Ils saisissent un type barbu, les cheveux bruns, au type oriental, qu'ils prennent pour Jean-Louis Normandin. Ils l'assoient dans la voiture à côté de moi. Je dis alors à Labourdette :

– Tu oublies Normandin, il est resté là-haut !

Il se rend compte de sa méprise et, lorsqu'il interroge le barbu, il s'aperçoit que c'est un policier libanais ! Dans la camionnette il y a déjà deux policiers libanais en civil, Labourdette, mais aussi un ami, Gilles Delafon, le correspondant d'Europe 1, qui a réussi à se faufiler dans la cohue. Immédiatement, Labourdette envoie les gardes du corps arracher Normandin à la foule.

Assis à côté du garde du corps français, je regarde les gens qui m'entourent, en spectateur. Pourtant, c'est moi le sujet. Mais je suis comme sur un nuage, porté par les événements. L'émotion est tellement forte que j'ai du mal à parler. C'est comme si j'avais inhalé de l'oxygène pur. Je suis soûl de bonheur et encore plus euphorique que lorsque nous sommes descendus de la voiture.

Près de mes amis, Labourdette, Delafon, je me sens vraiment libre, en sécurité. Labourdette me dit :

– Il faut attendre un peu, parce que les forces syriennes désirent que vous donniez une conférence de presse dans l'hôtel. Nous nous y sommes opposés. Si vous sortez de la camionnette, à coup sûr, ils vont tenter, de gré ou de force, de vous emmener dans leur quartier général de Beyrouth, pour ensuite vous transférer à Damas.

Certains otages ont déjà été transférés à Damas pour être présentés à la presse afin de montrer que la Syrie joue un rôle de médiateur dans l'affaire des otages. Mais le personnel de l'ambassade étant présent, il n'est pas question pour la France d'accepter qu'on aille à Damas. Il est plus simple, et plus normal, en effet, qu'on rejoigne l'ambassade française qui se trouve dans le secteur chrétien de Beyrouth.

Pendant trois quarts d'heure, nous restons dans cette camionnette, entourée par cinq ou six gardes du corps français, et en deuxième cordon, par une trentaine de soldats syriens en uniforme, armés de pistolets-mitrailleurs, qui surveillent nos moindres faits et gestes. J'apprends que Paul Marchand n'a jamais été enlevé, et que Kauffmann, Carton et Fontaine sont encore détenus. Malgré ma joie, j'ai un pincement au cœur. Hier encore, j'étais comme eux, à peine à vingt minutes de voiture d'ici, dans une cellule sordide. Qu'ils ne soient pas encore libérés, me donne le cafard.

J'aperçois à travers les vitres l'attaché militaire de l'ambassade de France, le colonel Ruggieri, en civil avec un blouson de cuir. Il est en grande discussion avec des officiers syriens. Ruggieri entraîne l'un d'eux à l'intérieur de l'hôtel, pour continuer à parler. Ruggieri, ce n'est pas le genre de type à se laisser faire. Je sais que pour la libération de Cornéa, ça a failli mal tourner face au général Kanaan, le chef des Renseignements syriens à Beyrouth. « Tirez-moi dessus, si vous voulez, mais l'otage français vient avec moi », a-t-il dit. Il a tourné les talons pour monter dans sa 604 blindée et les soldats syriens n'ont rien tenté pour l'en empêcher. Dans le hall de l'hôtel, je suppose que le même « cirque » se reproduit.

Dans la voiture, Gilles nous pose quelques questions pour sa radio. J'aperçois les photographes de l'AFP qui ont miraculeusement réussi à passer le barrage des soldats syriens en haut de la rampe de l'hôtel. J'aperçois des gens que je connais, parmi le personnel de l'hôtel, et qui me lancent des baisers, me font des signaux amicaux de la main. Le directeur de l'hôtel vient me saluer aussi.

Mais je suis frappé par le nombre de femmes en tchador noir, qui sortent d'un bâtiment. J'apprends alors qu'une exposition sur les martyrs de l'Islam est organisée et financée par l'ambassade d'Iran à Beyrouth. Je suis amusé par le ballet des femmes intégristes qui croisent d'autres filles libanaises, jeunes, jolies et bien habillées, qui entrent dans l'hôtel pour danser toute la nuit dans la discothèque. Tous ces gens passent à côté de la camionnette, sans y prêter la moindre attention, ignorant manifestement qu'il y a là deux otages français qui viennent d'être libérés. Ils sont complètement indifférents aux soldats en armes qui nous entourent, la mine renfrognée et l'air menaçant. La vie beyrouthine continue. Depuis l'établissement de l'ordre syrien, la vie semble avoir repris son cours normal. L'endroit est très animé et les jeunes filles sortent pour dîner et s'amuser. Je les regarde passer, car il y a longtemps en effet que je n'ai pas vu de femmes!

Les minutes s'écoulent et la tension, déjà forte, s'accroît. Les soldats syriens resserrent leur étau autour de la camionnette et les gardes du corps français sont de plus en plus nerveux. A plusieurs reprises, Labourdette leur demande de bien se placer, face à la porte d'entrée. Lui-même a la main gauche sur la poignée de la porte et, comme la situation se détériore, il dégaine son revolver, l'arme et le pose sur sa cuisse. Puis il se tourne vers moi :

– Ne t'en fais pas, on ne va pas vous laisser là, dit-il avec un sourire crispé. On va vous emmener. Quoi qu'il arrive, on vous tirera de là.

Le colonel Ruggieri nous rejoint enfin, s'assoit à côté de Labourdette, nous embrasse et manifeste sa joie de nous voir libres. Paul Blanc, l'ambassadeur de France, vient juste d'arriver. « Le fait qu'il soit venu personnellement, a fait pencher les négociations de notre côté, explique-t-il. Les Syriens acceptent qu'on parte dans les voitures blindées de l'ambassade qui sont garées en haut de la route. » Pendant de longues minutes, Labourdette et Ruggieri parlent dans leur talkie-walkie, avec les CRS en civil qui se trouvent dans les voitures blindées. Ils les ont baptisées avec des noms de code de femmes. Christine, Catherine... Ce sont des 604 Peugeot marron métallisé. J'entends Labourdette gueuler dans le micro de son émetteur : « Allô Christine? Approche Christine de l'entrée du Summerland, je vais monter avec Auque dans Christine, alors que Normandin montera dans l'autre véhicule. »

Mais il y a un problème. Il n'est visiblement pas question que Labourdette monte avec un otage, car M. Stephani (que je ne connais pas) est à l'intérieur de Christine, où nous devrons le rejoindre Normandin et moi, alors que Labourdette montera dans l'autre voiture.

J'appréhende ce moment. Je me sens tout à coup très faible et j'ai l'impression d'avoir les « jambes en coton ». Je sais que là-haut, ça va se jouer à l'arraché parce que les voitures blindées ne peuvent pas descendre la rampe, barrée par des blocs de béton. On va devoir monter avec la camionnette, qui s'arrêtera à une vingtaine de mètres de la première voiture blindée. Ensuite, il faudra courir et franchir une véritable haie de photographes et de cameramen, mais aussi de soldats syriens, libanais, de policiers, de gendarmes, de badauds... Une véritable meute sépare la rampe de l'hôtel des premières voitures blindées de l'ambassade. La camionnette remonte la rampe, la porte coulisse. Labourdette m'attrape la main et me demande surtout de ne pas le lâcher. J'enlève mes sandales en plastique pour pouvoir mieux courir. Ruggieri attrape la main de Normandin. Je sors le premier.

On pique un véritable sprint pour rejoindre la 604. Je reconnais d'autres journalistes. Une amie qui travaille pour une agence américaine tend son micro vers moi et me hurle :« Roger, dis quelque chose! » Je ne peux pas lui refuser. Je pourrais être à sa place. J'ai juste le temps de dire, en français : « Ça va, je suis content, je suis en bonne santé, tout est OK! » Je suis littéralement entraîné par Labourdette qui me tire à travers la foule. Les flashes crépitent, les caméras tournent avec des projecteurs. Je vois Gysembergh un photographe de *Paris Match*, Maher, un photographe de Sygma, qui me regardent sans réagir, bouche bée. Aline, qui ne pense même pas à prendre des photos parce qu'elle est folle de joie. Je n'ai pas le temps de m'émouvoir davantage que Labourdette me projette littéralement à l'intérieur d'une voiture, suivi par Normandin. Les portes sont verrouillées et, brusquement, c'est le silence, à l'abri du blindage en acier. Je m'aperçois qu'à ma gauche, quelqu'un est déjà assis. L'homme est de type occidental. Il est vêtu d'un pantalon de tergal et d'un pull-over kaki comme on en porte dans l'armée britannique, avec des épaulettes en cuir. Il a les cheveux courts et doit avoir à peu près la quarantaine. Pas très grand, sec, très nerveux, cet inconnu semble très « mobile ». D'ailleurs il nous saute littéralement dans les bras et nous embrasse Normandin et moi. Avec un fort accent corse, il nous dit : « Ah que je suis content! Que je suis content! Ça fait un an que je vous cours après. C'est mon plus beau jour! » S'adressant à Normandin : « J'ai vu ton père il n'y a pas longtemps. Il va très bien. Il va être fou de joie! » Et se tournant vers moi, il ajoute : « Toi, Roger, on ne t'attendait plus. On croyait que tu étais mort! » Il se place entre Normandin et moi et donne aux gardes du corps l'ordre de démarrer.

Devant l'entrée de l'hôtel, quatre voitures blindées attendent le feu vert, reliées par radio. La foule entoure les 604, et sous le crépitement des flashes, les soldats syriens, Kalachnikov pointés en l'air, traînent toujours autour. Les ordres fusent dans les talkies-walkies. Une première voiture blindée démarre en trombe et percute de plein fouet une jeep qui se trouve littéralement projetée hors de la route. Les soldats s'éparpillent. Sous le choc, la première voiture monte sur le bas-côté, la nôtre sur le trottoir et les deux autres suivent derrière, dans un véritable gymkana. On roule à toute vitesse, en remontant le bord de mer. Comme bruit de fond, j'entends les différents chauffeurs qui parlent entre eux en se communiquant des messages plus ou moins codés.

L'inconnu, qui se nomme Stephani, dit au chauffeur : « Vite, il faut qu'on atteigne rapidement la ligne de démarcation. » Je m'étonne de voir qu'on remonte l'avenue Masra qui débouche sur « la ligne verte ». Je ne savais pas qu'on pouvait emprunter ce chemin. Stephani m'informe que les Syriens protègent le passage du Musée et que, pour nous, le passage est libre. Puis il demande au chauffeur :

– Vite, passez-moi la salle des opérations à l'ambassade. Il faut absolument que j'aie Paris avant de passer la ligne de démarcation. Sinon je risque d'avoir des problèmes avec les milices chrétiennes. Il faut que je communique avec Paris avant d'arriver dans le secteur chrétien.

Les voitures roulent à fond. Je remarque que les

deux voitures blindées qui nous suivent prennent toute la route pour éviter qu'on nous double, et protègent ainsi notre voiture sous différents angles. Au bout de quelques secondes, un fonctionnaire qui se trouve à l'ambassade de France entre en contact avec Stephani par radio. Pendant qu'il attend la communication avec la France, il se présente à nous :

– Je m'appelle Stephani, dit-il. Je travaille pour le gouvernement.

A la radio, on entend : « Monsieur Stephani, j'ai le Quai d'Orsay en ligne. »

Stephani se met alors à hurler avec son accent corse : « Je ne veux pas le Quai d'Orsay. Je ne veux pas Matignon. Je veux Pasqua. Je veux le ministre de l'Intérieur ! »

Plusieurs secondes s'écoulent encore alors qu'on fonce toujours à travers le secteur musulman de la capitale dont les rues sont plus ou moins plongées dans l'obscurité. Avant d'arriver à la ligne de démarcation, j'entends une voix beaucoup plus lointaine, qui semble être reliée par les moyens de communication de l'ambassade, jusque dans cette voiture blindée qui fonce à travers Beyrouth. La voix dit : « Monsieur, je vous passe le ministre de l'Intérieur. »

– Charles, c'est toi? demande Stephani.

– Oui.

– Charles, Charles! Mission accomplie. Je les ai avec moi.

– Bravo. Félicitations, dit Charles Pasqua à des milliers de kilomètres, assis certainement dans son bureau de la place Beauveau.

– Merci! répond Stephani. Et il coupe la communication.

Les voitures arrivent au passage du Musée qui, à ma grande surprise, est éclairé. Des poids lourds font la queue, des voitures roulent dans tous les sens, et des dizaines de soldats syriens assurent la protection de cette voie de passage qui relie les deux secteurs de la capitale libanaise. Avant mon enlèvement, elle restait fermée la plupart du temps en raison des bombardements et des francs-tireurs. Maintenant, c'est ouvert. Les gens passent comme si de rien n'était. J'ai l'impression que la guerre est finie.

A l'approche du barrage syrien, les hurlements des sirènes des voitures blindées préviennent de notre arrivée. Les soldats sont certainement au courant. Nous ralentissons à peine et franchissons le barrage sans nous arrêter pour entrer dans le no man's land qui sépare les deux Beyrouth.

Le passage du Musée est une grande avenue bordée d'un côté d'immeubles inhabités à moitié en ruine, parce que bombardés quotidiennement à une époque. En roulant à toute allure sur cette voie de la mort (les tireurs sont toujours embusqués sur les toits), je retrouve la Chambre des Députés, qui ne siège plus que rarement, et le Palais de Justice, où des fonctionnaires travaillent encore. De l'autre côté, je devine la Résidence des Pins, ancienne résidence de l'ambassadeur de France depuis longtemps abandonnée et qui est devenue le QG des forces françaises lorsqu'elles étaient à Beyrouth, de 1982 à 1984, puis des observateurs français jusqu'en 1985. Pris pour cible par les francs-tireurs des milices musulmanes, le bâtiment a été évacué. Il est maintenant contrôlé par la gendarmerie libanaise.

Dans la voiture, personne ne dit mot. Nous regardons derrière les vitres fumées le désastre causé par la guerre. Au bout de cette avenue, le véhicule bifurque à droite, dans un crissement de pneus. J'apercois des journalistes avec les caméras qui tournent, projecteurs allumés, à l'endroit du premier barrage de la milice chrétienne. On ralentit à peine et nous continuons de foncer vers la banlieue chrétienne de Beyrouth. Je retrouve l'animation des rues commerçantes, et les enseignes écrites en français, de Furn el Chebak. On grimpe ensuite les premiers contreforts de la montagne chrétienne pour arriver à Baabda, le quartier de la résidence de l'ambassadeur de France. À l'intérieur de la voiture, l'ambassadeur se détend. Le garde du corps, à l'avant, se tourne vers moi : « Nous sommes contents que tu sois libéré. Est-ce que tu me reconnais? » me demande-t-il. Bien sûr que je le reconnais. C'est un CRS de l'ambassade que je croisais souvent au cours de mes reportages. Stephani, qui semble aussi euphorique que moi, plaisante avec eux « Roulez un peu moins vite maintenant. N'oubliez pas que je suis aussi habilité à vous coller des contraventions! » Les CRS posent leurs pistolets-mitrailleurs à leurs pieds. Nous allons pénétrer dans le périmètre de sécurité du bâtiment entouré par des barbelés, des chicanes et des sacs de sable. Des gendarmes français, casqués et vêtus de gilets pare-balles nous sourient. Un peu à l'écart, quelques gendarmes libanais bayent aux corneilles, assis sur des chaises. Ils sont probablement là pour informer les Libanais qui viennent demander des renseignements.

Sans lâcher leurs armes, les gendarmes tirent rapidement les chevaux de frise et les barbelés pour nous laisser passer. Les voitures zigzaguent entre les chicanes avant d'arriver dans la cour, devant l'immeuble moderne, qui domine du haut de cette colline tout Beyrouth.

CHAPITRE XVII

Un véritable comité d'accueil nous attend. Il y a les gendarmes et les employés de l'ambassade, les CRS, environ une trentaine de personnes. Tous nous serrent la main et nous congratulent. L'ambassadeur nous souhaite « officiellement » la bienvenue :

– Vous êtes en bonne santé? Ça va? Nous sommes très contents que vous soyez là. On va s'occuper de vous.

On descend quelques marches pour arriver dans une des salles de réception de la résidence, richement meublée, avec des tables basses, des fauteuils et des canapés.

Je me sens gêné parce que je suis sale, hirsute, barbu. Je m'en excuse auprès de l'ambassadeur et de son épouse :

– Excusez-moi, mais nous n'avions pas prévu. Nous ne sommes vraiment pas présentables.

L'ambassadeur éclate de rire. C'est un homme grand, les cheveux gris. L'air très affable, sympathique, ouvert.

On nous apporte des toasts et des petits gâteaux, avec des coupes de champagne.

Comme si je voulais effacer le dernier souvenir « visible » de ma captivité, j'éprouve le besoin de raser ma barbe d'otage. L'ambassadeur appelle un gendarme-coiffeur, qui est totalement chauve! En le voyant, je pousse un cri :

– Ah non! je ne veux pas cette coupe-là.

Tout le monde éclate de rire.

– Je vous promets de faire attention! me répond le gendarme-coiffeur.

Il m'emmène dans la salle de sport encombrée de poids, d'haltères et d'appareils de musculation. Plusieurs gendarmes viennent m'accueillir, me parler, me dire combien ils sont contents. Ils prennent quelques photos. Mon « coiffeur » me fait asseoir et déplie un rasoir.

– Mon grand-père était coiffeur, dit-il. Moi je ne le suis pas. Mais tout gosse, je rasais déjà mon père, j'ai l'habitude.

Comme je ne me suis pas rasé depuis dix mois et demi, ma peau est très fragile. Pendant une bonne demi-heure, le coiffeur en uniforme me rase entièrement la barbe. Un travail de vrai professionnel! Je commence à avoir une allure civilisée. Le gendarme apporte un miroir. Pour la première fois depuis près d'un an, je me regarde dans une glace. Je pousse un cri d'étonnement. Je me reconnais à peine! J'ai le visage très amaigri et pâle comme un mort. Je lui demande gentiment d'égaliser mes cheveux, autour des oreilles et sur la nuque. Le « coiffeur » s'exécute mais il ne me coupe pas les favoris. Alors j'insiste : « Je veux la coupe gendarme », et tous se mettent à rire.

De retour dans le salon, je demande un bureau pour que je puisse téléphoner. J'appelle RTL. Je suis un ancien otage, mais je demeure un journaliste. Il est 9 heures du soir. Au bout du fil, j'ai eu Jean-Daniel Colon, un journaliste que j'avais l'habitude d'appeler la nuit pour les papiers du matin. Jean-Daniel est heureux de me parler au téléphone. Je demande s'ils ont passé notre libération au journal de dix-huit heures. Il me dit : « Oui. On a eu le son de Nadine. On a également eu ton père et ta mère au téléphone. C'était très bien. Ils sont fous de joie. » Pendant une dizaine de minutes, il me pose des questions sur ma détention, sur ce que je ressens, sur mon état d'esprit. Je donne une longue interview. Je suis fatigué, mais j'y tiens. C'est bon signe. La vie reprend déjà le dessus. Pendant ce temps, d'autres journalistes de RTL appellent en Syrie. Ils ne parviennent pas à joindre Marlène, mais un photographe français, Patrick Baz, un ami à moi, qui se trouve avec elle prend le message. Je demande que Marlène tente de me rejoindre au Liban. Mais je ne sais pas à quelle heure nous allons partir. On se met d'accord pour que Paris rappelle dans une quinzaine de minutes.

Entre-temps, Stephani pénètre dans le bureau, pour me dire :

– Je vais faire partir ta fiancée par Damas. On va la mettre dans l'avion d'Air France. C'est beaucoup plus simple que de passer la frontière libano-syrienne pendant la nuit.

– Mais elle ne peut pas prendre l'avion. Elle n'a peut-être pas assez d'argent sur elle.

Il se met alors dans une – fausse – colère :

– Mais tu me fais « chier » Roger. Je te dis que je vais prévenir le gouvernement français pour qu'elle prenne cet avion. Fais-moi confiance.

– Ecoute Stephani, Alexandre, je ne sais quel est ton véritable nom. Tu me dis que tu peux la mettre dans un avion. Mais je connais la frontière libano-syrienne et je sais le temps qu'il lui faut pour arriver à Beyrouth. Elle peut passer le barrage chrétien de Monteverde à partir de 6 heures le matin, et elle peut être là très tôt demain. A quelle heure doit-on partir?

– On doit quitter l'ambassade à sept heures pour embarquer à bord d'un hélicoptère qui se trouve à quelques centaines de mètres d'ici, dans la cour intérieure du ministère de la Défense libanais. De là, on va gagner Chypre où un avion nous attendra. Donc, demain, sept heures dernier carat.

– Sept heures, elle sera là!

– Mais non. Il faut qu'elle prenne l'avion à Damas. Il ne faut pas qu'elle vienne ici. Je ne sais même pas s'il y aura de la place pour elle dans notre avion.

– Comment, il n'y aura pas de place?

– Bon, on fera de la place. Mais écoute, je préfère qu'elle prenne l'avion là-bas.

– Mais elle n'aura peut-être pas d'argent.

Il sort alors de sa poche une liasse de billets de 500 francs.

– Tiens, voilà de l'argent, dit-il en poursuivant son « numéro » pour me persuader d'abandonner mon idée.

– Mais l'argent il est là, ici à Beyrouth, il n'est pas à Damas. Moi je préfère qu'elle passe la frontière.

Stephani est vexé. Il entre dans une colère de circonstance, pour la forme.

– Bon, fais comme tu veux. On va s'arranger pour qu'il y ait une place pour elle, mais il faut absolument qu'elle soit là à sept heures. Sinon, tant pis, on part sans elle. Il me laisse alors rappeler Paris et RTL appelle Damas à nouveau pour laisser le message à Marlène. A la fin de la communication, Stephani m'appelle dans une autre pièce.

– J'ai ma femme au téléphone, dit-il avec un large sourire. Elle voudrait t'entendre. Dis-lui que tout va bien. Elle va te passer mon fils qui veut te connaître aussi.

– Bonjour Madame, comment allez-vous?

– Je suis tellement contente que vous soyez là. Mon mari a tellement travaillé pour ça. Je sais qu'il est très heureux d'avoir réussi. Je vais vous passer notre fils, qui veut vous parler.

Le fiston doit avoir douze ou quatorze ans.

– Comment ça va, Monsieur Auque?

– Ça va très bien. Je suis heureux de t'avoir au

téléphone. Ton papa est quelqu'un de très bien, tu peux en être très fier. C'est grâce à lui que je suis libre. J'espère que tu vas bien travailler au lycée pour que tu deviennes comme lui. Je t'embrasse très fort.

Au bout du fil, je sens que le gamin est très content, très fier. A côté de moi, Stephani jubile, il est heureux que j'aie accepté de lui parler. Je lui passe le combiné.

– Merci, Roger. C'est très gentil de ta part, je te remercie sincèrement, dit-il.

Je quitte le bureau pour le laisser seul continuer avec son fils et sa femme. Dans la salle à manger, la table a été dressée, avec des couverts en argent, une belle vaisselle, des fleurs. L'ambassadeur et sa femme sont déjà assis en compagnie de trois Libanais. Je ne sais pas qui ils sont. Deux sont âgés de trente, trente-cinq ans, vêtus de costume d'alpaga, d'une chemise de soie. Ils portent montre et bague en or. Ils sont « beaux gosses », moustachus et légèrement bronzés, juste ce qu'il faut. Le troisième est plus âgé, environ 45 ans. Il a l'allure d'un baroudeur, cheveux longs noirs, pas de barbe ni de moustache. Il est vêtu d'un blouson de cuir marron et d'un pantalon en flanelle, bleu marine. Sont présents également une femme diplomate, petite et brune aux cheveux courts, ainsi qu'un autre diplomate d'une trentaine d'années, que je ne connais pas. Stephani arrive, en pleine forme. Visiblement il est au comble de la joie. Il est parfaitement à son aise. Décontracté, sans veste ni cravate, il porte une chemise blanche douteuse mal repassée et un pantalon de toile pas très net non plus.

A table, il se penche vers moi.

– Je vais te dire qui je suis, petit. Je m'appelle Alexandre Stephani, je travaille pour le ministère de l'Intérieur et aussi un peu pour le ministère de la Défense, m'explique-t-il.

A Paris, j'apprendrai qu'Alexandre Stephani est

un pseudonyme – son nom est en réalité Jean-Charles Marchiani –, qu'il est âgé de quarante-cinq ans et qu'il a été, jusqu'au début des années 70, sous contrat civil dans les services secrets français. Corse, né à Bastia, ami de toujours de Charles Pasqua, c'est lui qui, sur le terrain, négocie la libération des otages grâce à ses relations, en particulier dans le milieu des affaires au Proche-Orient.

– Je suis un émissaire du gouvernement. C'est moi qui ai mené toutes les négociations. As-tu une idée de la raison pour laquelle tu as été enlevé?

– Tout simplement parce que je suis français. C'est tout.

– Sais-tu que tu n'as jamais été « revendiqué »? On ne t'attendait pas, on te donnait pour mort. Tu es vraiment la grande surprise. Mais ça me fait plaisir, crois-moi, ça me fait plaisir que tu sois là. On attendait plutôt Carton ou Fontaine. C'est ce que les ravisseurs m'avaient dit. Et j'avais même prévu une civière. Comme ils sont plus âgés et qu'ils sont détenus depuis plus longtemps, ils doivent être plus mal en point que toi.

Puis, il s'adresse à l'ambassadeur :

– Je n'ai pas changé de chemise depuis trois jours. Je n'en ai que deux dans ma valise et on n'a pas arrêté de travailler. Excusez-moi, Monsieur l'Ambassadeur.

Il respecte les convenances, mais je sens que, malgré tout, il est parfaitement à l'aise.

Le dîner est très décontracté. Je n'ai pas faim, Normandin non plus. Nous ne sommes plus habitués à manger beaucoup. Je bois un peu de vin, et j'ai la tête qui tourne légèrement. Le repas est excellent, mais je ne suis pas à même de l'apprécier. Je commence seulement à réaliser que je suis libre. On parle de tout et de rien. L'ambassadeur adopte le ton de la plaisanterie. Stephani, lui, semble faire très attention à ce qu'il dit. Dans la pièce à côté, le téléphone sonne. Le maître d'hôtel vient me chercher. L'appel est pour moi. Je vais vers l'appareil, et je reconnais Yves de Chazournes, de Radio Monte-Carlo, qui veut avoir de mes nouvelles, savoir si je peux lui parler un peu... Stephani quitte la table, vient vers moi :

– Qui c'est? Dis-moi qui c'est?

– C'est Radio Monte-Carlo.

Il me prend alors carrément le combiné des mains et il hurle au téléphone, avec un accent à couper au couteau :

– Vous m'emmerdez, les journalistes! Pas d'interview! Vous n'allez pas nous faire chier tous les jours. On est en train de dîner.

Je devine que Chazournes doit dire : « Ecoutez, c'est pas comme ça qu'on doit parler aux journalistes. Vous n'avez pas le droit de nous empêcher de travailler... »

– Si, je prends le droit! Je n'ai de comptes à rendre à personne. Au revoir Monsieur, bonjour chez vous!

Il raccroche brutalement et continue à hurler :

– C'est pas possible, ces « putains » de journalistes... Ils vont nous emmerder encore combien de temps?

L'ambassdeur renchérit, sur un ton un peu plus mondain :

– Oui, certes, il y a une limite à ne pas dépasser.

Moi, j'essaie d'excuser ce pauvre Chazournes qui tombe au mauvais moment.

– C'est vrai que nous sommes en train de dîner... Le malheureux a eu la malchance de tomber au moment où nous sommes à table...

Et je dis à Stephani :

– Vous devez quand même comprendre. Les journalistes font leur boulot. Il va bien falloir répondre à des interviews.

– Mais ils nous emmerdent! On est en train de dîner!

Je sens que Stephani a de l'autorité dans l'ambassade. C'est lui qui décide de tout, et les autres laissent faire et suivent. Il a carte blanche. Il est l'homme qui a la situation en main. Il me tutoie naturellement. Moi aussi, il n'y a pas de raison! Le « courant » passe bien entre nous. Il est énervé et me dit tout le temps, avec sa grosse voix à l'accent corse :

– Tu m'emmerdes, Roger, qu'est-ce que tu veux encore? Tu as téléphoné à ta femme, tu as téléphoné à RTL, tu vas pas nous emmerder à téléphoner aussi aux autres radios! Ça suffit comme ça. Demain, tu seras à Paris, tu pourras dire ce que tu veux. Maintenant on va dîner...

A table, tous les convives sourient. Moi aussi. On parle bien sûr des ravisseurs, des otages. Stephani me demande si mes ravisseurs m'ont parlé de la Syrie. Je lui dis que non, et que je pense, personnellement, que la Syrie n'a rien à faire dans cette histoire. Je pense que ceux qui m'ont enlevé et détenu n'obéissent pas aux ordres de Damas. Je vois que Stephani est ennuyé. Il n'a pas envie de parler des otages. En tout cas, pas maintenant. « Il faut être optimiste pour les autres, dit-il. On les sortira bientôt aussi, j'espère. »

– Vous savez, monsieur Auque, nous ne vous attendions pas, enchaîne l'ambassadeur. J'avais eu des informations, via Reuter-Canada, selon lesquelles les ravisseurs vous accusaient d'être un espion et avaient décidé de vous juger. S'ils estimaient que vous étiez coupable, ils vous exécuteraient. Je suis très content que vous soyez là. Tout finit bien pour vous. Mais sachez que nous n'avons jamais eu de nouvelles de vous.

Je ne suis pas le seul. L'enlèvement de Camille Sontag, qui a été libéré au bout de neuf mois, n'avait jamais été revendiqué non plus!

A la fin du repas, le café est servi dans le salon. Un maître d'hôtel, très stylé, en veste blanche, me propose du « café blanc » à la fleur d'oranger, que j'adore.

Assis dans un fauteuil, Jean-Louis raconte quelques détails sur sa détention. Apparemment ses gardiens étaient des fans de football et ils lui laissaient voir des matches retransmis par la télévision libanaise. Il insiste auprès de l'ambassadeur et de Stephani pour contacter la femme de Joseph Cicippio, un otage américain enlevé en 1986, qui a partagé sa cellule. L'ambassadeur demande qu'on contacte l'ambassade des Etats-Unis. Pendant une bonne heure, un diplomate tente de joindre, en vain, l'ambassadeur des Etats-Unis. Ce soir, il dîne en ville. C'est finalement le chargé d'affaires qui réceptionne l'appel. Le message est transmis : il doit contacter absolument la femme de Cicippio pour que Normandin lui parle de son mari. Il semble d'ailleurs qu'elle habite le Liban. Jean-Louis pousse un soupir de soulagement. Il va pouvoir s'acquitter de la mission qui lui tient à cœur et je le comprends.

– Alexandre, dit-il, il faut absolument que je téléphone à cette femme, parce que si c'était lui qui avait été libéré il ferait la même chose pour moi. On a partagé les coups durs ensemble, il est devenu mon copain et je le lui ai promis. Je ne serai pas tranquille tant que je ne l'aurai pas fait.

Après un « direct » avec le journal d'Antenne 2, il téléphone à sa famille, il a de nouveau son fils au téléphone. C'est très émouvant. J'ai déjà parlé avec mes parents. J'ai compris qu'ils étaient au bord des larmes.

Pendant qu'on prend le café, le colonel Ruggieri m'explique qu'effectivement, pendant très longtemps, ils n'ont pas eu de mes nouvelles, jusqu'à ce que l'otage coréen soit libéré. Sacré Do! Je souris en pensant à lui. J'espère qu'il a maintenant abandonné l'idée de devenir chauffeur de taxi à Paris!

Stephani m'explique à son tour que la libération des autres otages est en bonne voie.

– On n'a réussi, dit-il, à trouver le premier maillon de la chaîne qu'en septembre. Mais depuis, on a un contact direct avec les ravisseurs. J'ai un groupe de Libanais sous mes ordres, ajoute-t-il en désignant l'homme au blouson de cuir, le plus âgé des trois.

Je lui demande s'il fait partie des Renseignements libanais. « Pas vraiment, répond-il. Il est dans les " affaires ". C'est quelqu'un d'influent, qui connaît beaucoup de monde au Liban et qui est présent sur le terrain, avec ses hommes. »

A propos des deux autres Libanais, plus jeunes, il m'affirme que ce sont des hommes d'affaires qui l'aident aussi sur le terrain à Beyrouth. Le groupe est très efficace, parce qu'il est en contact direct avec les ravisseurs, précise-t-il à nouveau.

– Toutes les négociations reposent sur ma crédibilité. J'ai donné aux ravisseurs, ma parole. Nous n'avons rien offert contre votre libération. Donc, tout repose sur ma propre crédibilité envers eux. Je détiens la clef des négociations. Ils savent que je suis un interlocuteur valable, qui n'a qu'une parole. Tout repose là-dessus. Si ça marche, je sortirai les autres. Kauffmann, Fontaine et Carton. Je peux même te dire que je négocie aussi pour les autres otages, américains et anglais. Mais tout repose, je le répète, sur ma crédibilité. Je suis un Corse et je leur parle comme à des voyous corses. Je leur parle d'homme à homme. C'est comme ça qu'il faut agir. Deux fois, ils ont reporté votre libération, la tienne et celle de Normandin. Vous deviez être libérés samedi dernier. Quand je leur ai demandé, à ce moment-là, pourquoi, ils m'ont dit : « Vous comprenez, Monsieur Stephani, on veut les raser de frais, on veut qu'ils soient propres et bien habillés. »

Il éclate de rire en me regardant :

– Ils ne t'ont même pas rasé! Qu'est-ce que ça veut dire. Ils m'ont fait tourner en rond comme une bourrique. Ils ont joué aux cons avec moi. Ils m'ont dit : ça va être Normandin et un autre. Puis :

Normandin et Carton. Puis : Normandin et Fontaine. Et c'est seulement aujourd'hui, une heure avant votre libération, qu'ils m'ont appris que c'était toi, avec Normandin. Ils m'ont un peu mené en « bateau ». Mais le principal, c'est de garder le contact.

– Mais qui sont ceux qui m'ont détenu? Le Jihad Islamique et l'OJR sont-ils deux groupes différents?

– C'est beaucoup plus compliqué que ça, répond-il. C'est vrai qu'il existe un groupe, une bande de professionnels, des gens qui viennent de différents horizons, de différentes origines et confessions. Mais c'est un groupe de sous-traitance. On les loue. Les hommes se font louer, avec leurs cellules, avec leurs cachots, avec leur organisation. C'est une organisation qui enlève, qui détient et qui libère. Mais, au-dessus de cette bande de types, il n'y a pas un seul chef, mais plusieurs. Ils sont tous plus ou moins inféodés à l'Iran. C'est certain, et tu le sais. Certains le sont moins que d'autres, et à ceux-là il faut donner quelque chose en plus, il faut leur parler directement, d'homme à homme. Voilà le problème. Quand tu as l'accord de certains chefs, il arrive que les autres ne le soient pas. Il faut donc avoir l'assentiment des différents chefs qui sont ici, au Liban, puis, celui de Téhéran :

– Il existe quand même des négociations avec Téhéran!

– Oui, bien sûr et plusieurs pays servent d'intermédiaires dans notre action. Mais il y a surtout des tractations ici, sur le terrain. Et c'est moi qui les mène. C'est tout ce que je peux te dire. Mais sache que c'est bien plus compliqué qu'on ne le croit. C'est un vrai panier de crabes.

L'ambassadeur de France a du mal à garder les yeux ouverts : il n'a pas dormi la nuit précédente. Ils attendaient notre libération d'un moment à l'autre. Tout le monde est fatigué. Mais Jean-Louis et moi sommes parfaitement éveillés; on a envie de parler, de savoir, de plaisanter. On est bien. Le cauchemar est fini. L'ambassadeur donne le signal pour qu'on aille se coucher.

A l'étage, chacun choisit une chambre. Un gendarme m'apporte une veste et un pantalon, que Gilles Delafon a déposés au poste de garde. Je prends une douche; j'ai vraiment le sentiment de retourner à la civilisation car là, j'ai tout ce qu'il me faut. Après la douche, je m'attarde sur le balcon de la chambre. J'aperçois la montagne chrétienne que je connais bien. Dans les maisons, quelques fenêtres sont encore éclairées. En regardant en bas, j'assiste, dans la cour, à la relève des gendarmes. Tout est paisible. J'écoute les grillons et les cigales. Je goûte le parfum des pins et des cèdres du Liban. Je suis à l'air libre! Je n'ai pas vraiment envie de dormir, bien que je sois très fatigué. Je veux profiter au maximum de ces premières heures de liberté. Après des mois de cachot, regarder les étoiles par la fenêtre, respirer l'air frais m'apparaît comme un rêve. Quand je me couche, j'ouvre grand les rideaux. Demain je ne veux pas rater le soleil qui se lève, je veux être réveillé pour voir la lumière entrer dans ma chambre.

Pendant des mois, je n'ai pas vu la lumière du jour. Dix mois et demi, trois cent dix-neuf jours, que je n'ai pas vu le soleil!

J'ai un sommeil très agité. Je me revois dans la chambre, enchaîné comme un chien, la même question revenant dans ma tête : « Quand vais-je retrouver la liberté? » Soudain, je me réveille en sursaut. Je ne sais plus où je suis. Il me faut quelques secondes pour réaliser que je suis libre. Libre! Si j'ai envie, je peux sortir de ma chambre. Je ne risque plus rien. Je dors très peu, quasiment pas. Le jour se lève. Il doit être cinq heures du matin. J'assiste enfin au lever du soleil derrière les collines. Le ciel est bleu. Je vais sur la terrasse, avec mon short d'otage. Immobile, je regarde le spectacle. J'ai envie de pleurer. La montagne boisée chrétienne s'étend en contrebas. J'observe les maisons de couleur ocre, orange, de cette zone résidentielle. Hier, j'étais encore prisonnier, à quelques kilomètres d'ici à vol d'oiseau. La brume matinale m'empêche de voir plus loin. Mais je sais que d'autres otages sont encore détenus dans la banlieue sud. Une distance très faible nous sépare. Pourtant, il existe deux mondes différents. Ici, tout est beau et apaisant. Là-bas, tout est gris et tourmenté. Cette pensée provoque un rictus sur mon visage. J'ai envie de vomir!

C'est Marlène qui m'arrache à mes idées noires. Pourvu qu'elle ait réussi à passer les différents barrages et qu'elle arrive avant sept heures!

Dans le couloir, je croise Normandin qui n'a pas pu dormir. On a eu le même sommeil agité, la même excitation et probablement les mêmes cauchemars. Un maître d'hôtel est en train d'installer la table pour le petit déjeuner. Je prends une douche, je m'habille. Je n'ai pas de chaussettes. Ma chemise est sale. Normandin, lui, n'a pas de veste, mais il est vêtu d'une belle chemise blanche. Il me dit que c'est Madame l'ambassadrice qui lui a donné une chemise de son mari. A Paris, il doit faire froid, et je ne vais quand même pas débarquer pieds nus dans mes chaussures!

On fait les cent pas, on tourne comme des lions en cage dans le salon. Tout à coup, j'entends la voix de Stephani dans le couloir :

– Alors Roger, tu es déjà réveillé! Je suis sûr que tu attends ta gonzesse. Est-ce qu'elle est arrivée? Il est six heures et demie. Elle ne va pas arriver à temps!

Il apparaît en slip Kangourou et se met à s'agiter dans tous les sens. Il décroche le téléphone et n'arrive pas à joindre son correspondant à Beyrouth. Il essaie de contacter les amis libanais qui étaient là hier soir et qui doivent venir ce matin.

– Bordel! Qu'est-ce qu'ils foutent. Ils sont en

retard. Et ce putain de téléphone! Il ne marche jamais. Viens, Roger, on va prendre le petit déjeuner. Dépêche-toi de t'habiller.

– Mais je suis déjà habillé, regarde! C'est toi qui n'es pas habillé, tu es en slip!

– Moi j'en ai pour deux minutes. Je veux que vous soyez prêts à sept heures parce qu'on doit partir.

– Tu ne sais pas où je pourrais trouver une chemise et des chaussettes?

– M'emmerde pas. T'as pas besoin de chemise, ni de chaussettes.

– Je ne peux pas arriver comme ça à Paris. Il y aura Chirac!...

– Ecoute Roger, vous n'avez pas besoin de cravates. Vous êtes des otages, non?

Je me poste sur le balcon, les minutes s'écoulent. Toujours rien. Je me demande ce que fait Marlène. A sept heures moins le quart, au loin, je distingue une femme blonde avec, à ses côtés, un homme brun qui marchent rapidement. Il porte un sac en bandoulière. Ils me reconnaissent et me font de grands signes. Marlène a un grand sourire. Patrick Baz l'accompagne. Je leur crie de prendre l'ascenseur pour monter au troisième. Je suis tout excité, impatient comme un gamin. Marlène entre dans le salon et je la serre dans mes bras, je la garde contre mon cœur. 319 jours que j'attendais ce moment! Si je n'avais pas pensé à elle, je crois que je n'aurais pas pu tenir. Elle a les yeux embués de larmes. Elle ne peut même pas prononcer un mot. On n'arrête pas de se regarder et on rit. C'est tout con, mais dans ces moments-là, on ne sait pas quoi se dire. On s'assoit pour prendre le petit déjeuner et Normandin nous rejoint. J'entends alors la voix de Stephani :

– Alors Roger, elle est arrivée ta gonzesse?

– Ouais, elle est là!

Il apparaît, toujours vêtu de son slip kangourou, de son maillot de corps et pieds nus. Je dis à Marlène et à Patrick, avec un sourire en coin qui en dit long sur sa tenue :

– Je vous présente l'émissaire du ministère de l'Intérieur, Monsieur Stephani.

Lui, toujours aussi décontracté, ne se démonte pas pour autant :

– Enchanté, asseyez-vous. Prenez le petit déjeuner. Alors, t'es content, Roger? Tu vas plus m'emmerder maintenant? Ta fiancée est là, alors je ne veux plus t'entendre, sinon je te frappe!

Il y a un autre collègue qui était avec Patrick Baz, un photographe libanais, qui est dehors. Il n'arrive pas à entrer. Je demande à Stephani s'il peut faire quelque chose.

– Vous m'emmerdez, les journalistes! Qu'est-ce que tu veux encore? Il me fait chier ce Roger. Ils auraient pu le garder! Je vais le frapper, retenez-moi!

– Mais écoute, tu ne vas pas le laisser dehors! Il vient de Damas, c'est un copain à moi.

– Tu m'emmerdes, Roger! C'est pour te faire plaisir. Il décroche le téléphone et les gendarmes laissent entrer le malheureux.

Les trois amis libanais de Stephani arrivent. Ils prennent le petit déjeuner avec nous. L'ambassadeur de France est présent et Stephani plaisante en racontant notre libération.

– Non, mais vous vous rendez compte. J'étais dans la 604. Roger arrive avec Normandin et il prend la place du milieu! Il prend toute la place. Il me pousse sur le côté. Je lui dis : « Roger, laisse-moi m'asseoir au milieu. Je dois parler au micro, je dois appeler le gouvernement, je dois appeler Paris. » Vous vous rendez compte. Il est à peine arrivé qu'il prend ses aises et m'emmerde déjà dès les premières secondes.

L'ambassadeur rit et nous demande si on a bien dormi. Je découvre que lorsque nous nous sommes réveillés, Normandin et moi avons eu le même réflexe : nous avons cherché notre chaîne! La première nuit sans chaîne à la cheville, on se sentait un peu nu!

Il faut maintenant partir. Patrick Baz me donne un tee-shirt propre que j'enfile sous la veste qu'il m'a apportée. Marlène m'a aussi apporté une paire de chaussettes. Elle en donne une autre paire à Jean-Louis qui était pieds nus dans ses sandales. Marlène sourit aux anges. Elle me prend la main sous la table. Elle n'en croit pas ses yeux. Moi aussi. J'ai attendu ce moment depuis tant de mois. Quand j'étais détenu, j'ai rêvé de ce moment des dizaines de fois : retrouver Marlène à l'ambassade de France. Et mon rêve s'est réalisé!

Pour arriver jusqu'ici, Marlène et Patrick ont dû houspiller le chauffeur de taxi pour l'obliger à rouler très vite pendant la nuit. Ils sont partis à trois heures du matin, pour arriver à l'ouverture du barrage des forces chrétiennes à six heures. Ils ont réussi à dépasser la file des voitures qui attendaient et Patrick a dû utiliser tout son charme et son talent pour convaincre les miliciens chrétiens de laisser passer le taxi. Pour franchir le contrôle les premiers, il a annoncé que la voiture transportait la femme d'un otage qui venait d'être libéré. Quand le chauffeur a entendu ça, il est devenu tout excité. Il n'était plus besoin de lui demander de se presser. Les miliciens chrétiens, eux aussi, étaient joyeux. Ils disaient « mabrouk » (bonne chance, félicitations) et ils ont laissé passer la voiture en priorité.

CHAPITRE XVIII

DANS la cour, trois voitures blindées sont déjà alignées, portes ouvertes, entourées de gardes du corps français en civil, M 16 américain au poing. J'embarque dans une voiture avec Marlène. Jean-Louis dans une autre avec l'ambassadeur. Stephani et les Libanais dans la troisième. On fonce maintenant sur la route qui serpente sur les contreforts de la montagne chrétienne. Arrivant au ministère de la Défense libanais, le cortège pénètre dans le périmètre interdit. Les voitures s'arrêtent le long de la route qui borde une immense pelouse de gazon. L'hélicoptère n'est pas encore là. J'ai l'impression que c'est comme dans un film. Vêtus d'un costume trois-pièces, pistolet-mitrailleur à bout de bras, canon pointé vers le ciel, une dizaine de gardes du corps se déploient autour de la pelouse et observent les immeubles qui surplombent, au loin, la zone militaire. Ils guettent aussi le ciel, comme s'ils attendaient un ennemi invisible. Je souris de ce déploiement de forces : j'ai l'impression de jouer dans un film sur Al Capone avec les Incorruptibles! L'ambassadeur est debout, en costume, entouré de l'attaché militaire, de Stephani et des Libanais. Le vent qui souffle décoiffe l'ambassadeur et fait flotter sa veste. Lui, imperturbable, reste bien raide au bord de la pelouse, avec ses gardes du corps déployés autour de lui.

L'hélicoptère arrive. C'est un Puma de l'armée libanaise, de fabrication française. A demi courbés, nous courons, Normandin et moi, entourés des gardes du corps. Je grimpe dans l'hélicoptère, suivi de Jean-Claude Labourdette qui a été autorisé à nous accompagner jusqu'à Chypre, de Stephani et seulement deux des trois Libanais, le « baroudeur » restant au sol. Pendant plusieurs secondes, l'hélicoptère reste immobile dans un bruit assourdissant. Je prends la main de Marlène et regarde Stephani en souriant. Puis les portes se ferment et l'hélicoptère décolle. Nous sommes attachés par des ceintures de sécurité sur des sièges qui sont en fait des civières de toile. Le bruit augmente. Il devient infernal. L'hélicoptère s'élève lentement et prend la direction de la mer. Je regarde par les hublots. C'est certainement la dernière fois que je contemple le Liban. Je distingue la banlieue chrétienne de Beyrouth, la mer et, au loin, la banlieue sud où je viens de passer presque onze mois de détention. Je regarde une dernière fois la côte libanaise, puis l'hélicoptère prend de l'altitude et survole la mer en direction de Chypre. Une demi-heure plus tard, nous atterrissons à Larnaka. Le rotor s'arrête et un groupe de journalistes bardés de caméras et d'appareils photo s'approche déjà. Stephani s'énerve :

– Il faut s'arranger pour que les journalistes ne puissent pas voir les deux otages. Il faut les empêcher de faire des photos et de les interroger.

Il donne des ordres pour qu'une camionnette soit amenée. La police chypriote attend et Stephani demande en anglais de faire évacuer les journalistes. Il accuse presque l'officier de les avoir laissés entrer! L'officier s'excuse. Des ordres ont été donnés. Mais quelques photographes ont passé la nuit sur la piste. Un blindé de l'armée grecque chypriote, se gare entre les journalistes et nous, pour qu'ils ne puissent pas faire de photos. On quitte l'hélicoptère pour monter dans un minibus. Un autre Libanais nous rejoint.

Trente-cinq ans, l'allure d'un play-boy, cet homme ressemble comme deux gouttes d'eau à l'un de ceux qui nous accompagnent. J'apprends en effet que c'est son frère.

Le minibus nous dépose devant un avion qui comporte huit places, six devant et deux, plus petites, dans le fond, que nous choisissons Marlène et moi, pour être tranquilles.

– Oui, les amoureux, dans le fond! lance Stephani en riant.

Normandin s'assoit en face de nous et Stephani prend les quatre grands fauteuils pour lui et les trois Libanais. Un officier chypriote vient contrôler nos passeports et nous souhaite bon voyage. Le commandant, français, se présente. Nous décollons immédiatement. Stephani déballe des paniers-repas, du champagne, des bouteilles de vin, du saucisson, du jambon, du foie gras, des fruits.

Stephani, de bonne humeur, monopolise la conversation et décontracte l'atmosphère. Il continue de plaisanter avec moi. Il dit à Marlène avec son accent corse : « Faites-nous l'hôtesse de l'air. » Et Marlène, en parfaite orientale, déballe le panier-repas et va servir Normandin, Stephani, les trois Libanais et moi.

Plus sérieusement, Stephani explique que nous allons faire une escale technique à Corfou pour faire le plein de carburant et qu'ensuite, une petite surprise, quelque chose qui n'était pas prévu au programme, nous attend. Nous allons, en effet, atterrir sur la base militaire de Solenzara en Corse où nous attendra Charles Pasqua. Il était prévu au départ que nous soyons libérés dans le plus grand secret. Nous devions apparaître en Corse, aux côtés de Charles Pasqua, pour une conférence de presse. Depuis, le programme a été modifié. Il a été décidé qu'on changerait d'appareil, à Solenzara pour monter dans un avion du GLAM en compagnie de Charles Pasqua, qui nous livre, en quelque sorte, sur un plateau, à nos familles, et à la presse, à Orly.

Malgré qu'ils soient très sympathiques, les Libanais restent très discrets sur leur identité et leurs occupations. Je comprends toutefois qu'ils sont chrétiens maronites, qu'ils habitent à Paris et qu'ils font surtout des affaires avec les pays arabes, notamment les pays du Golfe et l'Arabie Saoudite. Ils ont un bureau d'import-export à Paris, près des Champs-Elysées et je devine, d'après leurs conversations, qu'ils connaissent Stephani depuis plusieurs années. Ils ne l'appellent pas Alexandre, mais par son véritable prénom, Jean-Charles. Visiblement, ils le connaissent de longue date. Ce sont de véritables amis.

L'ambiance est excellente. Stephani gesticule, fait des aller et retour entre le cockpit et la carlingue. Il est très excité et surtout très gai. Il a réussi sa mission. A un moment donné, il revient et me dit : « On a baisé les journalistes. Je viens d'entendre une conversation à la radio du bord. Ils sont en train de chercher un Falcon alors que nous sommes en Learjet. Je sais pourquoi. Hier, par la radio, j'ai commandé un Falcon et à la dernière minute, j'ai changé d'avis. Ils doivent être à Athènes, ou je ne sais où, en train de chercher un Falcon dans le ciel de la Méditerranée. » Et il éclate de rire. « On les a bien baisés tes copains! »

Plusieurs fois, il me répète : « Alors, maintenant, tu vas me laisser tranquille, tu l'as ta gonzesse, elle est avec toi. » Il se tourne vers Marlène et lui dit : « Il m'a bien emmerdé hier! Mais maintenant que vous êtes là, je ne veux plus l'entendre! »

« Stephani, vous le connaissez depuis longtemps? Que fait-il au juste? Il travaille pour le ministère de l'Intérieur ou celui de la Défense? » L'intéressé entend les questions que je pose aux Libanais et dit : « Oh Roger! Qu'est-ce que ça peut te foutre. Si tu veux savoir, je travaille pour les deux. » J'apprends tout de même qu'il a le grade de colonel et que c'est un ancien des services secrets. « On s'entend très bien, confie l'un des Libanais. On a eu de très bons moments ensemble. Nous n'en sommes pas à notre premier voyage Paris-Beyrouth avec notre avion. » L'avion dans lequel nous sommes leur appartient en effet, ou plutôt appartient à leur société.

Je n'ose pas déranger Jean-Louis qui reste plongé dans ses pensées. Je comprends pourquoi. J'ai retrouvé l'être qui m'est le plus cher, alors que lui n'a pas encore vu son fils. Il attend, et je le sens triste. Il a un coup de cafard. Il ne dit rien, il est tout seul dans son coin et regarde par le hublot. J'ai récupéré un petit autofocus et je veux prendre une photo souvenir. Jean-Louis s'assoit à côté de moi, à la place de Marlène, et j'explique à Marlène comment elle doit cadrer. On est tous les deux, une coupe de champagne à la main, et nous portons un toast à notre libération et à la prochaine, pour les trois qui restent.

Normandin éclate de rire. A peine libéré, il est déjà obligé de se prêter au jeu des journalistes. On se marre comme des fous. Stephani qui nous voit en train de faire des photos, pousse un nouveau « coup de gueule » : « Ça y est, il y a encore Roger qui nous fait " chier ". Il a recommencé à faire des photos, il ne peut pas oublier un peu le journalisme. Ils sont incroyables ces putains de journalistes. Ils n'arrêtent pas. »

On atterrit à Corfou pour faire le plein. Cette petite île touristique grecque, noire de monde pendant l'été, est quasiment déserte en cette fin novembre. Nous descendons de l'avion et Stephani nous dit : « Venez, on va boire un café dégueulasse à l'aéroport, si le bar est ouvert, parce que, bordel, ça fait bien vingt fois qu'on fait l'aller-retour entre Paris et Beyrouth et à chaque fois qu'on atterrit sur ce putain d'aéroport, ils n'ont jamais ce qu'il faut. »

On marche dans un hall quasiment désert, les

boutiques sont fermées. On croise deux ou trois policiers, qui ne nous contrôlent pas. Arrivés au bar, une femme policier s'approche toutefois de nous et nous demande nos papiers. Stephani collecte les passeports et les remet à la jeune femme. Dans un mauvais anglais, en introduisant des mots arabes (il connaît quelques mots arabes et ses copains libanais se moquent de lui. Ils affirment qu'au bout de quelques mois, il a tout de même réussi, malgré tout, à apprendre quelques rudiments d'arabe). Ereinté de fatigue, Stephani ne sait apparemment plus tellement où il est et va jusqu'à parler arabe à un policier grec! Je lui dis : « Dis donc, elle n'est pas arabe, mais grecque. On n'est plus du tout dans le même coin. » « Oh Roger, tu m'emmerdes! Laisse-moi utiliser les mots arabes que je connais. » La fille se met à rire. Elle le reconnaît puisque ce n'est pas la première fois qu'ils font escale à Corfou.

Après avoir bu un café – il est vrai qu'il n'est pas très bon –, nous regagnons l'appareil. Dans le hall de l'aéroport, un jeune instituteur apprend à ses élèves à danser le sirtaki. Dans un coin, il a posé sur le sol un magnétophone à cassettes qui diffuse une musique digne de *Zorba le Grec*.

On s'arrête tous pour les regarder danser. C'est simple, mais plein d'émotion, de tendresse. Jean-Louis est très touché de voir ces enfants apprendre le sirtaki et eux sont très fiers que nous les regardions. Lorsqu'ils terminent leur danse, spontanément nous applaudissons tous. Je réalise avec ce moment de « fraîcheur » que c'est ça la vie et la liberté.

Devant l'avion, Stephani constate que le camion de kérosène vient juste de se garer devant l'appareil. « Le chauffeur faisait la sieste », annonce le pilote d'un air désolé. Stephani pique une nouvelle colère : « C'est toujours comme ça! Quand on leur demande quelque chose, ils peuvent jamais être là à l'heure précise, il y a toujours du retard. » Vingt minutes après, le plein est fait et nous quittons Corfou pour prendre la direction de Solenzara.

Stephani ne fume pas. Physiquement, il ne correspond pas du tout à l'image d'un baroudeur de la DGSE. Il est petit, il doit mesurer moins de 1,70 m, mince, assez sec, des traits réguliers. Avec son bagout et sa gaieté naturelle, il pourrait passer pour un représentant de commerce au physique très moyen. En fait, c'est l'homme passe-partout, mais qui cache bien son jeu par une exubérance naturelle. Il ne faut cependant pas s'y fier. L'homme a énormément d'autorité. Je sens qu'il a des moyens, de la puissance. Il a l'habitude de commander, de donner des ordres. C'est lui le patron. Il n'est pas né pour obéir, mais pour commander.

Il parle beaucoup avec ses amis libanais. « Je suis allé moi-même jusqu'au Summerland dans les voitures blindées, dit-il. On a réussi à les tirer de là. Ils ne sont pas passés par la Syrie, on a pu les faire passer par l'ambassade de France. » Dans l'enceinte de l'hôtel, les gens qui ont fait le boulot, c'est Ruggieri, Labourdette et l'ambassadeur. Stephani était l'homme de l'ombre. Il ne voulait pas prendre le risque d'être reconnu, ou bien, d'être photographié par les journalistes. Il est resté en retrait, même si c'est lui qui tirait les ficelles.

Tout le monde a mangé, bien bu et a fini par s'assoupir. Marlène somnole sur mon épaule. Jean-Louis est toujours plongé dans ses pensées. Je suis un peu soûlé par les deux ou trois coupes de champagne que j'ai prises. Je ne trouve cependant pas le sommeil, quand je pense à l'enfer duquel je viens de m'échapper.

Je reviens de loin. Je découvre avec stupeur, et effroi, que beaucoup croyaient que j'étais mort. Et déjà, avec le recul, je me rends compte que mes ravisseurs, mes gardiens sont encore pires que je pensais.

Parce que je les considérais comme des gens pas

civilisés, des sauvages et des barbares, qui vivent dans un monde différent du nôtre, je leur trouvais presque des excuses. J'ai appris tout d'abord qu'ils n'ont jamais fait parvenir une seule des lettres que j'ai écrites pendant ma détention. Pourtant, ils me l'avaient juré.

L'otage au Liban connaît la pire détention qui puisse exister. Il est emmuré vivant! Il existe, bien sûr, des prisonniers politiques, des gens qui connaissent encore aujourd'hui le goulag. Leurs conditions de détention sont très dures, mais l'être humain peut s'habituer au manque de nourriture et aux privations physiques. En revanche, l'homme reste désarmé face au conditionnement psychologique. Etre seul entre quatre murs, sans pouvoir communiquer avec personne, privé de la lumière du jour, attaché à une chaîne sans jamais savoir si on est là pour six mois, un an, dix ans ou pour toujours, représente une torture mentale énorme. Je mets cette détention au même niveau que les camps de concentration ou le goulag.

CHAPITRE XIX

Depuis hier, j'ai obtenu des réponses à beaucoup de questions que je me posais pendant ma captivité. J'ai la confirmation que j'étais bien détenu d'abord à Ouzaï dans la banlieue chiite au sud de Beyrouth, au bord de la mer et, ensuite, dans deux appartements près de l'aéroport. Le numéro d'immatriculation de la camionnette avec laquelle j'ai été transféré dans un divan est vrai. Les ravisseurs sont tellement certains de rester impunis, qu'ils n'avaient même pas pris la précaution de mettre une fausse plaque. Ce véhicule appartient à un dénommé Mahmmoud Kobeyssi qui habite effectivement à Ouzaï, le quartier où j'étais détenu le premier mois. Kobeyssi est connu pour sa sympathie pour le Hezbollah, le parti intégriste libanais pro-iranien. Il partage son temps entre Ouzaï, où il habite, et son village natal de Nabatiyet, construit non loin des ruines du château de Beaufort. Nabatiyet est le fief des chiites musulmans libanais.

Chaque année, je couvrais la fête de l'Achoura. C'est la fête des Martyrs où, comme en Iran, les chiites fanatisés défilent dans les rues en se tailladant le cuir chevelu avec un rasoir. Vêtus de robes blanches ensanglantées, ils se fouettent le dos, et sont armés d'un sabre. Les enfants, couverts de sang, s'évanouissent parfois sous la chaleur.

Mais le Sud-Liban, c'est aussi le berceau de la

« résistance islamique ». Lors de ma dernière journée de détention, un de mes ravisseurs m'a avoué qu'il combattait contre Israël au sein de cette résistance. En me « priant » de comprendre, il m'a expliqué que son mouvement capturait des otages occidentaux pour que les Etats-Unis et la France ne soutiennent plus l'Etat hébreu.

On trouve principalement, au sein de cette résistance islamique, des chiites du mouvement Hezbollah (les plus nombreux) et des Palestiniens qui, trouvant les organisations traditionnelles comme l'OLP, pas assez engagées contre Israël, viennent grossir les rangs des fanatiques de l'Islam. Comme me l'expliquait si bien mon ravisseur, chiites, sunnites et chrétiens (les deux confessions palestiniennes) doivent s'unir avec tous les arabes pour combattre l'Etat hébreu. Comment, en 1988, un combattant palestinien peut-il lutter efficacement contre Israël? En rejoignant la résistance islamique financée par l'Iran, la seule force qui mène de véritables actions contre l'armée de l'Etat juif. Le clivage est tel que pendant la guerre des camps qui opposait le mouvement chiite Amal aux Palestiniens, seul le Hezbollah des chiites intégristes n'a pas pris part au combat. Mais la résistance islamique regroupe en son sein des membres d'une autre confession : des druzes du PSP de Wallid Jumblatt qui, lui non plus, ne s'est pas engagé dans la guerre des camps. Tous ces partis « officiels » musulmans ont beaucoup de mal à contrôler leurs troupes. Aussi, n'est-il pas contradictoire qu'un combattant appartienne « le jour » au PSP et « la nuit » à la résistance islamique, dirigée par les intégristes. Idem pour le mouvement Amal. Les militants d'Amal et du Hezbollah sont des chiites. Il n'est pas rare que, dans une même famille, un frère combatte pour le mouvement de Nabih Berri et un deuxième pour le Hezbollah guidé « spirituellement » par le cheikh Fadlallah. Mieux, plus que dans nul autre parti, un combattant peut avoir sa carte d'Amal et donner un « coup de main » pour ses frères du Parti de Dieu. L'entrisme au sein d'Amal est si important que l'on peut se demander si ce mouvement, sapé de l'intérieur par les intégristes, représente encore une force au Liban.

Il ne suffit pas de porter la barbe et de ressembler à un hezbollahi pour être un ravisseur. Parmi les geôliers, j'ai retrouvé toutes les composantes de cette résistance islamique. Des chiites intégristes ultras côtoyaient des chiites qui l'étaient moins, mais aussi des palestiniens, sunnites et chrétiens. Pour preuve, la médaille à l'effigie du Christ que m'a donnée un gardien avant de se marier avec une chrétienne, libanaise, précisait-il. Quant aux druzes, ce sont eux qui sont plus particulièrement chargés d'enlever et de relâcher les otages. Qui aurait pu m'enlever à Raouché, quartier étroitement contrôlé par le PSP, si ce n'est les miliciens druzes ou, tout au moins, c'est avec leur complicité que cela a pu se faire.

Comment Terry Waite, encadré jour et nuit par une escouade de gardes du corps druzes, aurait-il pu être enlevé sans la complicité, passive ou active, de ceux-là mêmes qui le protégeaient?

Autre fait : Do, le diplomate sud-coréen m'a expliqué qu'au cours d'un transfert, il avait été conduit pendant vingt minutes environ, avec d'autres otages anglo-saxons, dans un minibus Volkswagen sur une route de montagne aux nombreux virages en lacets. Il a séjourné plusieurs semaines dans un lieu de détention déjà aménagé (il a compté plusieurs cellules) qui se trouve donc dans la montagne. A trente minutes de Beyrouth, dans quelle montagne, sinon le Chouf druze, pouvaient le conduire les ravisseurs?

L'organisation qui enlève, détient et libère les otages est composée d'une cinquantaine de gardiens répartis dans une dizaine de caches aménagées dans des maisons, des appartements et des sous-sols de la banlieue sud de Beyrouth.

Selon les négociateurs français, c'est la même organisation, fournissant les cellules et les gardiens, qui détient les otages occidentaux américains, anglais, français ou allemands... Du même tonneau, sont issus plusieurs « appellations contrôlées ». Il suffit de changer les étiquettes! L'OJR, l'Organisation de la Justice Révolutionnaire, le Jihad Islamique, les Cellules révolutionnaires, l'Organisation des opprimés dans le monde n'existent pas en tant que tels. Ces otages, qui sont revendiqués sous l'une ou l'autre appellation, sont tous détenus par un seul mouvement : la résistance islamique. Dans un même sous-sol, ou un même appartement, comprenant plusieurs cellules, un otage « estampillé » OJR comme Jean-Louis Normandin, peut très bien être détenu à côté d'autres otages revendiqués par une autre organisation. Moi-même, qui n'ai jamais été revendiqué, j'ai partagé ma « chambre » avec le diplomate coréen qui, lui, était revendiqué par les Cellules révolutionnaires. De l'autre côté du couloir, Terry Waite était enfermé dans une autre cellule. Un otage qui n'est pas estampillé par la même organisation, ne partage pas la même cellule qu'un autre revendiqué par une organisation différente. Mis à part ceux qui, comme moi, « n'appartenaient » à personne. Do et moi avons vu et entendu d'autres otages dans nos différents lieux de détention. Le diplomate sud-coréen a entendu des otages américains. A l'un d'eux, les ravisseurs dictaient une lettre demandant le retrait israélien du Sud-Liban. La majorité des américains sont revendiqués par le Jihad Islamique. A l'époque, en effet, l'OJR n'avait pas encore fait son apparition, ce « label » s'étant fait connaître pour la première fois le 14 mars 1986 en revendiquant les quatre membres de l'équipe d'Antenne 2.

Nous avons, Do et moi, lu les mêmes livres, alors que nous n'étions pas encore dans le même lieu de détention. *Guerre et Paix* de Tolstoï, les *Confessions* de Rousseau, avaient les pages qui se détachaient à force de passer dans des mains différentes. Jean-Louis Normandin (OJR) et Jean-Paul Kauffmann (Jihad Islamique) les ont lus aussi. Ce dernier le confirme dans une lettre écrite à sa femme.

Mais s'il existe une preuve incontestable que tous les otages sont détenus par une même organisation, elle réside bien dans le fait que je sois aujourd'hui en liberté. Stephani me l'a répété à plusieurs reprises : il ne m'attendait pas! Les ravisseurs avaient annoncé à l'émissaire français qu'ils libéraient Normandin (OJR) plus Carton ou Fontaine (Jihad Islamique). Stephani avait même prévu une civière au cas ou l'un des diplomates serait malade. De leur « vivier », les bourreaux ont pourtant choisi de sortir Jean-Louis et, pour des raisons que j'ignore, moi-même.

Qui enlève, exécute ou libère les otages?

L'un des ravisseurs les plus importants, – une information confirmée par un membre du groupe de négociateurs français – se nomme Ali Abou Moustapha Dirani, originaire de la plaine de la Bekaa. Dirani a perdu deux frères dans des opérations anti-israéliennes. Il était le chef des services de sécurité du mouvement chiite Amal. Jusqu'au 26 février 1987 où Nabih Berri, le leader d'Amal a destitué Dirani, après que celui-ci ait justifié l'enlèvement du lieutenant-colonel Higgins, commandant en chef adjoint de l'Organisation des Nations Unies pour la surveillance de la trêve (ONUST), enlèvement revendiqué par l'Organisation des opprimés dans le monde. Un « label » qui, en fait, recouvre une mouvance créée au sud-Liban par Dirani et baptisée « La Résistance croyante ». L'imbrication entre les deux résistances, croyante et islamique, au Sud, est si importante, que la différence entre ces mouvements est quasiment impossible à trouver. L'Organisation des opprimés dans le monde avait déjà revendiqué l'enlèvement en novembre 1985 de neuf juifs libanais et annoncé l'exécution de la majorité d'entre eux. Mustapha Dirani était à la fois un leader important d'Amal, mais aussi et surtout le chef de la « résistance ». On voyait davantage Diran auprès des responsables du Hezbollah, le parti de Dieu, et des diplomates iraniens, très actifs au Sud, qu'au siège du mouvement Amal. Outre les otages juifs et le rapt de l'officier américain, Dirani est connu chez les négociateurs français pour être l'un des responsables des enlèvements d'Occidentaux à Beyrouth. Il n'est pas le seul. A un niveau beaucoup moins important, Abdel Hamadié, responsable pour Beyrouth de la sécurité d'Amal est à l'origine de la séquestration de trois Allemands de l'Ouest (dont deux ont été libérés) depuis que ses deux frères sont emprisonnés en Allemagne, accusés de terrorisme (l'un d'eux transportait de l'explosif) et de l'attaque de l'avion de la TWA sur Beyrouth pendant l'été 1985. Imad Moughniyé, responsable militaire du Hezbollah et proche de Hamadié, est fortement soupçonné à Beyrouth d'être lui aussi impliqué dans l'affaire du boeing de la TWA. Il est aussi, selon les services de renseignement français, à l'origine d'enlèvements d'Occidentaux, en particulier de Français.

Trois jours avant le détournement du boeing de la TWA, un avion de ALIA, la compagnie jordanienne était également contraint de se poser à Beyrouth. Nous étions seulement trois journalistes à avoir pu pénétrer sur la piste. Les pirates débarquaient les passagers avant de descendre à leur tour devant l'appareil. Pour protester contre la politique du roi Hussein au Proche-Orient, ils annonçaient à la presse internationale, c'est-à-dire nous, qu'ils allaient dynamiter l'avion. J'avais pris des photos des pirates. Moughniyé était parmi eux. La photographie était parue dans *L'Express*. Pendant que j'étais en vacances à Paris, un journaliste français couvrit une manifestation du Hezbollah dans la banlieue sud. A la tête du cortège un homme s'approcha et lui demanda : « Où est ton ami Roger Auque, on le cherche. » Après cet incident, j'avais évité la banlieue sud pendant quelque temps.

Tous ces mouvements ont une infrastructure identique. Une organisation composée de professionnels, est chargée de transférer les otages plusieurs fois par an afin de brouiller les pistes au cas où une action commando serait tentée, d'aménager de nouvelles cellules, de nourrir et de garder ces malheureux innocents qui croupissent pendant des années dans des cachots.

C'est l'Iran qui finance abondamment ces mouvements, qui détient le pouvoir de faire libérer les otages. Non pas un pouvoir physique, mais plus subtilement un pouvoir politique, religieux et financier. Quant aux dirigeants des grands partis libanais (Amal, PSP) ou même des différentes organisations palestiniennes, ils sont complices dans la mesure où je les accuse de non assistance à personnes en danger. Pour Nabih Berri, pour ne parler que de lui, comment faire libérer les otages sans entrer en conflit avec une frange importante de son mouvement? Le chef d'Amal connaît les ravisseurs et les lieux de détention. (Ce n'est plus un secret pour personne.) Mais comment peut-il justifier auprès des militants de son propre mouvement, une demande de libération des otages américains, ou français, ressortissants des Etats complices d'Israël selon les ravisseurs, alors qu'il se place à la pointe du combat contre l'Etat hébreu?

Dans l'avion qui vole vers la Corse, je ressasse les faits, les coïncidences, et les informations que j'ai accumulés pendant ma détention et depuis que je suis sorti. Une autre question me turlupine : comment mes ravisseurs connaissent-ils autant d'informations sur moi? D'après leurs questions, leurs affirmations, je me suis rendu compte qu'ils me suivaient depuis plusieurs mois et qu'ils possédaient beaucoup de détails sur ma vie. Ils savaient quand j'étais allé à Paris, à Damas. Je suis convaincu que des gens que j'ai côtoyés les ont renseignés.

A commencer par l'épicier en face de chez moi. Un chrétien qui habite encore, malgré la guerre, le quartier musulman et qui m'est toujours apparu « douteux ». Peut-être était-il obligé de donner des informations à des gens armés qui venaient lui poser des questions à mon sujet. Il ne tenait pas à ce qu'on fasse sauter son magasin ou à ramasser une rafale de Kalachnikov. Des chauffeurs de taxi qui avaient l'habitude d'emmener les journalistes, devaient, à coup sûr, donner des informations aux ravisseurs ou à leurs complices.

Je pense aussi à Ali qui fut l'attaché de presse du mouvement chiite Amal, et qui, auparavant, avait servi de porte-parole, d'intermédiaire entre les ravisseurs – ceux qui ont détourné le Boeing de la TWA sur Beyrouth – et les journalistes. C'est lui qui a amené quatre des passagers américains face aux journalistes pour une conférence de presse. C'est encore lui, qui a amené, une nuit, Michel Seurat, encadré par des gardiens, chez sa femme à Beyrouth-Ouest pour qu'il puisse la voir quelques minutes. Ali a toujours eu un rôle très obscur. Pourtant, il représentait Amal, un mouvement politique reconnu.

Probablement que le portier, certains serveurs de l'hôtel Commodore ou de l'hôtel Cavalier devaient renseigner les ravisseurs. Soit contre de l'argent, soit parce qu'ils y étaient obligés tout simplement.

Avec le recul m'apparaît ainsi tout un réseau de complicités. Comme journaliste occidental à Beyrouth-Ouest, j'avais l'habitude d'évoluer dans un milieu, où, en fin de compte, j'étais quasiment suivi, entouré, cerné par des Libanais qui devaient être les complices de preneurs d'otages.

Quant aux négociations, elles se déroulent à deux niveaux : entre Paris et Téhéran, la « facture » peut être politique, financière ou les deux à la fois. Des pays aident à rapprocher les points de vue et à diminuer les exigences des deux parties – Stephani ne compte plus les allers et retours dans les pays qui servent d'intermédiaires comme la Syrie, l'Algérie, le Pakistan et la RFA. Sans compter le Liban. Une fois que l'Iran a donné son accord de principe pour la libération d'un ou plusieurs otages, il reste à régler les modalités pratiques sur le terrain. C'est plus particulièrement le travail de Stephani et son équipe de Libanais.

Il n'existe pas, en effet, un, mais plusieurs chefs qui commandent ce groupe unique qui détient tous les otages. Bien que tous inféodés à l'Iran, certains exécutent sans rechigner les ordres donnés par Téhéran. Tandis que d'autres, plus autonomes, ajoutent parfois des exigences qui leur sont propres. Pour contacter ces gens-là, pour connaître ces exigences supplémentaires, il faut qu'un émissaire représentant le gouvernement français soit sur le terrain. C'est là que Jean-Charles Marchiani, alias Alexandre Stephani entre en scène. C'est l'homme-clef qui est en contact direct avec certains chefs des ravisseurs. Il est chargé de connaître les exigences supplémentaires, propres aux preneurs d'otages au Liban, de dialoguer et de négocier avec eux.

Pourquoi lui? D'abord, c'est un Corse, un homme du Sud qui connaît la manière d'aborder les Orientaux. Mais surtout, il a avec lui un groupe de Libanais, de businessmen, jeunes et dynamiques, qui possèdent un des meilleurs carnets d'adresses du Proche-Orient. Leur job? Aussi bien servir d'intermédiaires pour décrocher un contrat d'armement pour un pays du Golfe, que négocier du pétrole arabe contre une usine clefs en main fabriquée en Asie. Négocier. C'est leur métier et leur vie. Pour eux, négocier pour un million de cartouches ou pour sortir des otages du Liban, c'est suivre le même principe. Ils sont Libanais, et commerçants. Et que font les ravisseurs? Avec les otages, ne commencent-ils pas eux aussi?

CHAPITRE XX

PLONGÉ dans mes pensées, abruti par le choc de la libération, je me suis assoupi. C'est le copilote de l'appareil qui me réveille en me demandant si je veux assister à l'atterrissage. Il m'emmène dans le cockpit, d'où j'aperçois, au loin, les montagnes vertes de la Corse. Il y a peu de nuages, le ciel est bleu et la vue est magnifique. Quand les roues de l'appareil touchent la piste de la base de Solenzara, je pousse un soupir de soulagement. 28 novembre 1987. Je suis en France! Enfin, je suis réellement en sécurité, je suis dans mon pays, chez moi.

L'avion arrête sa course à proximité d'un petit bâtiment. A travers les hublots, je distingue une rangée de soldats en uniforme de l'armée de l'Air française. Il y a beaucoup de maîtres-chiens avec, à leurs pieds, tenus en laisse, des bergers allemands. J'aperçois aussi le préfet, des officiers, des voitures, des 604 couleur gris métallisé. Stephani me dit : « Attention, tiens-toi bien Roger, pas de conneries, là c'est sérieux. On va rencontrer notre ami Charles Pasqua et je pense qu'on va vous emmener au bloc médical pour subir une très rapide visite médicale.

Au pied de la passerelle, dans un costume gris, se tient le ministre de l'Intérieur. Derrière, des officiers de l'armée de l'Air et des gens de la sécurité. Pasqua ne sourit pas. Il nous regarde, Normandin et moi, comme si nous descendions de la Lune, comme si nous étions des astronautes. Je lis dans ses yeux qu'il comprend que nous revenons de loin.

Le ministre ouvre les bras, me donne l'accolade : « Bonjour, comment ça va? » dit-il. Je sens qu'il est ému. Il est très ému et très digne en même temps. « On va vous emmener voir un médecin », ajoute-t-il.

L'ambulance nous emmène dans un petit immeuble, à l'infirmerie de la base. « Comment vous sentez-vous? » demande le médecin. Il prend notre tension et nous ausculte : « Avez-vous des problèmes? » Normandin a attrapé des boutons sur le torse et sur les bras. Moi, j'ai mal à l'oreille. « Ce n'est pas grave, dit-il, c'est une petite otite à la suite d'un rhume mal soigné. » Il me demande si j'ai eu mal à la descente et au décollage de l'avion. Je lui dis oui et il me prescrit des gouttes pour mettre dans les oreilles. Il me conseille d'aller voir un médecin lorsque je serai à Paris. « De toute manière, vous allez subir des examens médicaux au Val-de-Grâce à Paris. » Il donne une pommade à Normandin.

Un autre officier rentre avec des blousons de couleur kaki de l'armée de l'Air. Il est accompagné de deux hommes de troupe qui sont visiblement curieux, qui ont envie de voir à quoi on ressemble. Ils sont contents qu'on soit enfin libres. « On aurait préféré vous offrir des blousons de cuir à la place de ces blousons en toile kaki, disent-ils, mais on n'en a plus en magasin. » Avec le blouson, je dois davantage ressembler à un astronaute qui débarque de l'Espace!

Lorsque je sors du bâtiment, suivi de Normandin, je tombe sur Stephani et Pasqua qui, d'un air interrogateur, nous demandent : « Et alors? » Ils désirent connaître le résultat de la visite médicale. Et devant leur air impatient, leur regard interrogatif, je plaisante. Je dis : « Pour moi, ça va. J'ai juste une petite otite. » Et désignant du pouce Normandin, j'ajoute : « Je crois que Normandin a attrapé une chaude-pisse. » Pasqua et Stephani ont l'air totalement surpris, incrédules. Stephani s'exclame : « C'est pas vrai? » « Non, je plaisantais. » Et tous les deux éclatent de rire.

Ils nous emmènent vers une autre partie du bâtiment où a été dressé un buffet, avec des toasts et du champagne. Je me sens très fatigué. Normandin également. Des officiers de l'armée de l'Air nous posent des questions sur notre détention. « Est-ce que c'était dur? Etes-vous en bonne santé? Comment s'est passée la libération? Vous n'avez pas été trop secoués? » « On a perdu quelques kilos mais on se remet du choc. J'espère rattraper les dix kilos que j'ai perdus grâce à la bonne cuisine française! » Le ministre de l'Intérieur est là à quelques pas, en conciliabule avec Stephani.

Puis, les trois Libanais et Stephani nous disent au revoir. « Excusez-nous, mais on ne continue pas avec vous jusqu'à Paris, dit-il. Nous restons ici. Vous allez monter avec le ministre de l'Intérieur dans un avion du GLAM. A bientôt! » On se dit au revoir, on se fait presque la bise. Stephani nous souhaite bon courage et bonne chance. Je lui demande : « Et les autres, quand vas-tu les sortir? » Il me répond : « Si tout se passe bien, avant trois mois. »

On traverse la piste à la suite de Charles Pasqua, on pénètre dans l'avion du GLAM, beaucoup plus confortable que le jet dans lequel on est venu. Charles Pasqua s'assoit dans l'un des fauteuils, face à Normandin. Je m'assois de l'autre côté du couloir, face à Marlène. Les deux autres sièges sont occupés par deux hommes vêtus d'un costume sobre et mal coupé. Ils ne sourient pas, observent et écoutent tout. Je devine que ce sont les gardes du corps chargés de protéger le ministre. Plus en retrait, sur le dernier siège, est assis le médecin officier qui nous a auscultés.

L'avion décolle. « Je suis content que vous soyez

revenus parmi nous, dit Charles Pasqua. J'espère que tout ira bien, que vous oublierez tout ce qui s'est passé. Vous revenez de loin mais maintenant il faut penser à autre chose. Vous êtes à nouveau libres. »

Le maître d'hôtel apporte un menu et me demande ce que je désire. Je n'ai pas vraiment faim. Marlène non plus. Pasqua se tourne vers moi et me dit avec son accent corse : « Allez Roger, ne vous gênez pas. Il y a là de la langouste, du champagne, du foie gras. Mangez, faites comme chez vous. » Lui-même prend des toasts avec du foie gras et une coupe. Au bout de quelques minutes, Pasqua se met à l'aise et allonge ses jambes sur le bord du fauteuil de Normandin. Il dit à Jean-Louis : « Je connais très bien votre père. Un homme très bien. Je n'ai malheureusement pas eu l'occasion de rencontrer vos parents Monsieur Auque, ajoute-t-il en se tournant vers moi, je sais qu'ils ont été très dignes aussi. » Il pose des questions à Normandin sur les conditions de détention, mais Normandin a l'air fatigué, ne trouve pas ses mots. En fait, Charles Pasqua essaie surtout de détendre l'atmosphère, et de nous mettre à l'aise.

Mais j'ai envie de savoir et je lui demande ce qui a permis notre libération. Charles Pasqua me répond qu'il existe un contentieux avec l'ambassade d'Iran à Paris. Je suis surpris, je lui demande ce qui s'est passé à l'ambassade. « Eh bien nous voulions arrêter un des diplomates. Nous allions encercler l'ambassade à Paris pour obtenir la sortie de Wahid Gordji, et qu'il accepte une entrevue avec le juge d'instruction, car nous avions certaines informations à son sujet. Il n'a pas voulu sortir. Nous avons posé le siège devant l'ambassade d'Iran. »

Je lui demande si ce n'est pas contre les lois internationales. « Oh vous savez, il faut parfois utiliser le même langage que les terroristes. Nous sommes maintenant en position de force pour dialoguer, pour négocier avec l'Iran et avec les ravisseurs d'otages. »

Je lui demande combien il y a de personnes dans l'ambassade et comment sont-ils nourris. « Ils sont quarante-sept à l'intérieur de l'ambassade, mais nous avons sept diplomates français qui sont assiégés à l'ambassade de France à Téhéran. Mais sept contre quarante-sept, il y a une différence. Bien sûr, nous les nourrissons, on ne les laisse pas mourir de faim. »

Le président Mitterrand était-il au courant des négociations? « Bien sûr, je le tiens toujours au courant, répond Charles Pasqua. Trois semaines auparavant, je l'avais averti des tractations. » Il ajoute : « Trois semaines, ça suffit amplement. »

Je lui demande des nouvelles de ce qui s'est passé en France pendant notre détention : « Vous connaissez Didier Pironi? demande-t-il. Il s'est tué dans une course de bateau avec Bernard Giroux. » Je lui dis alors que j'avais bien connu Bernard Giroux sur le Paris-Dakar que j'avais couvert en tant que journaliste en 1981. C'était alors un de mes tout premiers reportages. Il me précise aussi que Dalida s'est suicidée. Je le savais puisque mes ravisseurs me l'avaient dit. Il m'apprend également que Lino Ventura est mort. Je suis attristé par cette nouvelle.

Je reviens sur la question du terrorisme en France. Pasqua a l'air ravi de cette question et il me répond : « Je peux dire que nous avons remporté certains succès dans la lutte contre le terrorisme. Nous avons arrêté tout un réseau de terroristes, des sympathisants des intégristes islamiques. C'étaient des gens qui habitaient depuis plusieurs années en France. Certains avaient même la nationalité française. Il y avait parmi eux un pharmacien. Nous avons pu arrêter tout un réseau qui est maintenant sous les verrous. C'est ce réseau qui avait posé les bombes à Paris. Je pense que cela nous a permis également d'être en position de force et de montrer aux ravisseurs des otages, à l'Iran, aux Etats qui supportent le terrorisme, que nous étions décidés à ne pas nous laisser faire. Ce succès ajouté également à l'affaire de l'ambassade d'Iran, nous a permis d'être plus à même de négocier avec les ravisseurs. »

Le vol se poursuit. Nous avons terminé de manger et Charles Pasqua se tourne vers Marlène et lui demande de quelle origine elle est. Marlène lui répond. « La Syrie, dit-il. Ah, je ne connais pas très bien la Syrie, mais je sais que c'est un très beau pays, très agréable pour passer des vacances. Je connais de nombreux pays arabes, en Afrique du Nord et au Moyen-Orient. Je connais l'Arabie Saoudite. » Puis il enchaîne en arabe en parlant à Marlène : « Kifik anti kif sahat? » (Comment allez-vous?). Suivent quelques phrases en arabe, des formules de politesse. Normandin et moi sommes surpris et Pasqua éclate de rire : « Oui, je connais quelques rudiments d'arabe car il m'est souvent arrivé d'avoir des entretiens avec des responsables au Proche-Orient. Ça m'a donné envie d'apprendre cette langue. J'aime beaucoup la langue et la cuisine arabes, précise-t-il. »

Je lui demande s'il parle plusieurs langues. « Non. L'arabe, je connais un peu. Je parle couramment l'anglais, mais en général, je ne le dis pas. Je suis allé il n'y a pas très longtemps aux Etats-Unis et je demande toujours un interprète parce que le temps que l'interprète traduise mes propos, ça me permet de réfléchir et de préparer ma réponse. »

Je détourne ensuite la conversation sur les prochaines élections présidentielles. Je lui demande qui arrive en tête des sondages. « Vous vous en doutez, c'est bien sûr François Mitterrand puisqu'il est président de la République. Dès que Mitterrand se déclarera, les Français ne le verront plus comme un Président, mais comme un candidat. Il dégringolera alors dans les sondages, ça ne fait aucun doute. »

L'avion approche d'Orly. Je ne peux pas m'empêcher de penser à mes parents, à mes amis qui doivent attendre. Quand l'appareil atterrit sur la piste, c'est la fin de la journée, et le soleil se couche. A travers le hublot, j'aperçois beaucoup de monde. Je suis surpris et je me retourne vers Jean-Louis : « Tu as vu le monde qu'il y a. C'est incroyable. » « J'ai vu mon fils, me dit Jean-Louis. » Marlène, elle, a aperçu mon père. Charles Pasqua se retourne vers nous et nous dit d'une manière très autoritaire : « Bon, écoutez, voilà comment nous allons faire. Nous allons d'abord laisser descendre le médecin de l'Air. Ce n'est pas très important, ajoute-t-il tout bas. Puis ensuite nous allons laisser descendre les deux tireurs d'élite (et il désigne les deux hommes en civil derrière nous). On ne sait jamais. Puis je descends. Vous deux, vous descendez ensuite et je vous présente à la presse. Mais, attention, je vois qu'il y a du monde, il va falloir serrer les coudes, on risque de se faire tirer les bretelles. »

Le pilote ouvre la porte. Le médecin descend, les deux tireurs d'élite et le ministre suivent. Normandin veut me laisser passer, mais je le laisse sortir en premier. Alors, j'entends les applaudissements de la foule. J'ai l'impression d'être le « héros » malgré moi qui arrive au pays. Je n'en attendais pas tant. Il y a énormément de monde. En bas de la passerelle, je suis embrassé par mon père, ma mère. Je reconnais mes frères, mes sœurs. Beaucoup d'émotion. Puis, tout de suite, les caméras, les micros se tendent. Déjà, Normandin est en train de répondre aux questions du journaliste d'Antenne 2. Je reconnais derrière le micro de TF1, Marine, que j'ai connue au Liban. Je retrouve tout de suite les réflexes du journaliste. Pendant ces secondes où je reçois l'accolade des responsables de RTL, de l'agence Gamma, de *La Croix*, de ma famille, je ne me sens plus seulement un otage, mais un journaliste et je réponds aux questions. Il y a une véritable bousculade. Nous enjambons les cordons rouges qui étaient chargés de contenir les journalistes. J'aperçois Charles Pasqua qui joue carrément le garde du corps, pour que reculent mes confrères, en criant : « Mais alors, ça suffit, reculez, laissez-les passer! » J'aperçois aussi Philippe Labro, le directeur de RTL, qui donne également des coups de coude pour tenter de se frayer un chemin. Il protège ma mère qui, toute petite, semble portée par la foule. Je tombe nez à nez avec Jacques Chirac qui me serre la main et me dit combien il est content que je sois enfin libre. Je reconnais Léotard. Il y a beaucoup de policiers.

J'entends mon père qui me dit : « Enfin c'est fini. Le cauchemar est terminé. » Et dans ma tête, je répète : « Oui, le cauchemar est terminé. »

Paris, février 1988.

Je remercie ceux qui,
par leur courrier,
m'ont manifesté leur sympathie,
ainsi que tous les hommes
de bonne volonté qui, par leurs efforts,
ont contribué à ma libération.

Dans Le Livre de Poche

Extrait du catalogue

Patrick Meney

Même les tueurs ont une mère 6384

Ce jour-là, j'avais rendez-vous avec un tueur, Marwan, vingt-six ans, formé dans les combats du Liban.

Je voulais comprendre : la haine, la sauvagerie, la barbarie. La mort était son métier; il allait à la tuerie comme nous allons à notre travail. Je voulais savoir si ces choses-là sont loin de nous ou, au contraire, en nous. Savoir comment il les vivait et si cela pouvait aussi nous arriver.

Il s'est assis en face de moi. Ses yeux noirs n'exprimaient rien. Ni cruauté, ni amour, ni émotion, ni remords. Le vide. Et le récit a commencé...

Histoire hallucinante. Elle nous concerne intimement. Grâce à la complicité du tueur, voici démonté le mécanisme de la folie des peuples et de la violence moderne. On ne ressort pas intact de cette fréquentation.

Le document le plus étonnant, le plus fort, le plus crédible et, partant, le plus terrible que l'on ait consacré au Liban en guerre.

France-Soir.

C'est à la fois fascinant et révoltant, implacable, extraordinaire.

Catherine Hermary-Vieille, *Jours de France.*

Archives d'un procès : Klaus Barbie

Sous la direction de

Bernard-Henry Lévy 4078

Un exceptionnel document à verser aux dossiers de l'Histoire. Tout y est. Depuis le rappel de ce que furent le nazisme et l'Occupation en France, la chronologie des faits et des événements, jusqu'au suivi du procès lui-même. Acteurs, témoins, victimes : tous parlent, tous racontent, tous témoignent. Des textes de Serge Klarsfeld, Emmanuel Lévinas, Claude Lanzmann, Bernard-Henri Lévy, Léon Poliakov, Elie Wiesel, Marek Halter, Samuel Pisar, et de beaucoup d'autres hommes qui, à un titre ou à un autre, ont tous autorité pour intervenir.

Brodski ou le procès d'un poète

Commentaires d'Efim Etkind
Préface d'Hélène Carrère d'Encausse 4088

Nom : BRODSKI
Prénom : Iossif
Age : 24 ans
Profession : poète
Chef d'accusation : parasite social
Verdict : 5 ans de camp de travail

Le procès d'un poète pris en note à l'époque, en 1964, par une intrépide journaliste soviétique.
Un document unique, éclairé et commenté par Efim Etkind, membre de l'Union des Ecrivains, ami de Brodski et témoin à son procès.
Un chef-d'œuvre de surréalisme noir.
L'abîme d'où a rebondi la *perestroïka.*

Brodski a reçu le Prix Nobel de littérature en 1987.

Victor Farias
Heidegger et le nazisme 4099

L'adhésion de Martin Heidegger au parti national-socialiste n'aura-t-elle été qu'une simple erreur de parcours ? Sa philosophie est-elle absolument exempte de tout germe fasciste ? Dans *Heidegger et le nazisme,* Victor Farias examine le destin et l'œuvre de celui que beaucoup considèrent comme le plus grand philosophe du XXe siècle. Une investigation minutieuse, des faits inédits, une documentation irréprochable. Pour comprendre enfin l'un des cas les plus complexes de l'histoire intellectuelle moderne.

Peter Man et **Vri Dan**
La Capture d'Eichmann 6442

Adolph Eichmann, l'homme qui avait été chargé par Hitler de la « solution finale », *l'Obersturmbannführer,* le monstre froid directement responsable de l'assassinat de six millions de Juifs, a été jugé à Jérusalem en 1963 et condamné à mort devant le monde entier.

Mais comment a-t-on réussi à le capturer ? Le secret en a été bien gardé.

Vingt-cinq ans après, Peter Malkin, dit Peter Man, agent du Mossad, rompt le silence : c'est lui qui a dirigé la « Mission Attila ». C'est lui qui, un soir de 1960, rue Garibaldi à Buenos Aires, a sauté sur un certain Ricardo Klement qui descendait de l'autobus et rentrait tranquillement chez lui. Mais pour en arriver là...

IMPRIMÉ EN FRANCE PAR BRODARD ET TAUPIN
Usine de La Flèche (Sarthe).
LIBRAIRIE GÉNÉRALE FRANÇAISE - 6, rue Pierre-Sarrazin - 75006 Paris.
ISBN : 2 - 253 - 04944 - 1 30/6618/0